坎坷的强国之路

# 为什么选择他

Влади́мир Влади́мирович Пу́тин

董彦峰 著

经济管理出版社
ECONOMY & MANAGEMENT PUBLISHING HOUSE

图书在版编目（CIP）数据

坎坷的强国之路/董彦峰著 . —北京：经济管理出版社，2016.7
ISBN 978 - 7 - 5096 - 4493 - 5

Ⅰ. ①坎… Ⅱ. ①董… Ⅲ. ①综合国力—研究—中国 Ⅳ. ①D6

中国版本图书馆 CIP 数据核字（2016）第 153710 号

组稿编辑：张　艳
责任编辑：张　艳　丁慧敏
责任印制：黄章平

出版发行：经济管理出版社
　　　　　（北京市海淀区北蜂窝 8 号中雅大厦 A 座 11 层　100038）
网　　　址：www. E - mp. com. cn
电　　　话：(010) 51915602
印　　　刷：三河市海波印务有限公司
经　　　销：新华书店
开　　　本：720mm×1000mm/16
印　　　张：17
字　　　数：248 千字
版　　　次：2016 年 7 月第 1 版　2016 年 7 月第 1 次印刷
书　　　号：ISBN 978 - 7 - 5096 - 4493 - 5
定　　　价：45. 00 元

# "俄罗斯梦"与普京软实力秀

## ——代序

（何茂春　清华大学社科学院国际关系学系教授、清华大学经济外交研究中心主任，博士生导师）

21世纪是"梦"的世纪。在世界体系的大床上，"美国梦"做了很久还在做，中国有了"中国梦"，欧洲、日本、新兴国家、非洲、拉美都有自己的"梦"。俄罗斯当然也有"俄罗斯梦"。"俄罗斯梦"的造梦者就是普京总统。

## 普京与"俄罗斯梦"

准确地说，是普京在帮俄罗斯人圆一个"俄罗斯梦"。"俄罗斯梦"是什么？上限是复兴俄罗斯国家，再建一个世界强国；下限是保持大国地位，在全球范围内保障俄罗斯人的基本安全。

然而，各国的梦并不都那么好做。"俄罗斯梦"也是如此。俄罗斯人作为族群，是白种人和黄种人交融的结果；作为文化，俄罗斯汲取了欧亚两大文化的价值、智慧和制度精华。俄罗斯历史上饱受来自欧亚强族的征服与蹂躏，俄罗斯是在反抗压迫和奴役中崛起和扩张的。他们建立过横跨欧亚美三个大陆的庞大帝国。他们为人类的文学艺术、科学技术、现代化制度建设和多族群一体化建设做出过不可磨灭的贡献。崛起后的俄罗斯也反过来让两个大族群饱受压抑，故纯白种人不认同俄罗斯，纯黄种人不信任俄罗斯。所以尽管俄罗斯有辽阔的、平坦的国土，但安全的空间并不大。俄罗斯"没有一寸土地是多余的"，难言之隐只有俄罗斯人最明白。

历史上，控制北亚东欧大草原的"阿尔泰"民族如匈奴、突厥、鲜卑、契丹、蒙古都有过爆发式的崛起和辉煌，但最后的结局都是被替代。1991年苏联这个超级大国的轰然解体是苏联的悲剧，也是俄罗斯人的噩梦。苏联解体让俄罗斯人呆木了一阵后，发现一切都变得那么不可挽回。彼得—斯大林留下的2240万平方公里江山，只剩下1710万平方公里，减少了大约1/3。

噩梦醒来的俄罗斯人，面对的是叶利钦时代俄罗斯以53%的人口继承的苏联76%的国土。叶利钦的历史功绩至少有一个值得特树，那就是在离开政坛时选择了普京作为接班人。俄罗斯人用自己的选票，支持了叶利钦的选择。普京继承了彼得、叶卡捷琳娜、列宁、斯大林和戈尔巴乔夫、叶利钦的俄罗斯的沉重的历史包袱，却没有遇到他们的运气。像中国人怀念汉唐一样，俄罗斯盼望彼得时代的辉煌，而普京用行动告诉他们，俄罗斯希望还在。

有人说只有普京才能让俄罗斯人恢复自信，这是对俄罗斯人的一知半解。没有普京，伟大的俄罗斯民族照样会选择另一个类似普京的强有力的领导人。实际上，叶利钦是顺乎民心地推举了普京。假如普京不代表俄罗斯人的意志，俄罗斯人会用选票或鲜血另选高明。俄罗斯人并不保守，他们平时能忍，但忍无可忍时，就会给统治者放血。他们对待沙皇家族、对待孟什维克、对待苏共，都是如此。普京和当代俄罗斯人都不愿意重蹈那种来也匆匆、去也匆匆的"阿尔泰式谢幕"，而是立志"复兴"俄罗斯文明并延续下去。

# 硬汉普京对俄罗斯软硬实力的运用

书的侧重点是软实力的运用，而普京运用软实力的背后是他对俄罗斯硬实力的精确盘点和精算。

普京多以硬汉的形象亮相于世界舞台，其实，他是柔道高手，深知软硬实力换用的重要。他对俄罗斯的软实力运用是建立在雄厚的硬实力基础之上的。

俄罗斯虽然不是超级大国，但仍然不失大国地位。俄罗斯的面积约等于中国加一个澳大利亚，拥有世界总值最多的自然资源；作为世界"金砖五国"之一，俄罗斯在世界经济中的地位名列前十，俄罗斯还在 2010 年成为世界贸易组织成员国。作为世界上仅有的三个拥有完整军工企业的国家，俄罗斯人能够自行制造所有世界上已知的武器：航母、核潜艇、战略导弹、巡航导弹、先进战机、主战坦克。美国人有的，俄罗斯人也基本都有，这也就是俄罗斯人能够挺起腰杆真正与西方硬碰硬的底气。俄罗斯的科技、教育、文化产业在世界上的地位也是举足轻重的。其航天和体育这两个最代表国家力量与精神的领域，仍在世界散发出耀眼的光芒。

拥有世界上最大规模杀伤性武器的俄罗斯人从不吝啬展示自己的肌肉，普京自己的真肌肉秀与这一点非常吻合。俄罗斯综合军事实力在世界上排在第二位，其中，陆军排名在世界第二，大规模杀伤性武器第一，海军排名第二，空军排在第二位。一系列军事产品的不断创新问世，表明俄罗斯继续把保持世界军事强国地位作为自己中长期战略目标。普京和俄罗斯人很清楚：没有硬实力，软实力是软无力，巧实力如无米之炊。

在俄罗斯的政治文化传统中，强人与威权有着高于制度的作用。2006 年2 月，据"全俄民意调查中心"的调查，普京被认为是 1917 年以来"最成功、最优秀的国家领导人"。

普京在国内获得如此高的评价与支持，与他个人软硬实力的成功打造、包装与运用密不可分。从"入世"到建立"欧亚联盟"，普京成功地为俄罗斯加分，他的政治业绩和他个人的魅力，补充了俄罗斯国力的不足，掩盖了俄罗斯的硬伤。所以，他在俄罗斯、独联体乃至全世界，都有"世界领导人之一"的"范儿"。

相对于俄罗斯来说，普京既是国家的硬实力，也是国家的软实力。俄罗斯的领袖形象是国家形象的不可或缺的组成部分。普京执政十余年来，其鲜明的形象已成为代表俄罗斯国家的符号。

# 普京不会在别国复制

俄罗斯男人的一般优点普京都有，普京还有一般俄罗斯男人没有的优点，这就是普京能成为千万俄罗斯人偶像的原因。

普京对内对外的软实力运用，就技术层面来讲，连美中两大国领导人都自叹弗如。2012 年底，俄罗斯报刊披露了新版《外交政策构想》的主要内容，该文件被视为普京第三个总统任期内俄罗斯外交政策的纲领性文件。《构想》把"软实力"定义为"依靠公民社会力量解决外交政策问题的一整套手段以及可替代传统外交手段的信息、通信、人文及其他方法和技术"，明确提出要借用"软实力"手段塑造"客观的国家形象"的战略目标。可以想见的是，俄罗斯的软实力战略还会继续演变和升华，普京还会有惊世的言行。

普京在中国有广泛的口碑。中国男人们羡慕普京的坚毅、刚强和洒脱；中国女人们唱着《嫁人就嫁给普京这样的人》，比彼得堡女人还诚心。有人给中国外交部寄钙片，明褒普京，暗讽过去几十年中国决策层对外太软。普京若在中国拉选票，肯定多于在俄罗斯，呵呵！

一方水土一方人。俄罗斯民族和国情产生一个普京一点都不奇怪。但在其他国家，无论是西方还是中国，都不可能复制一个普京。

而且，现在给普京下定论显然太早。普京的命运和俄罗斯的命运相似，曲折多舛，扑朔迷离。普京的政治生涯还有几年或更长，但不管是在台上还是离开，普京的政治命运还会有很多惊险。我们为俄罗斯祝福，也为普京祝福。但是，天助自助者。自从苏联解体之后，俄罗斯对西方的本质逐渐有了清醒的认识。但俄罗斯有些习惯性思维并未改变。对东方的软实力、硬实力运用经常看不出有多高明。俄罗斯的硬实力在缓慢递减，软实力再秀也是有限，巧实力回旋空间不大。未来的世界渐趋两极。俄罗斯双头鹰的顾盼余地越来越有困难，首鼠两端很难维持。俄罗斯在越南、印度、朝鲜等政策上总在刺激中国人脆弱的神经，就未必是软实力用得多么有远见的做法。

## 本书的价值

这是一本了解俄罗斯软实力、了解政治运筹学、了解公共外交和了解一位当代世界政治家的好书。

我过去 27 年中七次游访苏联/俄罗斯，深知要了解中国的周边必须要了解俄罗斯，要了解俄罗斯必须了解普京总统。我也读了一些俄罗斯文艺、历史和关于普京的书文，为此，我还学了一点俄文。

本书让我感到了新意和深度。是黄海平老师向我推荐了这本书。这本书是从公共外交、打造俄罗斯软硬实力的角度来谈普京的"俄国梦"的。我读后，发觉这本书的价值是：从政治学的视角看民选的威权领导人的产生，从一个俄罗斯政治人物分析俄罗斯民族的命运，从一个善于经销国家软硬实力的政治家看中俄关系的走向。

全书共分十一章。主要内容有：俄罗斯的"形象大使"；普京的形象定位；时尚普京，引领潮流；普京执行力；媒体公关；危机管控；互联网思维；普京背后的公关推手和营销团队；俄罗斯国家形象与软实力；困局与未来等。信息量大、内容丰富、观点鲜明、可读性强。

普京和俄罗斯如何运用其"软实力"是本书的最大看点。本书作者是董彦峰，中国国际公关协会（CIPRA）会员。有长期研究公共外交、形象管理、危机事件管理、品牌与市场营销推广等多方面的丰富经验。作者虽然是从公共关系、危机处理和软硬实力的运用等方面分析普京，但书中内容，远远超过了这些。

权作序。

# 序 一

## 普京形象与俄罗斯国家软实力

2014 年《福布斯》杂志"全球最具影响力的人物"揭晓，俄罗斯总统普京继 2013 年之后，再度荣登权力榜榜首，排在第二位和第三位的分别是美国总统奥巴马和中国国家主席习近平。一年一度的《福布斯》杂志最具权力人物排行榜由该杂志编辑组成的评审团评选，共有 72 名最具影响力人物上榜。

随着乌克兰危机不断升级，特别是 2014 年 3 月俄罗斯将克里米亚地区纳为己有之后，美欧对俄罗斯实施涉及金融、军事、石油等重要领域的多轮制裁。俄罗斯正面临着 1997 年金融危机以来的最大经济危机，甚至更加严重，因为这一次同样伴随着政治危机和军事危机。一边是不能放手的克里米亚、冲突不断的乌克兰，另一边却是危如累卵的国内经济。普京的一举一动，牵动着世界的神经。

尽管普京有这样或那样的缺点和问题，尽管他的许多做法被不少人所诟病，但他仍然是俄罗斯当下最受欢迎和关注度最高的政治家，他的所作所为仍然举世瞩目，普京掌舵的俄罗斯大船仍在疾风骤雨中破浪前行。

政治领导人作为受关注度极高的公众人物，在世界重大问题上的话语权和影响力可谓举足轻重。在这个过程中，领导人的国际形象显得尤为重要。各国领导人都在运用各种媒介和营销手段，努力打造自身在国际上的良好形象。

领导人的国际形象，有自然形成的，也有后天培养的，但近年来主动塑造、精心营销的成分逐渐加大。实际上，领导人是一个国家在国际上天然的"形象大使"。作为国家领导人的形象之所以超乎寻常的重要，就在于它是一种特殊的、显性的政治资本，是构成政府影响力的基本要素之一。它不仅代表着其个人形象，在某种程度上可视为国家、政府及民族形象的化身。

说到国家领导人的国际形象，不能不提到普京。俄罗斯总统普京是当今国际政坛上最引人瞩目的人物之一。自1999年最后一天从叶利钦手中接过权杖，到2012年第三次登上俄罗斯最高权力的宝座，十几年来普京似乎一直没离开过世界舆论舞台的中心。对于中国民众来说，普京更有一种独特的"魅力"。这种独特的领导人"魅力"，已经逐渐转化成为俄罗斯的一种"软实力"，为俄罗斯重塑大国地位，增色不少。

"软实力"的概念，是美国哈佛大学教授约瑟夫·奈在1990年提出的。塑造国家的"软实力"，引导人们关注那些抽象和非物质性的因素，有助于人们克服那种过于依赖物质性权力来界定国家权力的物质主义和简单化的倾向。以具有全球吸引力的文化"软实力"重塑大国、强国形象，无论对俄罗斯还是中国，都是至关重要的。然而，"文化"是一个内容很广也很模糊的概念，宗教、语言、教育、生活方式、电影、电视、报纸、网络、饮食等，都可以包括在文化的范畴之内。很显然，具有全球吸引力的文化无疑是构成"软实力"的重要基础。

美国经典现实主义大师汉斯·摩根索在其著作中，列举了地理、自然资源、工业能力、军事准备、民族性格、国民士气、外交质量及后来增补的政府质量八项国家权力的要素。显然，他也是把国家实力分为有形和无形两种。美国地缘政治学家尼古拉斯·斯拜克曼将国家权力要素归纳为10项：领土状况、边界特征、人口规模、原料多寡、经济与技术发展、财力、民族同质性、社会结合程度、政治稳定性、国民士气。法国政治学家雷蒙·阿隆则把权力笼统归结为三大要素：某一政治单位所占据的空间，该单位的资源（包括物力和人力），集体行动的能力（涉及军备组织、社会结构和质量）。在上述列举的国家权力因素中，既有物质的要素，也有非物质的或精神的要素。

特别值得注意的是，作为现实主义者的摩根索把无形的权力看得很重。

他特别强调外交质量、民族性格和国民士气对国家权力的影响。在谈到民族性格和国家士气时，他指出："在影响国家权力的具有决定性性质的三项人的因素中，民族性格和国民士气是突出的因素，因为我们难以对它们进行合理的预测，也因为它们对于一个国家在国际政治的天平上的重量有着持久、决定性的影响。这里，我们不考虑是哪些因素影响了民族性格的发展这一问题。我们只对这一事实感兴趣，即某一国家比另一国家更经常地显示出某种文化的和性格的因素，并得到较高的评价。"

约瑟夫·奈的"软实力"思想提供了一种分析国家在国际舞台上的权力地位的重要思路。目前正在复兴和崛起的"金砖五国"，以及亚太、拉美、非洲等地区和国家也都在为世界新秩序的重新洗牌和重建提出各自的方案，以确保各自的全球竞争力和国际地位，亦即国家"软实力"的塑造。各国与地区对文化、价值等文化"软实力"战略予以了高度重视。通过文化"软实力"进行国家营销，进而构建国家品牌，形成国际影响力，塑造良好的国家形象，获得更大的话语权，这已成为许多国家的重要任务。

归根结底，国家"软实力"的真正力量在于对其他民族和国家的吸引力和说服力，最终目的是要让国际社会理解、信任、接受和认同该国的文化和价值观，从而使国家在国际社会中拥有强大的竞争力、话语权，才能在国际新秩序的建立过程中发挥重大作用。仅靠军事优势、政治权谋和经济实力是无法让国际社会认同一个国家的国际地位的，苏联的教训以及美国的部分失败做法都在提醒我们"得民心者得天下"。

在国家"软实力"的塑造、国家形象的构建过程中，政治领导人作为受关注度极高的公众人物，在世界重大问题上的话语权和影响力举足轻重。同时，在这个过程中，领导人的国际形象显得尤为重要。无论是美国总统奥巴马还是俄罗斯总统普京，各国领导人都比较注重自身形象的包装和营销手段的运用，以期通过塑造领导人个人形象，来提升国家的"软实力"。

在国家领导人的国际形象塑造中，普京无疑是比较成功的一位。普京已经逐渐成为俄罗斯的"形象大使"，成为俄罗斯的符号。他用自己卓著的政绩，以及强硬、霸气、坚韧、冷静、直率的个人魅力，赢得了多数俄罗斯人的爱戴和尊重。

普京不同于其他任何一国的总统或总理。1999 年普京出人意料地被推上最高职位时，他显得矜持寡言，不善交际。如今的他，傲视群雄，频频上镜曝光，炫耀自己强健的体魄，以强势姿态彰显俄罗斯的大国形象。尤其是2008 年由总统改任总理后，普京开始携摄影组一同外出，将自己打造成为电影明星般的角色。在摄影师的镜头下，普京把卫星跟踪仪安放在北极熊、老虎、白鲸和雪豹身上，让摄影师拍摄他在一条冰冷的西伯利亚河流里蝶泳的照片，在山区光着膀子骑马，亲自参与扑灭山火行动，驾驶摩托雪橇、摩托车或一级方程式赛车，滑雪，潜水，打冰球，甚至用英语哼唱《蓝莓岭》一曲，在大庭广众之下弹钢琴。2011 年 8 月，普京参加体检时，带了一位摄影师同往，拍下了他上身赤裸的照片。除了普京，还有哪一位世界领导人如此行事？

曾任普京新闻秘书德米特里·佩斯科夫顾问的英国人安格斯·罗克斯伯勒描述，普京谈及敏感问题时注意力集中，好与人争辩，有时会勃然大怒。他通晓世界事务，但谈洽西方人的生活时又显露出惊人的无知。他待人彬彬有礼，但有时也粗鲁蛮横。普京先后作为总统和总理以铁腕掌控着俄罗斯，同时以强势营销塑造着自己独特的形象。

与中国民众对普京的印象不同，美国人和西方看到的是：俄罗斯对政治反对派的打压、车臣的血腥战争、对记者的谋杀，以及腐败和与日俱增的好战，直至出兵格鲁吉亚并与乌克兰爆发了天然气及领土之争。然而，无论是中国民众对普京的喜爱，还是美国与西方眼中的独裁形象，普京总是强势的，强势的背后，既有俄罗斯大国地位崛起的因素，更是普京本人强势营销的结果。

政治是一个荆棘丛生、布满陷阱的领域，然而普京却如鱼得水：从一个名不见经传的普通官员，几年时间便悄无声息地执掌了世界上最复杂、最棘手，也是极不稳定的国家大权。而且，这种大权在握不是昙花一现，而是持续掌权，并开创了一个时代——普京时代，而这一时代不仅有经济、政治、军事等方面的因素，更是强势营销塑造而成的。

"尽管早已告别了君主制度，但俄罗斯人至今仍把彼得大帝、叶卡捷琳娜二世等使俄罗斯成为一流强国的独裁者作为崇拜的偶像。这样说来，让俄罗斯再度崛起的普京被人追捧也就不难理解了。"莫斯科国立大学政治学教授柯瓦伦克·伊万诺维奇如是说。科学精神的本质是去迷信化。俄罗斯很奇特，它有自己的爱国主义传统，这种传统通过老百姓对领袖的热爱表达。所以，俄罗斯历来鼓吹领袖至上论，所谓领袖至上，就是国家和百姓对领袖人物的威望进行制度性、神话般地塑造。俄罗斯政治和文化界对普京偶像化推波助澜的意图逐渐显现，就连那时俄罗斯总统办公厅背景的青年社团"我们的人"也承认，俄罗斯确实存在将普京偶像化的倾向。有人评论说，普京的个人偶像化象征着俄罗斯的"深度去民主化趋势"，普京的个人崇拜深入公共生活的更多方面，说明俄罗斯已经把成为现代欧洲国家的热望置诸脑后。在民主、法制成为主流价值观的今天，片面强调甚至夸大个人作用、搞个人崇拜的做法，与民主、法制精神是背道而驰的。如何把握以国家领导人形象增强国家软实力与个人崇拜之间的尺度，是一个重要课题。

当然，塑造领导人良好的国内国际形象、构建国家的软实力，并不意味着要去搞"强人政治"。马克斯·韦伯把政治家分为三种类型，超凡魅力型、传统型和法理型。超凡魅力型的政治家受递减律的影响，最终超凡归于平凡，用中国老百姓的话说就是一代不如一代。其归宿有两个，一是回归于传统，二是回归于法理。回归于传统有可能陷入"其兴也勃焉，其亡也忽焉"的恶性循环；回归于法理即走向宪法框架。中共十八届四中全会公报明确指出："坚持依法治国首先要坚持依宪治国，坚持依法执政首先要坚持依宪执政。"这不仅是对宪法至高无上的法律地位的概括，同时也对宪法的实施提出了明确的要求。

自苏联解体后，随着"超级总统"体制的形成和固化，已经成为俄罗斯政治体制改革的阻力。从历史来看，坚持依宪治国的国家很少出现超凡魅力的领袖，因为那里的人民不相信领袖只行善而不作恶，即使这些国家的总统、总理、首相的动机是善良的，那里的人民也会担心播出的是龙种收获的却是跳蚤。他们对制度的忠诚远远高于对超凡魅力领袖的祈盼。温斯顿·丘吉尔在"二战"中贡献卓著，魅力超凡，可"二战"结束之后，英国人民仍然没有选举他连任首相，与其同一期间的罗斯福连任四届总统，美国人民认为罗斯福是"我们时代最伟大的人。他是作为这场战争的英雄死去的，他的确做到了为美国人民战斗到生命的最后一息"。可美国人民在他死后通过了宪法修正案，修正案规定："无论何人不得当选总统职务两次以上；无论何人在他人任期内担任总统职务或代理总统超过两年者，不得当选担任总统职务一次以上。"他们认为总统无论如何终归是靠不住的，靠得住的是制度。因此，国家元首品牌形象的塑造，国家软实力的提升，要在宪法和法律制度的框架下进行。

在世界格局正在发生自"二战"以来重大变化的历史时刻，中国共产党第十七次全国代表大会把"提高国家文化软实力"作为国家发展战略提出来，针对的就是世界秩序全面洗牌重建、中国的全球崛起这一格局，这是中国积极参与世界新秩序的建立、在全球确立中国的文化与价值地位、全面提升中国国际竞争力的重大战略部署。

2014年12月14日，目前国内唯一专注于国家形象传播研究的智库——清华大学国家形象传播研究中心成立，该中心致力于搭建高水平的开放平台，为塑造我国的国家形象、提高国家软实力提供智库支持。

习近平总书记提出，要注重塑造我国的国家形象，传播好中国声音，要充分展现"文明大国形象、东方大国形象、负责任大国形象、社会主义大国形象"。清华大学新闻与传播学院院长、国家形象传播研究中心理事长柳斌杰认为，重点是改进我们的思维方式和传播模式，加强国际沟通力建设，改进传播语言体系，用新概念、新范畴、新表达传播中国国家新形象和好声音；调整内外传播布局，加强国际公关人才培养，整合对外传播资源，提升国际传播能力，积极发动文化和公共外交的力量，向国际社会传达一个负责任、有担当的大国形象。

清华大学新闻与传播学院教授、国家形象传播研究中心执行主任范红认为，国家形象的塑造与传播是国家发展战略的重要组成部分，也是国家软实力建设最重要的方面。在当今全球化传播时代，良好的国家形象意味着更高的可信度、更强的接纳性和更广阔的国际合作与发展空间，良好的国家形象是一个国家在国际舞台上最大的竞争力。

在全球化和信息技术快速发展的今天，以"软实力"强化中国的国家形象，提升中国的大国地位，铸造国家品牌，显得尤为重要。而普京的"政治营销战"，以个人形象带动国家品牌建设的做法，对我们有一定的启示和借鉴意义。

本书通过详尽而全面的叙述，告诉读者普京是如何通过有意识的手段来塑造个人乃至国家形象的。普京的生平，普京在成长、成熟、成功过程中的点点滴滴，普京对俄罗斯政治、经济、军事、外交等领域的影响和措施，普京运用权力的策略和手腕等，都是大众最感兴趣的，本书希望把一个鲜活、真实、清晰的普京呈现给每个读者。同时，也希望这本书能对中国的国家形象提升有所启发。

# 序 二

## 为什么是普京?

作为世界政治经济的重要力量——俄罗斯也被称为亚欧双头鹰,从太平洋到地中海,其影响力无处不在。无论是全球瞩目的乌克兰危机,或国际油价大幅波动,还是叙利亚冲突激化,俄罗斯都做出迅速且强硬的回应。有关经济制裁将束缚克里姆林宫、制裁迫使俄罗斯从乌克兰撤退并采取顺从姿态的想法被证明是不可行的。为何普京有如此胆量,普京到底是一个什么样的人?

无论国际国内对普京如何评论,本书无疑都为读者认识普京提供了一个新的视角。

童年时期的普京个头矮小,家境困难,学习成绩不佳,对自己没有信心,他是个自我封闭的孩子,尤其是在第一次与人斗殴的过程中被彻底打败,更使他很有挫败感,倍感沮丧。连邻家的孩子们也不喜欢他。就是这样一个普普通通的小男孩,成为俄罗斯的"铁腕总统"、头号男人。

普京的心理成长过程随着他的生长环境和工作环境的变化而发生转变,他是俄罗斯文化的产物,是俄罗斯独特政治环境的延续,同时也与国际环境的变化密切相关。从一个出生于贫民窟的顽童,到一位世界最大国家的元首,普京的心路历程经历了这样几个阶段:自卑—自信—自主—自强,从其成长和思想变化的过程,我们不难发现其中的轨迹。今后,随着掌权日久,普京会不会从自强发展成自负?成为独裁者?这是值得关注和警惕的。俄罗斯独特的文化基因曾经培养出一代又一代"帝王将相",在人才辈出的同时,这些当权者在创造俄罗斯历史的同时，也给周边国家和自己的人民造成了不小的伤害。

普京今天因乌克兰危机与西方国家的抗衡，既有历史与现实政治的原因，也与普京争强好胜的个性密不可分。小时候的普京，与人斗殴虽然被彻底打败，但他能够从中总结经验教训，充分认识到自己的不足，并从那时开始通过自己的不懈努力和坚强的意志改变自己。普京通过体育运动，增强了体力，尝到了甜头，从而培养了自信。而今天，普京也不是一味地对抗西方国家，他在表现"鹰派"形象的同时，也在不断施放善意与和解的信号。普京所面临的时代是：美国的国家利益表现为要成为一个单极的霸权国家，要对整个世界发号施令，而俄罗斯的国家利益则体现为重新作为一个大国登上国际舞台，在目前无法独霸世界的前提下，不允许美国构建一个单极世界就成了俄罗斯的外交目标之一。

俄罗斯作为一个一度沉沦的世界大国，正是因为普京，才走上了重新崛起之路；一个强国的希望和幸福的未来使俄罗斯人得到了鼓舞，充满了期待，这是普京的功绩。同时，普京与西方国家的对抗，引发严厉的制裁，俄罗斯经济迅速下滑，普京执政蒙上阴影，普京本人及俄罗斯的国际形象也发生了急转直下的变化。然而，普京在乌克兰危机中的强硬政策却一举改观了俄罗斯的国内政治氛围，普京的政治声望陡升。国家领导人的一举一动，显得如此重要，关乎国家形象，更关乎国家命运。

普京，已成为强悍、自信的代名词！

普京是当今强势治国的典范。1999 年 8 月 9 日，叶利钦提名国家安全局局长普京为新总理和自己的接班人，8 月 16 日普京正式就任俄罗斯总理。1999 年 12 月 31 日叶利钦总统宣布辞职。2000 年，当普京从叶利钦手中接过核控制箱钥匙后，人们并不清楚这位名不见经传的新总统将给俄罗斯带来什么样的未来。

自 2000 年上台以来，在前两届总统任期内，普京力挽狂澜，让处于十字路口的俄罗斯恢复生机，实现经济的快速增长，普京以修复该国 20 世纪 90 年代崩溃后的经济而著称。危机之前俄罗斯的经济繁荣成为俄罗斯强硬对外战略的基石。作为该国最大外汇来源的石油出口，使普京在 2000~2008 年两届总统任期内实现了预算盈余。根据彭博（Bloomberg）汇编的数据，在此期间，俄罗斯的平均经济增长率在 7% 左右，而俄罗斯人年均实际工资增加了 15%。此外，来自西伯利亚天然气源源不断地向中国延伸。在乌克兰危机中，普京还手握欧盟 30% 的天然气。当冬季来临，欧洲居民们都希望能够在温暖屋子里不受严寒之苦。索契的冬奥会让这座城市走上国际舞台，俄罗斯商人正在欧洲乃至全球施展影响力……

2000~2008 年，俄经济总量先后超过法国、巴西和意大利，跃居世界第七位。俄罗斯充满雄心壮志地迈向大国复兴。很多俄罗斯人将普京看作是俄罗斯的灵魂级人物，是未来的希望。"统一俄罗斯"党总务委员会秘书勒夫洛夫曾经这样评价普京："每位俄罗斯公民都知道我们党的领袖，弗拉基米尔·普京，毫不夸张地说，他是俄罗斯最受尊敬的政治家。"

2012 年 3 月 5 日，俄联邦中央选举委员会正式宣布，普京以 64.26% 的绝对优势为俄罗斯大选画上了句号，再次当选俄罗斯总统。尽管此前曾遭遇反对人士集会抗议其"专政"，但普京依旧凭借较高人气上演了一出完美的"王者归来"。

普京上台后采取了一系列强有力的举措。在政治领域，包括坚决打击车臣民族分裂主义；强化中央对地方机构的监督；建立全国统一的法律空间；剪除反对派等。扭转了叶利钦时期出现的政局混乱状态，初步建立了以总统权力为核心的垂直权力体系，这个权力体系犹如一个坚固的金字塔，而普京就安稳地坐在塔尖上。

在经济领域，对寡头势力的打击更凸显普京的"铁腕"治国。汽车制造业寡头别列佐夫斯基、石油大亨霍多尔科夫斯基、传媒大亨弗拉基米尔·古辛斯基先后受到指控或被捕……这些曾经不可一世的俄罗斯大亨，在普京面前恭恭敬敬，噤若寒蝉。通过对寡头的打击，不仅消除了寡头对政治的影响力，而且使经济命脉掌握在国家手里。

在外交领域，普京认为"只有强大和自立才会受到尊重"。他说："确保全球安全的唯一途径是，与俄罗斯一起努力，而不是试图'降低俄罗斯的地位'、从地缘政治上削弱俄罗斯或者削弱其国防潜力。"普京成为让欧美政要十分头痛但又无法回避的谈判对手。

虽然目前俄罗斯经济面临困局，但不可否认，在普京主政的大部分时间，俄罗斯政局稳定，经济发展较快，人民生活有明显改善，消费社会开始出现，国际地位也显著提高。正因为如此，虽然西方人把普京视为一个打压不同声音、与西方对着干的"暴君"，而在俄罗斯国内，普京却获得了极高的支持率。

普京不仅有出色政治家应具备的智慧和手腕，而且显示出超凡的个人魅力。普京对俄罗斯社会的显著影响，唤起了俄罗斯民众的"英雄"情结。

普京酷爱运动，特别爱好桑勃式摔跤、柔道和山地滑雪，大学时代荣获过桑勃式摔跤冠军，是1974年列宁格勒的柔道冠军，并入选运动健将候选人之列。普京还曾驾驶飞机参与过灭火工作，还有过用麻醉枪制服老虎从而救下记者的英勇事迹。在外出考察时，普京还展示了手持劲弩猎捕灰鲸的风采。深山射虎、水中戏鲸、驾机上天、潜水下湖，普京经常在从事这些野外活动时赤膊上阵、显露肌肉，获得许多女性粉丝的青睐和追随……这些都充分显示出普京的精力充沛和能力非凡，而这正是俄罗斯民众所崇拜的英雄类型。

普京是俄罗斯近百年来除列宁外唯一能用外语同外国元首对话的领导人。同德国总理长谈，同奥巴马调侃，他潇洒自如；拜会英伦女王，他一袭黑色燕尾服，尽显绅士风度。在谈到反恐时，他蹦出一句"把车臣匪徒淹死在马桶里"，又显其率性。同时，普京刚柔相济。媒体报道说，普京与人握手时，宽肩阔背加上厚重的手掌令人有"铁腕"之感，但他那坦诚而温和的蓝眼睛又似乎在传递俄罗斯的"软实力"。

普京连续10年通过电视和广播直播方式同俄罗斯民众进行连线活动，直接回答俄罗斯各地民众的提问，娓娓道来中展现温和亲民的一面。访日闲暇，他与乡村小柔道手切磋技艺；他探望肿瘤患儿，承诺带其参观克里姆林宫；在学生演唱歌曲卡壳时，他一展歌喉帮其解围。村民邀他游泳，他二话没说就跳进河里；与运动员合影，他不拘形迹地蹲在前排等。

普京强硬、果断、干练的执政风格和个人气质，不仅符合俄罗斯历经长期动荡后，急需强硬人物挽救危局的客观需要，也符合俄罗斯民族传统中期盼"强人治国"的历史文化传统与社会心理。

整个 20 世纪 90 年代，在苏联解体后剧烈的社会政治动荡中，在以西方新自由主义为理论基础的休克疗法式的经济转型中，俄罗斯民族分裂严重，国家理念失却，经济呈现雪崩式滑坡，1/3 的国民生活在贫困线以下，社会两极分化加剧，国家综合实力急剧下降。在此过程中，俄罗斯民众急切地期望重新回归当年强大的俄罗斯。

应该说，在俄罗斯强国之路和俄罗斯重新崛起的强国理念上，普京的国家战略十分清晰，普京治国之道和强国之路的战略目标是俄罗斯重新崛起，建立一个以俄罗斯为核心的欧亚联盟，谋求与西方世界平等对话，成为未来多极世界格局中的重要一极。

自 2000 年普京担任俄罗斯总统以来，俄罗斯的经济实力大为增强，成为新兴市场的成功范例之一。虽然 2008 年的国际金融危机和油价暴跌使俄罗斯经济一度遭受重创，但俄罗斯重新崛起的步伐没有停止，俄罗斯政府将实现经济现代化作为反危机的优先方向，并以赶超的方式实现俄罗斯重新崛起的目标。2012 年，普京再次当选俄罗斯总统，并誓言要建设一个强大的俄罗斯。这意味着俄罗斯正在努力从大国走向强国，成为牵动国际战略格局、撬动国际政治经济关系的未来多极世界格局中的重要一极。普京的目的是建立一个政治与经济共同强大的俄罗斯及欧亚联盟，一个与西方平等对话的世界。

# 前　言

你走上达到你的伟大的路，现在临于绝地便是你的最高的勇敢！

——尼采

18世纪俄罗斯罗曼诺夫王朝女皇叶卡捷琳娜二世索菲亚·弗雷德里卡·奥古斯塔曾经说："假如我能够活到200岁，全欧洲都将匍匐在我的脚下！"

现任俄罗斯总统弗拉基米尔·弗拉基米罗维奇·普京曾经说："给我20年，还你一个奇迹般的俄罗斯！"

有人说，彼得大帝的俄罗斯帝国没有灭亡，相反，很可能会在普京治理下重生。

普京自上任以来，遵循恢复俄罗斯大国形象的初衷，对内加强俄罗斯联邦的权力，整顿经济秩序、打击寡头，加强军队建设；对外努力改善国际环境、拓展空间、维护本国利益，在国际舞台上逐步恢复了强国地位。通过不懈的努力，普京使一个人心涣散、经济衰弱、民生困顿的俄罗斯重新振作起来，成为一个政治稳定、经济持续增长、人民生活水平明显提高、国际地位显著提升的国家。

这些年来，普京已经在国际上树立了强势总统的形象，他的果敢、坚毅不仅给国人树立了信心，还给公众留下了深刻印象，被公众称为"普京大帝"和"铁腕总统"。2013年、2014年普京连续两次登上《福布斯》世界最有影响力人物排行榜第一位。

然而，普京的强势令欧美恼怒，随着乌克兰危机的加深，2014年以来，在西方国家连续制裁、国际油价暴跌的形势下，俄罗斯经济正面临着前所未有的寒霜。俄罗斯卢布在 2014 年下半年连续上演币值"大跳水"，震动全球，俄罗斯与西方的关系也陷入低谷。"强人"普京再次成为全世界关注的焦点，他能否带领俄罗斯走出经济困境？他的强硬还能维持多久？

2014 年，普京在乌克兰危机中的强硬举措犹如一枚硬币的两面。一方面，他成为国际舆论的众矢之的，批评人士指责普京发动的是一场侵略战争，将自己的国家拖向经济崩溃的边缘，并令俄罗斯在国际社会上陷入孤立，多年努力构建的国际形象骤然跌落。另一方面，普京的政治声望却在国内陡升，克里米亚的"回归"调动了俄罗斯人的民族主义情绪，使普京成为"民族英雄"，而强硬回应西方激发了许多俄罗斯人的民族自尊和自豪感，也使普京在国内的政治支持率一度高达 85% 以上。

从克格勃特工到俄罗斯总统，从矜持寡言到高调言辞，世界对普京的关注和争议从来没有停止过。他恢复了俄罗斯的大国地位，却压制自由；他深得广大民心，也饱受西方诟病；他的铁腕、他的骄傲、他对西方的强硬态度，让他及其背后的俄罗斯成了一个谜。

政治的玩法，常常也是营销的玩法，而普京的"总统营销"更是风生水起。本书独家解密普京如何善用营销手段重塑俄罗斯的强国地位，提升俄罗斯的国家软实力，为读者揭开总统营销的神秘面纱，一窥政治营销战的真相。

在本书的撰写过程中，有很多专家、学者和朋友给了我无私的帮助，在此对他们表示真诚的感谢。中国社科院俄罗斯东欧中亚研究所研究员、博士生导师郑羽从本书的整体视角、内容、主旨等诸多方面提出了宝贵的批评修改意见，让本书更加符合法制、理性、互利、妥协共赢的时代精神，也有利于读者对俄罗斯事务做出正确的判断。

郑羽老师还就克里米亚问题、俄罗斯从 2003 年以来实行的经济再国有化政策等问题，提出了不同的看法。例如，俄罗斯经济发展的内生动力不足和国际能源价格周期性低谷的出现才是俄罗斯陷入经济困境的根本原因，远胜于西方制裁和压低油价的人为因素影响。2003 年以来出现和逐步加强的政府垄断、新寡头垄断和关系经济，这三者共同制约了市场竞争机制对民间投资、技术进步、经济结构优化有推进作用。这导致俄罗斯原来不合理的产业结构进一步固化，经济效益严重滑坡，这在 2008 年之后尤为明显，而且在 2014 年开始的西方制裁中不堪一击，这都说明俄罗斯治国之道和经济结构须做出调整。这些建议无论是对本书还是对俄罗斯、对普京的研究，都是富有启发性的。此外，在郑老师的建议下，还删除了部分带有个人崇拜色彩的内容与观点，这都让本书更加符合法制、民主的时代精神。

# 目　录

# 第一章　英雄？独夫？

起初他们忽视你，然后，他们嘲讽你、镇压你，但最后，你赢得了胜利。

——圣雄甘地

大自然塑造了我，然后把模子打碎了。

——卢梭

普京，俄罗斯的"铁腕总统"；普京，俄罗斯的"鹰派人物"；更确切地说，普京是俄罗斯的魅力一哥，头号男人。普京，一个以彼得大帝自喻的俄罗斯领袖，他是英雄？抑或是独夫？

# 普京，这个冬天有点冷

在 2016 年新年讲话中，普京说："在过去的 2015 年我们纪念了伟大卫国战争胜利 70 周年，我们的历史、祖辈和父辈的经验、他们在困难时期的团结一致和精神力量是我们的伟大榜样，这帮助我们并将继续帮助我们回应时代的挑战。"2015 年对俄罗斯来说确实是极不轻松的一年，在西方的制裁下，俄罗斯经济面临巨大困难。

2014 年，对普京而言，这个冬天有点冷。

在西方国家连续制裁、国际油价暴跌的形势下，俄罗斯的经济正面临着前所未有的寒霜。俄罗斯卢布在 2014 年下半年连续上演币值急剧"大跳水"，震动全球。俄罗斯正面临着 1997 年金融危机以来最大的经济危机，甚至更加严重，因为这一次同样伴随着政治危机和军事危机。

2014 年以来，卢布兑美元贬值了一半以上。俄罗斯央行六次加息，之前投入超过 800 亿美元外汇储备也未能阻止卢布贬值，卢布毫无悬念地成为2014 年度全球跌幅最大的货币。卢布的崩盘式暴跌，与国际原油价格一跌再跌直接相关。油价迅猛下跌，各种"阴谋论"随之而起。

而乌克兰危机不断升级，激化了俄罗斯与美欧之间固有的矛盾。尤其是2014年3月俄罗斯将克里米亚地区纳为己有之后，美欧对俄实施了多轮经济制裁，涉及金融、军事、石油等重要领域，可谓釜底抽薪，被外界视为俄罗斯经济大幅下滑的触发点。此举导致俄市场严重"失血"，资金告急，融资成本飙升，外资大批出逃。

在卢布大幅下跌之后，俄罗斯政府打响"卢布保卫战"。卢布已经接近生死边缘，但美国仍继续往俄罗斯伤口上撒盐。美国总统奥巴马2014年12月18日表示，对俄罗斯的新一轮制裁已箭在弦上。所以，俄罗斯的痛苦可能只是刚刚开始。根据俄罗斯央行的最新预测，2015年俄罗斯经济将萎缩4.5%~4.7%，2016年预计萎缩0.9%~1.1%。动荡的经济形势使俄罗斯蒙受了空前巨大的经济损失。国际油价下跌给俄经济带来多方负面影响，俄罗斯央行预计2015年外逃资本规模为990亿~1200亿美元，2016年为750亿美元，2017年为550亿美元。

在如此严峻的形势下，普京虽在2014年度记者招待会上为俄罗斯经济打气，但也承认，俄罗斯经济遇到严重困难，需要两年时间来恢复元气，口气已经有所缓和。眼下普京正面临执政以来的最大危机。是破釜沉舟，继续对抗西方？还是在乌克兰问题上有所妥协？对普京来说，都是艰难的决定。

面对国内经济的严重衰退，面对国际投资者对俄罗斯经济的信心缺失、资本出逃和卢布贬值，无论如何，今日金融市场上的变动不会很快让俄罗斯在乌克兰问题上做出重大让步。即便在经济危机进一步恶化的情况下，俄罗斯的让步最多止于比如允许基辅方面对乌克兰东部顿巴斯等地区恢复控制，而让普京放弃已经"吃下"的克里米亚则已经没有可能。

对于普通民众而言，俄罗斯悠久的帝国传统，使得民众对于强势的威权领导人有着较高的接受能力，普京在乌克兰的强势举动虽然加剧了俄罗斯经济的恶化，却迎合了俄罗斯国内的民族主义情绪，因而普京的支持率仍然保持在相对高位。

在民生上，俄罗斯还没有到全民反对普京的临界点。而在政治上，普京的政权也非常巩固。2000 年普京上台以后，他采取强有力的手段打击了部分寡头，并形成了一个新的寄生于普京政权的富豪集团，这些富豪大多在上一轮国际油气市场的牛市中获利丰厚，但在政治上他们几乎完全依附于普京，即使经济衰退让他们的利益受损，他们也不可能成为对普京有实质威胁的反对者。在政治上，俄罗斯已经不存在成建制意义的反对派。普京和他的政治盟友完全掌握了政府和俄罗斯的立法机构，反对党的力量已越来越微弱。

对于美国而言，俄罗斯的衰退是巨大的地缘政治利好。俄罗斯原本是具有重要地缘影响力的一支非西方的政治力量。这支力量的衰退，将增强美国的影响力和主导权。奥巴马政府和国会多数党共和党联合推动的以 TPP（跨太平洋伙伴关系协定）和 TIPP（跨大西洋伙伴关系协定）为基础的贸易自由化体系，有望在全球经济整合中扮演更强势的角色。

同时，俄罗斯和欧洲关系的持续恶化，也将使美欧关系得到巩固和强化。但从长远来看，当俄罗斯完全被全球体系边缘化之后，美国和欧洲少了一个共同的"敌人"，美欧内部的摩擦有可能重新增加，但这可能是几年后的事，在围绕乌克兰危机的国际政治对峙尚未结束的当下，美欧的战略接近态势不会改变。

对中国而言，俄罗斯经济衰退带来的影响则更为复杂。从经济上来看，中国将因俄罗斯经济衰退而遭受损失。中国和俄罗斯签订了长期的油气供应协议，这些协议的成交价不会比国际油气价格下降信道中的平均市场价格低。同时，中国还和俄罗斯进行了货币互换交易，在卢布贬值的条件下，中国也承受了明显的汇率损失。此外，国家开发银行等中资金融机构还为俄罗斯提供了大量资金，这些资金也存在着违约风险。

如果俄罗斯经济持续衰退，将给世界经济和政治格局带来深远影响。普京上台以来的俄罗斯"大国梦"将会破碎，俄罗斯的大国形象和国家软实力也将受到严重影响，俄罗斯在世界经济体系中可能重新陷入边缘化境地。

更加令普京担忧的是，此次在原油降价的背景下出现的卢布货币危机与1991 年苏联解体前的状况极为相似。虽说俄罗斯目前拥有 4000 亿美元以上的外汇储备，但如果危机走向长期化，普京也将不得不调整战略。

俄罗斯的命运会怎么样，普京能否拯救俄罗斯，时间会告诉我们答案。如果西方制裁旨在迫使俄罗斯改变内外政策，或者削弱普京在俄罗斯国内长期形成的地位，估计可能性不大。只有当俄罗斯人民自己厌倦了普京，他的执政生涯才可能会终结；但在此之前，他们不会屈从于来自西方的压力。

长期以来，普京为自身形象的塑造和俄罗斯国家软实力的构建做出了不懈努力，然而，以美国为首的西方国家并没有停止过对俄罗斯的遏制和步步紧逼，北约东扩、欧盟东进，双方争夺中亚和外高加索地区日趋激烈，尤其是克里米亚入俄公投后，美国等西方国家从警告、抵制G8、谈判破裂，最后到对俄制裁。可以说西方与俄罗斯关系降到"冷战"结束后的最低点，西方的舆情几乎一边倒责向俄罗斯。普京及俄罗斯多年来打造国家形象、提升软实力建设的努力正遭遇严峻的挑战！

2015年，普京将何去何从？天使与魔鬼，就在一念之间。

普京的故事开始了。

## 受命于危难

1999年12月31日，应该是普京铭刻于心的日子。这一天中午时分，俄罗斯总统叶利钦在电视上露面，他以嘶哑的声音慢吞吞地宣读了他的辞职决定，令全世界大吃一惊。此时距他总统任期结束还有6个月。叶利钦哽咽着请求俄罗斯人原谅他的执政错误和缺陷，并告诉本国人民，俄罗斯进入新的千年时，应该换上"新的政治家，新的面孔和精力充沛、精明强干的新人"。于是，一个头顶微秃、身材矮小、不为人熟知的中年人成了俄罗斯的代总统，他就是普京。

当时，就在世界各地数十亿人或和亲朋好友聚集一堂，或燃放鞭炮庆祝千禧年降临时，俄罗斯的这位新代理总统普京正乘坐一架军用直升机试图进入叛乱的车臣共和国。由于天气恶劣，这架直升机被迫返回附近的塔吉克斯坦基地。这就是世人即将认识和畏惧的普京——一条硬汉，一位实干家，他一门心思打击恐怖分子和分裂主义分子，立志重振这个国家的雄风。

就在普京乘坐的直升机与恶劣天气搏斗的同时，俄罗斯的电视台播放了普京事先录制好的对全国人民的讲话。讲话简明扼要，普京表示将不会出现权力真空，并赞扬了他的前任。普京在讲话里只做了一项政策保证，他说："国家将坚定地保护言论自由、信仰自由、大众媒体的自由、财产权以及一个文明社会的基本要素。"

普京的执政轨迹颇值得人们捉摸和玩味，这对解读普京的治国方略或许有所帮助。自 2000 年 3 月 27 日普京执政以后，强调俄罗斯要"寻找自己的改革之路"，既不能回到过去，也不能照搬西方。

在普京就任总统前的叶利钦时代，俄罗斯政坛面临着复杂多变的政治危机。在普京 1999 年 8 月 9 日担任政府总理前不到一年半的时间内，俄罗斯更换了 5 位总理，政府机器运转失灵，社会动荡不安，百姓对政府失去信任。在这期间，左翼反对派在国家杜马（即下议院）筹划弹劾叶利钦总统，导致俄政府与国家杜马之间矛盾激化；联邦委员会 3 次未能通过叶利钦总统提出的解除俄总检察长职务的要求，显示出俄政坛出现的矛盾；一些联邦主体拒绝服从中央政府的统一指挥，开始动摇俄罗斯的政权基础；车臣地区的分裂和恐怖活动日益猖獗，社会动荡明显加剧；寡头干政、官吏腐败、黑势力活动猖狂，更引起了民众的强烈不满。

面对如此复杂多变、扑朔迷离的社会政治经济形势，普京以稳健、务实和果敢的施政风格化解了一次次政治危机，第一次成功地实现了新俄罗斯政局的基本稳定，形成了治理国家所必需的政治格局。并在较短的时间内在国家政治建设方面取得了诸多建树。

在叶利钦时期，党派斗争耗费了大量的时间和资源，国家的许多政策措施常常因此而无法在国家杜马获得通过，阻碍了政府机器的有效运转。普京执政以后，在政治上采取了务实的政策，注意团结各政治派别，不与俄共等"左"派为敌，积极呼吁各派政治力量放弃意识形态上的分歧，为了国家的最高利益进行合作。目前俄罗斯的党派格局发生了很大变化，但这些党派对普京本人和他所领导的政府已表现出某种程度上的妥协和合作的愿望，成为俄政局稳定的重要政治因素。

叶利钦时代后期，联邦中央对地方各路诸侯的控制力已日渐衰弱。普京在国家政治建设方面选择的切入点正是解决积重难返的中央和地方的关系问题。普京认识到，强有力的国家政权是政治稳定、社会安定的重要保证，按照联邦制原则妥善解决中央和地方的关系问题是关系到国家统一、领土完整和保障国家政令畅通的重大政治问题。为此，普京在加强国家政权建设方面果断采取了重大举措：建立了七大联邦区，改变了联邦委员会的组成方式，确立了总统和联邦中央对地方行政长官的监督机制，从而强化了联邦中央的权力，开始使地方权力向联邦中央集中。

叶利钦时代，寡头和财阀参与政治，直接和间接地干预、左右国家的政局走势，寡头政治成为俄罗斯政治的一大特色，在社会上造成了非常恶劣的影响，已经威胁到了国家的政治稳定。鉴于叶利钦政权与寡头们之间存在着各种微妙复杂的关系，寡头参政问题一直未能得到较好的解决。普京上台以后，一方面对寡头们采取了等距离政策，发挥寡头们在社会经济生活中建设国家的积极作用；另一方面对个别威胁和对抗现政权的寡头，通过司法等手段进行了有力打击，与寡头的各种政治腐败现象展开了坚决的斗争，对寡头参与政治活动进行了整顿和规范，使寡头干政的局面得到了扭转，国家的政治建设逐步驶向正轨。此外，这期间还颁布了《政党法》，开始实施行政改革来推动建立成熟的政党体制和高效的国家行政管理体系，稳步推进国家的政治建设。

从政治影响力的角度说，普京超越了奥巴马等当代政治人物，必将成为21世纪的一个政治传奇；普京是一个谜，他的克格勃背景让他披上了一件神秘的外衣；普京是一块黑板，每一个人都可以在上面写下自己的期望；当然，普京也是一本书，无论你是白领高官，还是贩夫走卒，都可以从中获得不同的感悟。

# 俄罗斯的"形象大使"

　　普京任总统时接手的俄罗斯堪称一个"烂摊子"，因此俄罗斯人需要普京这样强悍的人，当然并不仅仅因为他有着健壮的体魄，更因为他能够通过强硬的政治策略，给俄罗斯人带来民族复兴的梦想和自豪感，并使国人振奋精神，重新燃起对大国地位的强烈渴望。

　　俄罗斯人不会忘记，正是普京结束了叶利钦时代的内政混乱、经济衰退及国际地位的下降，开辟了"普京时代"。在这一过程中普京铁拳出击，粉碎了车臣非法武装，实现了政治稳定和经济复兴。俄罗斯人也同样不会忘记叶利钦"迷失的时代"以及西方给予的惨痛教训，普京面对西方国家显得果敢决绝，带有一种不可动摇的淡定，这些都让俄罗斯人钦佩不已。

　　俄罗斯人知道，普京之所以敢强硬地同西方国家抗衡，是因为他内心充满领导俄罗斯重塑大国地位、重返先进国家之列的决心。俄罗斯人希望拥有一个强大的国家、一位有才华的领袖，他们希望享有尊严和荣耀。

当然，面对普京的硬汉形象，并不是所有民众买账，俄罗斯国内也存在着不同的声音。俄罗斯科学院图书馆管理员卡丽娅说："我认为普京玩得有点过分了，尤其在经济危机的大背景之下更显得不合时宜，这可能是他身边的政治顾问出的坏主意。"莫斯科大学经济系博士生丽斯塔巴达娃说："我个人认为这完全是为了宣传，或者说通过展示健康的身体来安慰民众。但是，这又有什么用呢？国家经济形势从整体来看并不算太好，物价水平不断上涨，普通百姓的日子真的十分艰难。""我本人来自海参崴市，那里实行乘公共汽车货币化，把以前对残疾人和退休老人的乘车优惠取消了，每年给400卢布的补贴。这些人相当困难。你想想，他们如果看到普京在青年论坛中掰手腕，会是什么心情？"

为了打消这部分民众的顾虑，让"统一俄罗斯"党重新赢得较高的支持率，普京在当选后极其郑重地向全体俄罗斯人民做出承诺："我将努力提高人民收入，这将是'统一俄罗斯'党施政的主要目标。我们的关注重点是把人民生活水平提高到一个新的高度。这当然指的就是要提高人民的实际收入水平，包括退休工资。我们要保障让每个家庭都能有良好的收入水平。"

作为一位个性很强的领导人，普京独特的行事风格和一些超乎寻常的举动，自然很容易成为人们关注的焦点。但只有这一点还不够。同样重要的一点是，普京是俄罗斯的总统。俄罗斯作为独特的东正教文明屹立于世界民族之林，现代历史上又经历了震撼世界的革命与剧变的重大变迁。作为当今世界上的军事强国之一，俄罗斯在国际舞台上的地位举足轻重。尤其是对美国来说，俄罗斯是唯一一个能在"半小时之内"消灭自己的国家，而其核密码箱就掌握在普京手里。

从2003年伊拉克战争前俄罗斯与法国、德国等组成反美"统一战线"，到2008年俄罗斯与格鲁吉亚进行战争，再到2014年出兵克里米亚，普京在西方压力面前毫不妥协和退缩，特别是敢与美国"硬碰硬"的姿态，使其成为俄罗斯人心目中的英雄。虽然出兵克里米亚备受争议，但对于普京而言，如同对绝大多数俄罗斯公民和政治家而言，恢复俄罗斯作为一个受尊重和有影响的大国在世界上的位置，这至关重要。

俄罗斯需要普京这样的政治强人和铁腕硬汉，而普京也正因为顺应了时代的这种需要，才成为现在人们所看见的"形象大使"。

# 普京品牌塑造的价值

构建品牌是指在塑造和培养一个产品、一个政党、一个国家、一个人或一个地方的形象过程中做出的有意识的努力。塑造品牌采用的方式往往是广告和公关，通过大众媒体、网上社交媒体和第三方代言这样的平台创建品牌。对于塑造国家品牌来说，还需要在外交上做出努力，即在国际舞台上赢得友邦的支持，有能力影响民众。例如谈论去哪个国家度假，去哪个国家度过后半生，这就取决于国家品牌。

"你觉得一个人到中年、五短身材、秃顶离婚的男人有魅力吗？"

"当然没有。"

"但是他叫普京。"

"噢，他不一样！他是全俄罗斯最有魅力、最性感的男人！"

这不是一个段子，这是 2013 年的最后几周，莫斯科街头一段真实的对话。当天，普京刚结束他的年度记者招待会。4 小时零 5 分的时间里，他回答了 52 个问题。当他走向出口时，一名记者追上他，询问大赦名单上是否有前尤科斯石油公司总裁霍多尔科夫斯基，普京答道："他已失去自由 10 余年，这是严厉的惩罚。他还有生病的母亲，我认为可以做出赦免决定。"语惊四座。当年无情"剿灭"寡头的普京是向敌人妥协了吗？不，他是为了更强硬。只有强硬，才能让一个其貌不扬的政治家具有惊心动魄的魅力。

如果以俄罗斯辽阔的国土为中心，来审视 2015 年的世界地图，你会发现，从其国内到周边，再到西亚北非，最后到整个世界，普京一步步构筑了他的"强硬版图"，巩固他的势力范围。同时，普京也在一步步构建着属于自己的个人品牌形象。

作为国家品牌、国家形象代言人的国家领导，其形象的塑造至关重要。所谓领导形象，是指社会公众对领导者的价值理念、气质、品德、能力等方面所形成的整体形象和综合评价。

领导形象这个概念包括以下几个方面的含义：

第一，领导形象的载体是领导者。领导者是领导形象建设的组织者和实施者。一方面，他通过在行使公共权力过程中所显示的行为特征和精神风貌来塑造和展示自身形象。一般的，有什么样的领导者，就有什么样的领导形象。一个创新、务实、廉洁、高效的领导者，会形成良好的领导形象。反之，一个守旧、虚假、腐败、低能的领导者，就会形成恶劣的领导形象。另一方面，通过运用各种传媒手段和沟通途径，使公众在了解领导目标、过程、体制和方式的基础上形成符合客观实际的领导形象。

俄罗斯总统普京身高 1.74 米，体重 75 公斤，他的人生充满传奇色彩。他出生在俄罗斯的"欧洲之窗"圣彼得堡（苏联时期称列宁格勒），成长在昔日社会主义强国——苏联的红旗之下，曾在赫赫有名的克格勃系统做了 16 年职业特工，后来又投身民主派，被叶利钦看中并选定为接班人，从容地登上总统宝座。

以冷峻、理性著称的普京有其独特的性格：坚韧，有极强的耐力，很少表露感情。在他上任之初，俄罗斯的前景还是一片暗淡。它背负庞大的外债，外汇储备消耗殆尽。然而现在，俄罗斯已经在众多经济高速发展的竞争对手中脱颖而出，其大国形象也基本重塑完毕。

普京执政最大的特点就是务实精神，淡化"主义"色彩，以解决问题为目的，以俄罗斯现实为坐标，对各种思想兼收并蓄。以"振兴俄罗斯为最高目标"，首要解决"横向摆脱财团寡头影响，纵向理顺中央地方关系，全面建立正常市场经济秩序"。为维护俄罗斯的统一，恢复中央的权威，普京先发兵车臣，打击恐怖主义、分离势力和极端分子，同时结束地方势力各自为政的局面，削弱地方政治势力，确保政令畅通。

若干年前，布什在与普京会晤后流露出对普京的好感，他说："我直视他的双目，能够看到他的灵魂。"而 2007 年，布什终于承认自己失误了，"他计谋多端，不愿透露任何信息"。不仅是布什，在许多西方记者看来，"治大国如烹小鲜"的普京堪称"这个星球上最神秘的人"。自叶利钦将他扶上俄罗斯的权力巅峰之日起，"神秘"一词便与其如影随形。

普京执政后的变化，成为构建普京本人形象的重要因素，诸如：战略更加主动、姿态更加强硬；开始务实考虑建立多极世界的实力因素，并付诸具体行动；仍将与西方的斗争理性地控制在自身实力氛围内，避免对抗升级；外交政策更加现实，将国家的实际利益置于战略伙伴关系之上；开始重视"软实力"的外交影响，以重塑大国的威望和影响力等。

第二，领导形象的内容。领导形象是公众对领导者的价值理念、气质、品德、能力等方面所形成的整体印象和综合评价。这种印象和评价淀积于公众的社会心理之中，实际上是领导者内在素质与外在能力的一种有机反映。从一定意义上说，社会心理是对领导形象在思想感情变化上的一种互动，它往往通过印象和评价表达出来。公众通过直接或间接的途径形成对领导者的初步印象，印象一经形成，公众便会从各方面加以分析和判断，分析得失、优劣，最后总结出对领导者的综合评价。

普京执政之初，既有有利因素，也有不利因素。有利因素体现在两个方面，一是在车臣问题上持强硬立场，赢得了俄罗斯人民的支持；二是工作作风果断干练而谨慎，初步展现了一名优秀领导人的素质。不利因素也体现在两个方面，一是没有太高的知名度；二是国家安全情报机关出身的背景，使公众舆论对普京能否胜任总统工作心存疑虑。

那么，普京是如何以实际行动，让俄罗斯人对这位领导者的价值理念、气质、品德、能力等方面形成整体印象和综合评价的呢？让我们来看看普京是如何一步步成为铁腕总统的。

其一，找回俄罗斯人民的大国自信。与戈尔巴乔夫的优柔寡断和叶利钦的疲态相比，普京极具个人魅力。苏联虽然解体多年，但许多俄罗斯人仍有很深的大国情结。普京上任后，恢复了自苏联解体后便中断的空军和海军远程巡航，俄罗斯的战略轰炸机开始在全球翱翔，航母也驶向了大西洋；他力推北极科考，将俄罗斯的三色旗插在北极海底，为国家争取新的领土和宝贵的自然资源。

其二，普京的爱国者形象为他赢得了不少拥趸。索契申办冬奥会曾两度落败，他在夺回2014年冬奥会主办权前，所有人都觉得希望渺茫。普京亲临危地马拉公关，用苦练多时的英语和法语流利地阐述俄罗斯的优势，他的微笑和自信打动了所有人，终于给体育大国俄罗斯争回了颜面。

其三，以身作则，严打腐败。在俄罗斯，除一些反对派政客外，普通百姓很少有不支持普京的。任职多年来，他兢兢业业治理国家、恢复经济，成绩有目共睹。生活在全球物价最高的莫斯科，普京的年薪仅有8.1万美元，两辆国产老爷车和一套小私宅都是父亲留下的。据俄中央选举委员会公布的政府官员资产统计，他的财产比以前缩水了一半，远远少于不少内阁部长。唯有如此，他在大刀阔斧打击金融犯罪和腐败时，才能泰然自若。西方曾批评他以不正常手段搞毁了俄罗斯最大的油气巨头尤科斯，他却反驳说，当年仅凭3.5亿美元就购得如此多的资源就是一种原罪。

俄罗斯首任总统叶利钦、苏联最后一位总书记戈尔巴乔夫、克格勃最后一任掌门人克留奇科夫，3人在政治上势同水火，但对于普京的评价却难得地一致。叶利钦说，他对国家最大的贡献是选择了普京当接班人；戈尔巴乔夫表示，他支持普京近几年所奉行的路线；克留奇科夫则说，"感谢上帝，普京给俄罗斯带来了一个稳定的政府"。由此可见，正是普京焕然一新的形象，最终塑造了他"高大"的地位。

第三，领导形象的评价者是领导者所面对的社会公众。社会公众是领导形象的感受者和评价者。一方面，社会公众作为整体是产生、监督和罢免领导者的权力主体，领导者的一言一行、一举一动都是社会公众评判的依据。另一方面，社会公众中的个体在与领导者接触的过程中，逐渐形成对领导者的感知和判断，虽然这些感知和判断是公众个体意识的产物，但正是这些个体意识的总和构成了绝大多数公众的整体意识，并最终对领导形象产生影响。

领导自身形象的建设是公共行政领导者的重要任务，这个过程一般包括三个环节：领导形象定位、领导形象塑造、领导形象推出和维护。

其一，领导形象定位。是指国家的领导人根据自己国家的力量状况、发展需要和国际格局判断，明确自己在国际国内舞台上所扮演的角色。角色定位不仅关系到国家的利益目标和实现这些目标的原则、主要活动方向，而且还影响着国家内部的发展。领导者的形象定位实质上就是形象设计。领导者是自身形象和组织形象的设计师，这是领导者的一个重要任务。

领导者在对自身进行定位时，要依据价值准则和法律法规，以及自身素质条件和领导环境，确定现实活动中所应建设的形象。一般而言，领导者形象是建立在公众认同的基础上的。领导者有什么样的素质条件，就有什么样的领导行为表现，也就有什么样的领导形象。实际上，只要领导者有较强的形象意识，注意自己的形象设计，同样可以弥补素质上的不足，使自己的形象符合情境的要求。这反过来又是一个素质提高的过程。

其二，领导形象塑造。领导者的形象塑造过程也就是领导者行为的过程。有一句古老的格言："最有利证明自己的方法不在于你怎么说，而在于你怎么做。"在领导者形象问题上，这是一个根本的法则。领导者形象是由一系列符号组成的一个复杂的符号系统。这些符号在领导行为中构成领导者的整体形象，同时也是人们识别领导者的路径。

根据领导者行为的特点，可以将整体形象分解为三个主要方面：思想行为和价值形象、工作行为和岗位形象、生活行为和日常形象，并由此形成三大分支符号系统。

其三，领导形象推出和维护。"形象是易碎品"，经过精心塑造和推出，领导者的形象还要不断维护和创新，如果以为一劳永逸，那就错了。领导形象容易受到伤害，偶一疏忽，就可能"打碎"形象，自毁形象，而且人们往往把领导者在表现不当时的举动看作领导者的本来面目，而不会把领导者精心设计的形象当作真实、真正的领导者。所以，领导者要注意维护自己的形象，要像珍惜生命一样珍惜自己的形象，正如佛家所言："时时勤拂拭，勿使染尘埃。"

据《环球时报》的报道，"2014年美国观察家眼中普京形象不断变化"。美国《纽约观察》称，在俄"入侵"克里米亚前，纽约市长等人还称赞普京是"真正的领导者"；然而2014年3月之后，希拉里、麦凯恩等将之比作希特勒，认为他"想要且有能力作恶"。

形象维护可称为"形象管理"，它作为现代组织管理和政府管理的重要内容日益引起人们的高度重视。形象管理主要包括两部分，即组织内部的形象管理和组织外部的形象管理，后者也称为社会、公众的形象管理。两者具有不同的特点和表现形式。领导形象和组织形象管理的目的在于精心维护领导形象和组织形象，充分利用和开发领导形象及组织形象资源，尽量避免组织内部形象和组织外部形象乖戾和扭曲现象的发生。

综上所述，早期的普京和他领导的俄罗斯在塑造国家品牌方面无疑是比较成功的，通过国家营销，成功地与过去划清了界限。首先，俄罗斯可以让人们先想到它，具备了最先记忆。其次，俄罗斯地大物博，资源丰富。最后，作为"金砖五国"（巴西、俄罗斯、印度、中国这四个世界上最有发展前景的生机勃勃的经济体，以及最近被列入的南非）之一的俄罗斯，在此基础上确立它的国际地位，可谓有了好的跳板。2010年12月，俄罗斯赢得了申办2018年世界杯的机会，抓住了塑造国家品牌形象的又一个最有价值的机遇。普京和俄罗斯的种种努力说明，国家比公司更具有韧性，更容易重新塑造品牌形象。

## 中美民众心中的双面形象

普京就任总统后，面对一个腐败横行、积贫积弱的俄罗斯，他带领国民一起前进，人民的生活水平得到了很大的改善，从而给俄罗斯民众留下了良好的印象。美国当然不会喜欢一个强大的俄罗斯归来，极力抹黑普京。同一个普京，却在中美两国民众心中留下了不同的印象，使其具有了"双面形象"。

在美国方面，俄罗斯及其前身苏联并没给美国人留下正面印象。从19世纪20年代因共产主义在美国掀起的"红色恐怖"，到1930年斯大林发动的政治运动，再到漫长"冷战"岁月里的美苏缠斗，除了"二战"期间短暂的同盟时代和20世纪90年代前期的"蜜月期"，无论是在意识形态上，还是在国家利益上，俄罗斯始终作为美国的对手存在，美国民众很难对一个敌国领导人产生好感。"冷战"结束以后，俄罗斯较之以前削弱不少，"除了核武器以外，什么都没有"，其对美国的战略重要性下降。以"冷战"胜利者自居的美国人，对俄罗斯又难免怀有轻视。这是美国、俄罗斯国家关系的背景。

在价值观方面，在一些美国人看来，普京的很多所作所为都不符合美式价值观，难以获得美国民众的心理认同。苏联解体以后，俄罗斯走上资本主义道路，在国内推行了西式民主制度，但美国仍然不买账。普京加强国家特别是联邦政府权威的一系列行动，被美国解读为损害了民主原则，是俄罗斯走向专制独裁的第一步。俄罗斯国内发生的某些事件，如记者被暗杀、寡头被清算，以及普京签署禁止美国人收养俄孤儿的法案等，都被美视为违反人权。而普京加强与某些独联体国家的联系，被认为是要扩大势力范围，为挑起一场与美国的"新冷战"做准备。

美国媒体也为塑造普京负面形象推波助澜。普京乃至当代俄罗斯的形象，可以说主要是通过美国各大媒体向老百姓传播，如果美国媒体都戴着"有色眼镜"，那么普京在美国民众心中的印象就难以真实客观，在国际上的形象也会发生扭曲。2014年索契冬季奥运会，是一次对外展示俄罗斯风采的世界体育盛会。如果说美国总统奥巴马出于政治原因缺席开幕式尚可理解的话，那么标榜客观独立的美国媒体的表现就让人难以置信了。

美国全国广播公司获得了索契赛事在全美的转播权。然而，这家媒体对开幕式的转播延迟了长达10小时。除此之外，它还在播出过程中删掉了"所有"有关俄罗斯的正面影响。例如，俄罗斯双人女子乐队塔图的表演被删掉了，表现俄历史上共产主义阶段的几幕也被剪辑掉了。甚至连国际奥委会主席巴赫对俄联邦政府和索契奥运会组织者表示感谢的镜头也被删掉了。许多人把索契冬奥会视为普京重振俄罗斯的象征，全国广播公司的做法，自然使美国民众难以看到真实的俄罗斯，也难以了解真实的普京。美国媒体对普京和俄罗斯形象的歪曲可见一斑。

普京在许多重大的国际和地区问题上，坚持强硬立场，经常与超级大国美国"唱反调"。美国人已经习惯于"老子天下第一"的优越心态，因此对普京难有好感。在美国人看来，普京是个威权主义者；更有甚者，认为普京就是一个独裁分子。身在"民主社会"、崇尚"自由人权"的美国民众，对普京上台后采取的一系列加强国家权威和打击政治反对派的举动本能地反感。所以，当普京向外界展示驾机、潜水等"功夫"时，他在美国民众心目中的"间谍"形象进一步强化；而当年美国媒体对车臣战争的关注焦点，也是车臣普通老百姓的伤亡，特别是俄军违反人权的情况。美国人认为，普京的克格勃经历，意味着他是一个阴险狡诈、老谋深算的人。有的美国学者甚至直言，一个由前间谍领导的国家不可信赖。

在内政方面，对于普京打击寡头、控制媒体、组建"政权党"等举动，美国人都从"反民主"角度予以解读。用美国前驻俄罗斯大使麦克福尔的话说，叶利钦给俄罗斯留下了很不稳固的民主制度，普京又将其大大削弱，认为俄罗斯目前离"自由民主"制度还很遥远，现在只能算是"选举民主"。在美国人看来，普京所做的一切只不过是为了加强他个人的权威，让自己始终握有大权。

在外交政策方面，普京一改叶利钦亲西方的传统，转而强调东西兼顾、独立自主，坚决维护俄罗斯的尊严和利益。例如，对普京全力打造"欧亚经济联盟"的举动，美前国务卿希拉里直言不讳地指出，他的目标是恢复苏联。普京出兵乌克兰，又被希拉里批为"希特勒的做派"，并指出普京的目标是重划"二战"后的欧洲版图。

实际上，普京一直努力改进自己及俄罗斯在美国和西方的形象。俄罗斯政府雇佣美国凯旋公关，专门负责打造俄罗斯的形象。其活动包括2007年游说美国《时代杂志》将普京评为"年度人物"，呼吁美国务院弱化对俄罗斯人权记录的批评，鼓励记者包括英国路透社记者去采写关于俄罗斯贸易峰会、科技公司、高尔夫和摔跤赛事以及2014年索契冬奥会的文章。2011年4月，经凯旋公司安排，一名美国记者问了当时任俄罗斯总理的普京一个非常讨好的问题："您是政界最酷的男人吗？"当时的访问内容刊登在了美国知名的户外杂志《户外生活》的网站上。

普京对美国公关的一个重大动作是，2013年9月，当俄罗斯和美国代表在日内瓦讨论如何促使叙利亚放弃化学武器时，凯旋公关促成普京的一篇评论文章成功登上《纽约时报》。普京在文中称，叙利亚危机促使他"对美国人民及其领袖直接发声"。普京在文中还以调解人的口吻，批评美国倾向于在国际争端中使用"蛮力"。当然，这篇文章的效果如何只能是见仁见智了。美国众议院议长博纳称，这篇文章让他感觉"被侮辱了"，白宫则称，普京利用了俄罗斯不存在的新闻自由。

在中国方面，先从国家关系的角度看，尽管中俄两国在历史上曾经对立甚至兵戎相见，但中国亦曾在马列主义旗帜下"以俄为师"，双方甚至结成兄弟盟友，中国与俄罗斯的关系堪称复杂，但并非全是负面。尤其是近20年来，中国和俄罗斯的政治关系有了很大提升，两国在重大国际和地区事务上进行着诸多协调和配合。无论是官办还是民办，中国媒体在两国友好精神的指引下，更多的是从正面报道俄罗斯及其领导人。实际上，无论是其前任叶利钦还是普京本人，在中国都有着较为正面积极的形象。

同时，普京的个人风格在很大程度上满足了中国民众的某些心理需求。传统上中国人内心希望有个强人"为自己做主"，所以领导人越强越好，普京的形象恰好契合了这一点。虽然大多数中国人并未亲眼见过普京，也不懂俄语，但对他们来说，普京身上蕴含着巨大的个人魅力。

在许多中国人看来，无论是用"硬汉"还是"强人"的标签，普京的形象都较为正面。20世纪90年代末还是总理的普京指挥的车臣战争，被中国解读为维护国家领土主权，严厉打击恐怖主义的坚决举动。而普京的特工出身，在中国人眼中，更是为他平添了不少个人魅力。普京深邃的双眼、冷峻的外表，再加上他"十八般武艺"样样精通，给中国民众留下了集智慧与勇敢于一身的印象，这在各国领导人中似乎无出其右者。用一位中国学者的话说，普京有着"近乎完美的英雄形象"。诚然，多数中国人对普京的对内政策或许并不熟悉，但普京强硬对抗美国、西方却给他们留下了深刻印象。而中国老百姓茶余饭后的谈资，从某种程度上说，"普氏风格"早已深入许多中国百姓心中。

一位美国记者说，美国人观察俄罗斯时，他们只看那些自己想看的部分。实际上，这一点对中国人也适用。无论领导人如何包装自己，民众通常从自身价值和心理需求出发去评判一位外国领导人。不同质地的镜子，会映像出不同的影像。因此，无论领导人自身形象实际如何，印象的形成还要靠民众心中的"一杆秤"。

普京的双面形象更给我们带来了政治营销方面的三点启示：

其一，政治领导人塑造自身形象时，须充分考虑受众这种"反射"作用。同时，还应充分考虑媒体的"折射"效果。由于民众大多没有机会亲身接触外国领导人，他们对其的认知和了解大多通过本国媒体。媒体对领导人报道的方式和角度、对于素材的剪裁和取舍，都直接影响该领导人的形象。

其二，在领导人形象构成国际传播重要议题的时代，领导人的国际形象也变得媒介化。网络和社交媒体等新媒体的大量使用，移动互联网的日益普及，不可避免地改变了领导人国际形象传播的逻辑。与传统媒体不同，新媒体在服务受众的同时，也在建构一个新型的受众群体。与此同时，这个群体不仅被动接受媒体塑造的领导人意象，还主动搜寻甚至重新建构某些媒介提供的信息。这种媒体与受众之间的交互作用值得注意。

其三，政治人物特别是国家领导人，是国家形象的人格化。除了内在修养和必要的包装，在外国民众中塑造自身良好形象，必须要把受众心态和媒体塑造考虑在内，兼顾"反射"与"折射"两种效应，这样才可能收到较好的效果。

## 为什么有众多中国拥趸？

西方目前逐渐加大了对俄罗斯的制裁，日本也紧随美国脚步。日本内阁

2014年8月5日正式批准就乌克兰危机对俄罗斯追加制裁措施，在这种背景下，日本外交学者网站于次日刊登《为何中国对普京的爱是危险的》文章，分析中国国内民众对普京的支持率，认为这对中国有害无利。其实，这种论调是歪曲事实，更是危言耸听！

没有无缘无故的爱，也没有无缘无故的恨。许多中国人喜爱普京，是有深刻原因的。应该说，普京的形象与中国民众的需求十分吻合。

第一，历史难以忘怀。中国在历史上曾是辉煌的中央"天朝大国"，但是自1840年鸦片战争以来的很长一段历史中，中国饱受西方列强的凌辱，割地、赔款和各种不平等条约，以及"南京大屠杀"、"九一八"等，是中国人民挥之不去的痛苦记忆。直到1949年新中国成立，这段历史才结束，但中国又受到西方国家的封锁，使中国一直处于其他国家的威胁之中，处于非常不安全处境。即使在改革开放之后，西方国家也曾经对中国实施制裁，并在很多问题上采取了各种"小动作"，让中国人很不舒服甚至很反感。所以，如果有人能够与曾经给中国带来苦难、现在又经常给中国制造麻烦的西方国家斗争，自然让中国人喜欢。

普京曾经说："俄罗斯领土确实很大，但是没有一寸是多余的"，"领土问题没有谈判，只有战争"，"如果在厕所里遇到恐怖分子，就把他溺死在马桶里"，"谁软弱，谁就被消灭"。这些经典语录表现了普京硬汉的铮铮铁骨，展示了独特的个人魅力，深受中国网民喜爱。这种喜爱与中国人对毛泽东的喜爱似有相通之处。

在中国的网络上流传着一段《普京说过的话，普京的男人法则》："没实力的愤怒毫无意义"，"不准备动武，就别拿起武器"，"真正的男人要想办法，而真正的女人是要不断挣扎"，"一旦遭人欺辱，瞬间就应回击"，"领土问题没有谈判，只有战争"。这段话显然是中国网友自己编纂的，然后加到了普京头上。不过这也说明了中国网友对普京硬汉形象的喜爱，背后则是中国民间强烈的民族主义情绪需要宣泄。

对于中国民众对普京的这种喜爱，美国专家归结为中国民族主义高涨。事实上，如果说中国民族主义高涨，也与美国和日本有很大的关系：美国如果不在中国周边惹事拉偏架，如果不搞围堵中国的亚太再平衡；日本如果把战犯从靖国神社里踢出去，不改变钓鱼岛的现状，中国的民族主义情绪会这么高涨吗？

第二，普京打击寡头、大搞福利符合中国民众对公正的诉求。由于中国的改革中出现了国资流失、贫富分化、社会保障欠缺等问题，所以中国民间有反感私有化、痛恨非法致富的强烈情绪。而普京打击寡头、收回国企的举动在中国就深得人心。当然普京拿出真金白银搞福利，这一点没有含糊，的确值得中国民众艳羡。出于对改革中弊端的不满，中国民间还有一股"怀念过去"的思潮。因此所谓普京"维护苏联荣誉、反思历史教训"也贴合了中国民间的思潮。

## 延展阅读

移动互联网、新媒体迅速发展的今天，每个人都更加接近透明，各式各样的传播媒介，让任何人都可能成为焦点，这是一个双向选择的过程。然而，作为一个国家或企业的领导者，更是站在风口浪尖，体验着与传媒的亲密接触。虽然褒贬不一，但领导者终究是通过媒体让大众认识自己。因此，领导者的媒介形象问题，引起了社会各界的关注。良好的媒介形象是领导者的一张亮丽的名片，是其本人以及所代表的政治团体的标志，更是民意所向的参考系。领导者对媒介的掌控和利用，是一个必须面对的现实问题。

在2014年的乌克兰危机中，普京与美国和西方针锋相对、寸步不让。普京所表现出的强硬使人印象深刻。普京形象建构过程充分展现了传播学、营销学理论的实际应用。作为传播者，他很好地利用媒介将信息传递给接收者，并且收到了较好的传播效果。从上任之初将散漫的俄罗斯传媒重新整顿，到后续的修订《俄罗斯联邦大众传媒法》长期稳定俄罗斯传媒，一系列改革措施使得俄罗斯传媒重新服务于国家，同时也更有利于自己的政治宣传。

通过研究不难发现，普京十分重视政治形象的建构与行销。普京通过自身形象的建构展现国家实力，用语言和动作体现其施政的强硬作风，其个人特质对领导者媒介形象的塑造影响极大。普京及其团队在形象塑造过程中，不断突出普京的个人魅力，将其个人特质展现为民众所期待的英雄形象。

据路透社报道，美国盖勒普民意测验中心发布了一份 2014 年度民意调查报告，在"最受美国欣赏的人"调查中，排名前十位的人选中出现了两个貌似不可能出现的名字：俄罗斯总统普京和以色列总理内塔尼亚胡。报道称，普京和内塔尼亚胡 2014 年都卷入了冲突和争议，受到国际社会责难。他们至少在外交上都表现出了"好战"形象，但即使如此，他们仍备受追捧。为何他们在美国受到追捧，并登上了前十位的榜单？那就是"强硬"。

有人将俄罗斯的强硬政策归因于普京的个性。前任美国驻俄大使麦克福尔（Michael McFaul）就认为，普京放任不羁、捉摸不定的冒险主义是乌克兰危机的关键所在。诚然，普京的个性对乌克兰危机的发展起了重要作用。可以假设：如果俄罗斯总统不是普京而是其他人，形势的发展有可能大不相同。然而，普京的强韧个性和强硬政策不完全相等。普京的强硬政策有其深厚的政治背景，而不只是因为争强好胜的个性。

当然，打铁还需自身硬，强硬也得有资本。从舆论的角度看，虽然俄罗斯主流媒体很支持普京，但是，对普京的批评在俄罗斯国内也是很常见的。在网络和社交媒体上均可见很多对普京的建设性批评甚至公开辱骂。但普京之外的俄罗斯反对派依然难以获得民众的真正支持。为什么呢？并不仅仅因为反对派被普京政府排斥，还在于他们的政治主张很难获得俄罗斯民众的支持。

# 第二章　"硬硬"的普京

我没有别的，只有热血、辛劳、眼泪和汗水贡献给国家。……你们问："我们的目的是什么？"我可以用一个词来答复：胜利——不惜一切代价去争取胜利。

——丘吉尔

我只担心一件事，就是怕我配不上我所受的苦难。

——陀思妥耶夫斯基

美国前总统小布什眼中的普京，最大特点就是强硬。"有时候，他骄傲自大；有时候，他又充满了魅力；但更多的时候，他表现得十分强硬。"事实上，世界上恐怕没有哪位国家领导人能像普京那样，将自己的"硬汉"个性淋漓尽致地展示在世人面前。

# 形象定位——铁血硬汉

尽管普京的治国之道有不少缺陷，但它使俄罗斯恢复了自尊，为未来的繁荣与改革奠定了基础。在俄罗斯发展的过程中，它需要一张"硬汉"面孔。

普京最喜欢拿来自比的并不是推行西化的彼得大帝，而是十月革命之前的铁腕经济改革家彼得·斯托雷平。"给我20年的和平期，我就能彻底改变俄国"，"你们想要大动荡，我们想要一个伟大的俄罗斯"，这些都曾是斯托雷平的名言。

2012年大选胜出后，普京已经年满60岁了，不过从照片上来看，这位俄罗斯领导人的体魄比起俄罗斯很多20多岁的小伙子也毫不逊色。对于普京这样的硬汉领导人，不少俄罗斯的媒体和学者都感到十分骄傲。普京所做的这一切都是为了让人们不要忘记他，并让人们像从前一样相信他。俄罗斯媒体曾经做过一个统计，即一周之内，普京、梅德韦杰夫、麦当娜等7位名人和精英在俄罗斯第一电视频道、俄罗斯台和独立电视台的电视新闻中均出现了多长时间。结果普京是34小时43分钟，而梅德韦杰夫为24小时12分钟。

普京展示给世人的硬汉形象，显然是经过精心策划的政治营销，目的就是为了加深人们对普京的印象，即他是俄罗斯最具有男子汉气概的强有力领导人。得益于其硬汉形象，普京的民意支持率很少下降到40%以下。2008年夏天俄罗斯在与格鲁吉亚发生的冲突中取得胜利后，普京的支持率攀升至88%；当俄罗斯遭遇历史罕见的经济危机时，普京的支持率保持在76%以上；即便经历了杜马选举作弊案与民众大规模游行之后，普京的支持率依然高于40%。

一位在20世纪六七十年代多次去过莫斯科，并参与接待过苏联代表团的加纳退休军官认为，普京的硬汉形象在俄罗斯和苏联的历史上并不新鲜，以前的苏联领导人勃列日涅夫"就竭力把自己打扮成一个汉子",他"胸前挂满自己颁发的勋章,还四次自封为苏联英雄"。"俄罗斯民族感性、尚武,比较容易受偶像和'热血'感召,不但老百姓如此,一些大人物也不例外,像斯大林、伏罗希洛夫和朱可夫都偏爱高大英俊的部下,这不是什么秘密。"由此可见,普京煞费苦心向外界展示的硬汉形象,在俄罗斯这个特定的国度中,还是很有市场的。这是获得政治营销成功的重要条件。

普京作为俄罗斯的头号政治明星,他的民众支持率一直很高,特别是他的男子汉气质赢得了众多女性支持者的喜爱。普京向世人展现的个人形象和魅力,只是他获得俄罗斯民众支持的一个外在条件,其强硬的执政风格、铁腕的政治手段、重振俄罗斯雄风的政治抱负才是他拥有民心的基础。而上天入海、射虎救人、柔情戏鲸……俄罗斯媒体向世人展示了一个无所不能的英雄。可以说,俄罗斯国家领导人形象的媒体塑造是成功的。

## 普京是如何"硬"起来的?

同一个问题,问100个人,有时候只会得到1个答案,有时候会有100个答案。"普京是什么样的人?"从美国《福布斯》到俄罗斯平民,答案的措辞可能不尽相同,例如"最有影响力、冷面、很 man(男人)、很 cool(酷)"等,但核心都接近于一个词:强硬。

2005 年，身为石油和寡头的霍多尔科夫斯基资助反对党，密谋把总统制改为议会制、自任总理并"架空"普京；2012 年，"暴力小猫"乐队戴着面具走上莫斯科救世主大教堂的祭坛，在这座东正教最重要的教堂里唱起辱骂普京的歌曲，抗议普京再次当选总统。普京对他们的回应很简单：逮捕。

2013 年 12 月，俄罗斯国家杜马通过一项全面大赦法案，赦免 30 多名反对政府人士。除了令人大吃一惊的霍多尔科夫斯基，还有"暴力小猫"乐队，他们都因为干政而入狱。获得赦免后，"暴力小猫"乐队的一名成员发表了谴责普京的声明，但压根儿没人关注；霍多尔科夫斯基立刻飞往柏林，公开感谢普京，表示不愿意再与普京进行较量。曾经的反对派干将都已烟消云散，普京在国内已是"独孤求败"。

在此前的 2013 年 4 月 11 日，俄罗斯司法部宣布，将关闭或处罚上万个非政府组织（NGO），包括最大的独立选举监督机构"戈洛斯协会"。6 月 30 日，普京签署"禁止在未成年人中宣传同性恋"的法案。前者被西方国家视为"打压人权"，后者遭到各国同性恋组织的强烈反对。他们合力号召"抵制索契冬奥会"，这显然不是倾全国之力办冬奥会的普京愿意见到的。眼看离 2014 年 2 月 7 日冬奥会开幕式越来越近，普京干脆用行动封住他们的嘴巴——大赦"政治异见人士"，这从来都是改善国际形象的好办法。

在周边，普京打了一场漂亮的"绝地反击"战。乌克兰近年来一直试图加入欧盟。2013 年 2 月，欧盟与乌克兰在布鲁塞尔举行峰会，宣布将在当年 11 月的欧盟与东部伙伴关系国（乌克兰、白俄罗斯、摩尔多瓦、格鲁吉亚、亚美尼亚和阿塞拜疆）峰会上签署"欧盟—乌克兰联系国协定"。

面对"大兄弟"开出的"脱俄入欧时间表"，普京的态度异常强硬："俄罗斯不想再养活自己的邻居。（你）想参加欧盟吗？想像欧洲那样生活吗？那就像欧洲那样付钱吧！"这可是一笔巨款！要知道，乌克兰从俄罗斯买石油、买天然气时，一向享有"兄弟价"，比欧盟国家不知便宜了多少。

2013 年 11 月 21 日，在签订"欧盟—乌克兰联系国协定"前的最后一刻，事情发生戏剧性的变化，乌克兰出人意料地宣布"终止签署协定的准备进程"。尽管首都基辅和各大城市立即有数万民众示威抗议，但总统亚努科维奇决意投向"老大哥"俄罗斯的怀抱。

在这个关键时刻，普京慷慨地掏出150亿美元购买乌克兰债券，并暂时把供给乌克兰的天然气价格下降1/3。由此，普京成功地将乌克兰留在自己的阵营，欧盟扩张到俄罗斯门口的梦想破灭了。当然，精明的普京可不会当"冤大头"，这150亿美元和降价并不是马上到位，而是"取决于乌克兰未来的表现"。

此外，亚美尼亚也于2013年12月24日正式加入俄罗斯、哈萨克斯坦、白俄罗斯组成的"关税同盟"。拉拢到高加索地区的这个"小兄弟"，普京在周边版图上又多了一枚棋子。为此，在更远一点的西亚北非地区，普京上演了一出"起死回生"的好戏。

2013年8月，叙利亚反政府武装一口咬定政府军在首都大马士革附近使用化学武器并造成上千人死亡。一直"置身事外"的美国蠢蠢欲动，奥巴马声称，只要叙利亚使用化学武器，军事干预就成为备选预案，并让国会就是否对叙利亚采取军事行动举行听证会。全世界都以为这次真要打了，结果，普京一个提议就让叙利亚局势恢复平静——美国国务卿克里随口说了一句"叙利亚交出所有化学武器就可以避免战争"，普京立即抓住这一把柄，提出让叙利亚当局销毁境内所有化学武器并加入《禁止化学武器公约》。这一建议立即得到国际社会的普遍支持。此时，"动武"念头遭到美国民众反对的奥巴马只好顺着普京的台阶走下来。

英国《泰晤士报》对此评论说："这是普京外交上的一次重大胜利，强化了自己在中东的位置。对克里和奥巴马政府来说，这是一个'羞辱性'结果。"

普京执掌俄罗斯后，俄美关系屡有不顺，2013年更是分歧严重。这年6月，美国中情局前雇员斯诺登曝出美国监听多国情报，并取道中国香港前往莫斯科，在莫斯科机场滞留一个多月。其间，美国一直半威胁、半请求俄罗斯将斯诺登引渡回美国，但普京无动于衷，称不希望斯诺登危害美俄关系，但也不可能把斯诺登交给美国。最终，美国最担心的事还是发生了，普京准许斯诺登临时避难，并将其转移到安全地点。美参议员麦凯恩说，这是"扇在所有美国人脸上的一记耳光"。恼羞成怒的奥巴马取消了访俄计划。2013年9月，奥巴马即使不得不去圣彼得堡参加G20峰会，但也是表情僵硬，与普京大打嘴仗。

普京收留斯诺登当然是不会吃亏的，一方面，他得到了斯诺登所知晓的众多情报——虽然普京和斯诺登都不会承认这事；另一方面，俄罗斯在世界上树立了民主和不惧强权的形象。具有讽刺意味的是，这个角色以往都是由美国扮演的。于是在2013年末，普京顺理成章地击败奥巴马，当选美国《福布斯》杂志"全球最具影响力的人物"。

由此可见，不管是处理国内反对者的示威行为，还是处理国与国之间的争端，其强硬态度和策略充分彰显。普京就是这样"硬"起来的。

# 集狮子和狐狸于一身

欧洲中世纪意大利政治思想家尼可罗·马基亚维利在1532年出版发行的《君主论》一书中写下这样一句名言："君主必须集狮子和狐狸于一身。"这就是后世所谓的"权术"。人的性格与生俱来，很难改变，但如果学不会政治权术，就只是匹夫之勇。普京从1975～1990年长达15年的克格勃生涯中，已经初步练就"狮子"和"狐狸"的手段。在俄罗斯政治舞台上，普京正是凭借他的政治权术，牢牢控制了国家的命运。

普京当上总统后，俄罗斯心理学家进一步分析了普京无所畏惧的性格特征，认为他符合"主人型"心理特质。具有这种心理特质的人"集狮子和狐狸于一身"，会在极端困境中果断做出决定，做事圆通灵活、有始有终，对正在发生的事情有种深深的责任感。这些分析，为我们认识普京的性格提供了最有效的路径。

作为俄罗斯的"主人"，普京要当的这个"家"很大，也很乱。当初病魔缠身的前总统叶利钦有20位候选接班人，但他在选人用人上屡屡看走眼，最后总算选对了一次，将国之大任托付给普京："你要照顾好俄罗斯。"当时，俄罗斯有两大"恶性肿瘤"没得到根除：车臣和寡头。正是在"切除"这两个"肿瘤"上，普京凭借特有的心理特质展示了顽强坚毅的性格，赢得了声誉，站稳了脚跟，让绝大多数俄罗斯人开始喜欢他，信任他，甚至依赖他。

俄罗斯车臣共和国的面积比北京稍大，它在 20 世纪 90 年代谋求独立，不仅与俄军正面冲突，还把炸弹装到莫斯科等城市的居民楼，滥杀无辜，致使俄军方和平民伤亡惨重，令叶利钦十分头疼。1999 年，普京担任总理，他的几位前任都告诫他："车臣是个泥潭，陷进去就有不测之灾，最好采取权衡再三的谨慎态度。"普京根本没听进去，他不肯妥协，甚至不肯折中，明确表示"俄罗斯的领土完整绝不是可以和侵害者讲价钱的问题"。他向叶利钦要求"领导军事行动的绝对权力"，并且用最难听的语言表达打击车臣的决心："我们将到处追踪恐怖主义分子。如果我们在厕所里逮住他们，我们就在茅坑里淹死他们。"

1999 年，第二次车臣战争打响，普京成为最夺目的主角，以狮子般的果敢、强硬和勇于担当，让俄罗斯乃至全世界为之一振。他大幅度提高战斗地区官兵的薪金，当时俄军官兵被欠薪很久了，加薪是极大的刺激。他还多次亲临前线，视察和慰问部队。

有一次，普京走进某空军基地的一个帐篷，面对在场的十几位高级指挥官，端起一杯伏特加酒，提议为俄军的战果干杯。指挥官们都一饮而尽，他却放下杯子说："同志们，当战争彻底结束，这块土地上不再有恐怖分子的时候，我再喝下这杯酒。"这让久经沙场的军人们热血沸腾。

2000 年元旦，他带着妻子在布满弹坑的路上颠簸了两个小时，子夜时分来到战士中间。战士们不敢相信自己的眼睛，普京则对他们说："所有的新年我们都在一起过！"2000 年 3 月，普京作为副驾驶，乘坐一架苏 – 27 战斗机飞抵车臣，鼓舞士气。最终，俄军控制了车臣 99% 的土地，大获全胜。

2013 年最后几天，车臣恐怖分子在伏尔加格勒制造了连环恐怖袭击，普京指示俄国家反恐委员会强化措施确保各地安全，并每天向他汇报落实情况。

切除寡头这个"恶性肿瘤",其难度和危险程度毫不亚于车臣。

俄罗斯的寡头是借助苏联解体后的"私有化"浪潮和经济转型机会,通过各种合法和非法手段迅速暴富的一批人。他们拥有巨额资产,控制重要经济领域和媒体,还赞助政客竞选,左右政府政策,甚至成为西方势力的代言人。2000年,普京在竞选总统时,一反叶利钦的做法,刻意与寡头保持距离,不理睬他们递过来的"金色橄榄枝"。当选后,他立即与寡头"约法三章":2000年以前的事既往不咎,今后依法经商,不准干政。

这让一些寡头很不好受,媒体大亨古辛斯基、金融和工业巨头别列佐夫斯基都对普京多有指责,普京授意司法部门彻查他们的财产来源和经营行为。2000年,古辛斯基以侵吞和诈骗国家财产罪被逮捕;同年,别列佐夫斯基被指控与一系列诈骗案有关,预感不妙的他滞留国外不敢回来。俄罗斯媒体感慨:"去年,你问俄罗斯人,是谁在统治俄罗斯?答案是寡头;现在,你再问同样的问题,答案变成了普京。"

收拾完寡头之后,普京继续打压反对派。俄罗斯有一位国际象棋方面的传奇人物卡斯帕罗夫,他曾与大型电子计算机"深蓝"对弈获胜,名噪一时,但他偏偏对政治感兴趣,组织了俄罗斯一支重要的反对力量"联合公民阵线组织",组织人马进行反普京游行,不断接受西方媒体采访,发表异见言论。

为了对付卡斯帕罗夫,普京以狐狸般的狡猾,动用了联邦安全局,在卡斯帕罗夫的团队中安插特工,搜集情报。得到确凿的证据后,联邦安全局在2007年4月逮捕了正参加游行的卡斯帕罗夫,以违反公共秩序罪罚款。同年11月,获释后的卡斯帕罗夫再次因为参与反政府示威游行而被捕。

2011年12月,俄罗斯70个主要城市爆发了苏联解体后俄罗斯最大规模的反政府游行,指控执政的"统一俄罗斯"党在杜马选举中舞弊,要求重新计票或更改选举结果。这其实是针对力图在第二年再登总统宝座的普京,是一场"对普京说涅特(俄语意为'不')的大集会"。普京一点儿也不着急,竟然批准了这些游行,对莫斯科的游行队伍采取"零逮捕、零暴力"的态度——随你们喊"涅特",我照样公布杜马选举结果。普京用他的冷漠和轻蔑，冷冷地宣告了"更改无门"。从那以后，俄反对派再也没能发起像样的威胁。

除了根除车臣和寡头这两大"恶性肿瘤"，普京在2000年当选总统时就抓住了一个要害：中央与地方的关系。他说："俄罗斯缺少有效的国家政权，俄罗斯人还像是'地区臣民'，而不像统一国家的公民。"2000年5月13日，他签署法令，把俄罗斯80多个联邦主体（直辖市、共和国、边疆区、自治区、州和自治州）按地域原则联合成7个联邦区。他任命可信的军官，尤其是打过车臣战争的军官担任驻联邦区的总统代表或军区司令，实现了总统本人对各地区的垂直领导。

这是俄罗斯历史上罕见的中央集权，即使当年的斯大林都没能实现这个目标。早在20世纪40年代，斯大林就希望加强中央集权，以防联邦制下一些强大的加盟共和国脱离中央，但1944年，联合国的成立迫使斯大林放弃了这个计划，因为他需要每个加盟共和国都在联合国里拥有宝贵的一票，以抗衡西方国家。因此，在俄罗斯这样一个有着悠久的联邦、分权传统的国家，普京的中央集权遇到了极大阻力。然而，普京以"狮子"的态度回应："有阻力就不工作了吗？如果这样的话，我何必进入克里姆林宫？去干点别的什么不好！"

在中央，普京拿出了"狐狸"的狡猾，绕过了阳奉阴违的部级机构，在强力部门安插大批忠心耿耿的局级干部。俄罗斯的强力部门包括国防部、内务部、紧急情况部和联邦安全局等，它们掌管各种武装部队。对这些部长的任命，总统、总理、杜马往往互相扯皮。普京釜底抽薪，减少部级机构，增设"署"和"局"。这些"署"和"局"的领导，直接由普京"钦定"，总理和杜马无权过问。于是，俄罗斯形成了一种特殊的机制——部长制定"规定"，署长为总统服务，局长决定是否按"规定"办事，局长成了真正的核心。

最终，强力部门完全收归普京的麾下，各部长都换成了与普京有多年私交的人，例如紧急情况部长绍伊古。他曾在莫斯科郊区紧急情况部救援队养犬中心花了数月时间，训练出一条拉布拉多猎犬"科尼"，亲手送给普京。

普京对"科尼"爱不释手，对绍伊古信任有加。当然，如果这些"铁哥们"犯错，普京也绝不姑息。前国防部长谢尔久科夫一直是普京政策的忠实执行者，2007年，他的岳父祖布科夫被任命为总理，他主动避嫌请辞，普京没有批准。但是到了2012年，由于国防部曝出腐败丑闻，他被普京炒了鱿鱼，其职位由绍伊古接任。

俄罗斯是总统制国家，总理负责经济和具体事务，由总统任命，在总统死亡、辞职、解职时作为第一顺位继任人担任总统职务。在普京手下，前后有5位总理和代总理。他选择总理的技巧是：一要"技术型"官员，二要忠诚。

2000年5月27日，在当选总统后，普京选择卡西亚诺夫当总理。卡西亚诺夫1957年出生于莫斯科州松采沃市一个知识分子家庭。在苏联时代，他长期在最重要的经济部门国家计划委员会工作，擅长处理外债。但是，卡西亚诺夫毕竟是叶利钦的"老臣子"，许多政见和普京不一样。2004年，当普京逮捕霍多尔科夫斯基时，卡西亚诺夫竟然是唯一跳出来公开反对的政府高官，普京非常恼火，2004年2月解除了卡西亚诺夫的职务。

普京让副总理维克托·赫里斯坚科当了一个月的代理总理，随后就物色到弗拉德科夫出任总理。弗拉德科夫1950出生在伏尔加河畔的萨马拉市，毕业于全苏对外贸易学院，经济学科班出身，曾长期就职于苏联对外经济贸易部门。普京认为，把控制权交到这种"技术型"官员手里，要比交给"有经验的老臣"安全得多。

2007年，第四位总理祖布科夫上任，对普京忠心耿耿。在召开首次联邦政府内阁会议时，祖布科夫就命令内阁成员须忠于普京的指示。有一次，代理运输部长伊戈尔·列维京没能按普京提出的期限完成海港建设工作，遭到祖布科夫的指责："总统两年前就给出了指示，谁敢修改总统指示？这是怎么回事？谁敢对总统的指示如此轻视？"2008年，普京担任总理后，祖布科夫一直担任第一副总理。

2008年，根据当时的俄罗斯宪法，已连任一届总统的普京任期到了尽头。他出人意料地选择了并不起眼的梅德韦杰夫作为接班人，将梅德韦杰夫推上了总统宝座。梅德韦杰夫比普京小13岁，既是圣彼得堡同乡，又是圣彼得堡国立大学校友，更是法律系师兄弟，还同是圣彼得堡前市长索布恰克调教出的"高徒"。2008年，在"统一俄罗斯"党代表大会上，普京问梅德韦杰夫："你要是同意当总统，我就同意担任总理。"梅德韦杰夫回答："你要是同意当总理，我就同意做总统候选人。"梅德韦杰夫当上总统不久，就修改了宪法第八十一条，将总统任期由4年延长至6年。但他自己的任期仍是4年，把6年任期的机会留给了普京。2012年，两人换位，梅德韦杰夫成为普京总统的第五位总理。

普京对总理的选择和任用，促进了经济的快速发展。2000年，俄罗斯国内生产总值只有2500亿美元，排在世界第17位，与瑞士相当。2007年，在普京第二个总统任期即将结束时，俄罗斯已经重归世界十大经济强国行列。2012年，在普京第三个总统任期开始后，俄罗斯的国内生产总值在世界排名上升到第9位。

在普通人的词典里，"权术"不是一个褒义词。但进入现代社会后，媒体兴盛，网络发达，政治家利用这些条件，把"权术"包装成普通选民喜爱的形象，例如，"狮子"的一面可以包装成强硬铁腕；"狐狸"的一面可以包装成温和开明，这就是"政治秀"。毫无疑问，普京是世界上把"包装"功夫做得最好的政治家之一。

俄罗斯媒体不停地展现普京的"硬汉"形象——酷爱柔道，常常把对手摔在身下；不经意间，露出对年过半百的人来说相当不错的胸肌和粗壮的胳膊；裸露上半身，别的总统也干过，但逃不掉电脑修掉赘肉的嫌疑，唯独没人质疑普京；骑马，很多国家领导人都会，但是驾驶苏－27战斗机就不是谁都行了，何况还是去作战地区；坐潜艇下海，这种事在别的国家都是科研人员做的，普京也要尝试；在正式场合不苟言笑，总是板着面孔，严肃中带着一丝忧郁，庄重下流露着凛然；偶尔在电视镜头前流泪，也被他自己解释成"风吹了眼睛"。这样的普京，像明星一样吸引着世界的目光。

# "看，我的儿子多像沙皇"

俄国思想家陀思妥耶夫斯基说过："真正伟大的民族永远不屑于在人类当中扮演一个次要角色，甚至也不屑于扮演头等角色，而一定要扮演独一无二的角色。"毫无疑问，俄罗斯一日没有回到"独一无二"的位置，普京就一日不会改变他的强硬。他肩负着1700万平方公里土地的振兴希望，必然要拥有过人的胆识，延续俄罗斯民族铁腕的传统。据说，他的父亲曾指着他的照片骄傲地说："看，我的儿子多像沙皇。"

其实，1996年初入莫斯科政坛时，同僚觉得普京只是一个"沉默、羞涩的小克格勃"。被叶利钦挑选为接班人后，普京对政治形象这一套东西也非常陌生。有一件鲜为人知的事：2000年5月7日，克里姆林宫将为普京举行总统就职典礼。为了保证一切顺利，有关部门提前在克里姆林宫进行精心演练，但这种演练不会"劳烦"总统本人参加。可是，5月6日午夜时分，各部门的演练结束后，普京独自一人悄悄来到典礼大厅。在寂静、高大的宫殿中，他迈着沉稳的步伐，用他特有的摆臂动作摆动手臂，在长长的红地毯上无声地行进，一遍又一遍……在那个午夜，他迈出了包装政治形象的第一步，很快就精于此道，在各种场合都能为摄影师提供最佳"抓拍"效果。

2008年出任总理后，普京干脆带着摄制组一同外出，让摄影师拍摄他在冰冷的西伯利亚河里游泳，在山区裸着上身骑马，在跑道上驾驶一级方程式赛车。这种明目张胆的"摆拍"，要是放在其他国家，早就遭到尖刻的嘲笑和讥讽了。然而只要是普京干的，俄罗斯老百姓和媒体照样买账，津津乐道。

也许，只有在俄罗斯，才会出现人人都为强硬叫好的情形。渴望强人，甚至依赖强人，是沉淀在俄罗斯民族性格里的传统。

"大自然是欧洲的亲妈，是俄罗斯的后妈"，这句谚语道出了俄罗斯天然的困境：人们必须在气候许可的短短四五个月里迅速完成耕种，然后无所事事地度过漫长的严寒。这一方面使得俄罗斯民族既吃苦耐劳、极具爆发力，又容易在百无聊赖中酗酒无度、荒废光阴。另一方面，"当夜晚降临西边的圣彼得堡，东边的海参崴天已破晓"，辽阔的国土赋予俄罗斯民族宽广的胸怀，正如俄罗斯科学院历史研究所所长彼沃沃洛夫所言："他们不考虑自己的幸福，而考虑整个俄罗斯的幸福。"所以，俄罗斯的道路总是大起大落，迅速振兴又迅速衰败。

在大衰败时，俄罗斯人需要一个英雄吼醒沉睡的大地，抽打喝醉的灵魂；在大振兴时，俄罗斯人又需要一个英雄在世界上称雄，与其他大国争锋。"为了这个英雄，我们可以战斗到最后"，俄罗斯高尔基文学院院长谢·叶欣说。这个英雄，过去是彼得大帝、叶卡捷琳娜二世、列宁、斯大林；现在，是普京。他们无一例外，都是在民族衰败之际，强硬地推行自上而下的变革。

普京的故乡圣彼得堡，名字就是从彼得大帝而来。1703 年 5 月 27 日，彼得大帝经过与当时的欧洲强国瑞典的血战，终于抢到了波罗的海附近这块土地，他用刺刀指着脚下的沼泽说："一座城市将在这里诞生。"他盖了一座简陋的小木屋，宣布迁都于此，用近乎野蛮的办法，在被讥讽为"欧洲农民"的俄国推行全面改革。普希金说，彼得大帝的某些诏令"是用鞭子写成的"。例如，彼得大帝认为，长胡子是俄罗斯落后的象征，就强迫全体居民剪胡子，要想保留胡子就得交重税，官吏和贵族每年缴 60 卢布，平民缴 30 卢布。这大概是世界上最奇怪的税种了，但彼得大帝有自己的盘算："胡子税"可以给新建的海军再添几艘战舰。这种用暴力手段建立文明社会，还顺手攫取国家收益的办法，至今都是俄罗斯政治的一个重要特征。

彼得大帝以炮手、船长、团长、造船工匠的身份"为国服务"，并且以这些身份对直接上级保持尊重。他甚至亲自驾驶小船攻击敌军战舰，要求人们在战场上不要拿他当皇帝，要称他为"海军少将先生"。时任法国驻俄大使儒埃尔还记录下一件事："（圣）彼得堡每年都要着几场大火，我多次看见他第一个来到失火地点，雪橇里带上他的消防水泵。他参加全部的灭火工作，由于他的思想异常敏捷，他能立即判断出应采取什么灭火措施。他爬上房顶，哪里最危险就到哪里去。"——看到这里就会明白，为什么今天的俄罗斯人对同样"多才多艺"的普京迷恋不已。

叶卡捷琳娜二世是彼得大帝的外孙媳妇，1762 年 7 月 8 日就任俄国女皇。在当时，陆军混乱，海军舰队被遗弃，主力部队 8 个月没有领到饷银，20 万农奴揭竿而起。叶卡捷琳娜二世以钢铁般的手腕恢复经济，执政 3 年就把 1700 万卢布的财政赤字变成 550 万卢布的盈余。随后，她同土耳其作战，3 次参加瓜分波兰，吞并克里木汗国，打通黑海出海口，建立了庞大的帝国。

1782 年，叶卡捷琳娜二世在圣彼得堡市中心为彼得大帝的雕像揭幕，这就是"青铜骑士"——彼得大帝跨在马上，向前伸手，马的前蹄一跃悬空，后蹄踩在一条大蛇上，象征着将落后的俄罗斯永远踩在脚下；彼得大帝的身体朝着大陆，眼睛望向黑海，意味着俄罗斯掌握海陆两个世界。这是叶卡捷琳娜二世献给彼得大帝的礼物。在俄罗斯历史上，只尊称过两个人为"大帝"，那就是彼得大帝和叶卡捷琳娜大帝。

221 年后的 2003 年 5 月 31 日，普京站在"青铜骑士"广场上，40 多个国家的元首和政府首脑冒着圣彼得堡的绵绵细雨，庆祝他的故乡建城 300 周年。俄罗斯媒体称："那一天，彼得大帝和叶卡捷琳娜二世只是普京身后的影子。"唯一不同的是，普京不需要进行血腥的开疆拓土，只需要用铁腕维护俄罗斯的国家利益。

普京登上政治舞台的时代，是苏联解体、经济休克、超级大国轰然倒塌、沦为"二流国家"的时代。这样的悲剧，在俄罗斯历史上，大概只有 17 世纪初波兰入侵莫斯科、19 世纪中期克里米亚战争惨败、20 世纪初被"一战"消耗殆尽可以相提并论。

1996 年，普京来到莫斯科政坛时，他见到的是这样的场景：在严寒的街头，人们排上一天一夜的长队，用尽积蓄才能购买几片面包。工厂发不出工资，只能发毛巾、肥皂、药棉，人们摆摊出售这些物品，期望换一口吃的。在大街小巷，黑手党性质的团伙瓜分地盘，雇佣杀手司空见惯。一个名叫塔特姆的美国商人因生意上的事与他的车臣合伙人起了争执。一天下午 5 点，他进入地铁站时，被人用 AK47 步枪打成了筛子，而凶手始终没被抓到。在克里姆林宫和杜马大厦，先是一夜之间冒出成百上千个政党和政治组织，接着是叶利钦主导了右翼激进浪潮，然后又是纷纷扰扰的地方分权。普京担任总统后，国外形势也不容乐观。北约东扩，欧盟东扩，美国在东欧部署导弹防御系统，在俄周边国家策动"颜色革命"等。

这一切都让普京如芒在背。他深知，要改变这一切，他必须做永远的挑战者，而不是应战者。2000年，普京的强硬方式是极端化的，他用极端语言和强硬之词挑起舆论争议，用怒斥和"找茬"挑起美国和欧盟的不满，用冷漠和"嗜血"让恐怖分子和分裂分子感到恐惧。

12年后，当普京第三次担任总统时，他的强硬方式有了明显改变，这是俄罗斯内外环境的巨变引起的：经济已然恢复，成为"金砖国家"之一；国家已然稳定，恢复了地区影响力；而美国打了两场反恐战争，出现了一次金融危机，实力削弱，开始战略收缩。于是，在国内，普京的强势中加入了宽容和大度，改变了从前那种不容置疑、不容反驳的绝对做法。在国外，普京对美国和欧盟的态度不再走极端，不打破已经形成的平衡，保持了一定程度的克制和迂回，甚至开始抢占国际道德的制高点。

"看，我的儿子多像沙皇。"这是普京的父亲对普京的赞誉之词，也是普京强硬执政的真实写照。


# 延展阅读


普通民众很少有机会直接接触国家领导人，对于领导人形象的认知和构建，大部分是借由报纸、电视、广播或网络来了解领导人各项活动的信息，再通过个人所接受的信息以及内在的思考模式，来构建每个人对领导人形象的认知。这些形象的构建，无论是通过报纸杂志的文字记者，运用他们妙笔生花或者栩栩如生的文字描述；或是摄影记者通过他们的镜头，运用他们独到的艺术眼光或者敏锐直觉所捕捉的瞬间画面；甚至广播、电视记者或主持人，凭着他们三寸不烂之舌的解说妙语连珠的播报，这些林林总总所呈现出来在民众眼前的领导人形象，可以说都是通过媒体记者的二手传播所构建出来的。

近些年俄罗斯总统普京的形象引起了世人关注，普京打虎、开战斗机、弹钢琴、潜水、骑哈雷摩托等照片疯传于各种媒体之上。真实也好作秀也罢，其传播效果无疑是成功的。特别是俄罗斯在遭遇西方国家经济制裁的情况下，普京举行 2014 年度记者会，就卢布暴跌、西方制裁等热点问题进行了回答。普京认为，目前称俄陷入危机为时尚早；他告诫西方勿以"冷战"思维筑墙。1200 名记者，提问内容和时长没有任何限制，普京愿意接受来自全球各个国家记者的每一个"拷问"，从记者会来看，普京给人的感觉依旧是信心满满，展示了自己的"硬汉"形象。

许多西方政客及媒体都慨叹，普京在俄罗斯所形成的向心力是前所未有的。一度让世人从他身上看到了斯大林的影子。

普京形象建构的成功不仅体现在俄罗斯，在世界诸多国家都有普京的"粉丝"，尤其是与俄罗斯毗邻的中国。普京在任期间多次来访中国，除了政治议题之外还参与了许多民间活动，与少林武僧切磋武艺的举动曾轰动一时。许多中国网民自发地建立普京论坛，将普京的履历、传奇事件、政治手腕以及近况收集并发布，甚至许多农村百姓对普京都有所了解，有些人更是被其英雄形象所深深吸引。这种政治传播效果是每一个政治领导者所追求的目标，许多政治传播学者也对普京的形象建构进行研究，试图探寻政治人物形象建构的普遍方法。

政治形象建构的关键所在，即传播学理论与实践的结合，普京及其新闻幕僚在形象建构过程中充分运用传播学相关理论，将政治传播的功效发挥到极致，更好地推动了俄罗斯大国回归的进程。这其中的理论运用与实践经验是值得探讨研究的。

本章从"硬"字着眼，阐述普京所构建的形象。然而，"硬"也是一把"双刃剑"。2014 年，由于乌克兰危机导致卢布暴跌，资本外逃，俄罗斯陷入1998 年以来最严重的经济危机，不少人认为是普京强力拿下克里米亚为这次危机埋下了隐患，美国总统奥巴马甚至直言：俄罗斯的经济形势证明普京的做法是错误的。美国学者克鲁格曼在 12 月 22 日的《纽约时报》上撰文指出，美国也曾犯过同样的错误，"新保守主义者总是认为要强大就必须采取强硬手段"。美国在伊拉克的失败就是证明，这场战争最终削弱了美国在世界上的地位。从另一个角度来看，现代世界已经不是征服者的世界，这也许可以给普京和俄罗斯一定的启示，就是如何把握好"硬"度，刚柔相济，才能立于不败之地。

# 第三章 "酷酷"的普京

这个世界多么轻易地抛弃我们，使我们无助、孤独；它总像太阳、月亮和诸神那样，继续走它的路途。

——歌德

上帝也给每只笨鸟儿准备了一根矮树枝。

——土耳其谚语

"他很酷"，俄罗斯政治研究所所长谢尔盖·马尔科夫说，"这就是他在担任总统期间的形象——酷。"普京的"酷"表现在追求流行时尚，以及善于偶像化营销和推广"最酷男人"诸多方面，通过政治营销，成功打造了一个"酷酷"的总统形象。

# 时尚普京，引领潮流

普京很注重个人品牌形象的塑造，他抓住了年轻人追逐时尚的心理，并根据流行趋势，对自己进行了包装，他的形象成了流行的时尚元素之一。普京俨然已成为一个全球的时尚品牌。水手、坦克军官、飞行员，对俄罗斯人民来说普京是无所不能的英雄。现在，印有普京头像的 T 恤成为俄罗斯人的夏日必备品。

在苏联时期，排队对于俄罗斯人来说是家常便饭。不论是买黄油、香肠还是丝袜，都要忍受商场外长龙。2014 年 8 月 11 日，莫斯科红场古姆百货商场外的景象，又让人联想起这段远去的岁月。距离商场开门还有几个小时，大批民众排成的队伍已经绕场一周。是什么使得"娇生惯养的"莫斯科人在大清早又一次排起长队？除了"香奈儿"、"古驰"这些奢侈品外，还有什么能吸引俄罗斯消费者的眼球？原来，引得人们竞相追捧的，是俄罗斯服装品牌"阿尼娅与万尼亚"带来的最新系列的印有普京肖像的文化衫。

该系列文化衫的设计者表示："我们设计了爱国主题 T 恤衫。这些 T 恤展示了我们对俄罗斯总统普京的看法——他对我们来说是真正的英雄。"设计者还认为，俄罗斯能在索契冬奥会取得奖牌榜金牌榜双料冠军、在乌克兰局势中不屈服于西方、取得曲棍球世界冠军，总统普京功不可没。在 2014 年 6 月俄罗斯国庆日，他们首次推出印有普京肖像的 T 恤衫，3 天之内被抢购一空。

"普京衫"的售价为 1200 卢布，共有 15 种不同图案可供选择。T 恤上的普京或是在"没有人能超过我们"的文字下策马奔腾，或是身着夏威夷衫在沙滩上悠闲地享受日光浴。配有标语"最礼貌的人"的"普京衫"也卖得非常好。

以电影《罪恶之城》、《敢死队》闻名的好莱坞明星米基·洛克也受邀前来购买了几件 T 恤。他认为普京是"一位真正的绅士、一个正派的人"。有些莫斯科市民整箱整箱地购买 T 恤，声称要为家里每个人都置办一件。

一位女士在购买时说："我们的国家现在团结而且强大，我们需要点东西作为寄托。这个 T 恤衫非常合适。通过它，我可以教育我的孩子热爱祖国。"还有购买者表示，"我们不依靠任何人，我们自己发展自己的农业。我们国家的历史辉煌而悠久。美国人有什么？他们没有文化积淀，没有。我想把这些 T 恤以人道主义援助的名义寄给奥巴马和波罗申科（乌克兰总统）。"

普京是当今俄罗斯时尚界炙手可热的人物。从刻有普京头像的镀金 iPhone（苹果手机），到普京特别定制款"劳力士"，普京产品总是大受欢迎。克里米亚危机之后，俄罗斯境内对普京的个人崇拜也达到了历史新高。最近俄罗斯列瓦达研究中心进行一项社会调查显示，若在近期举行总统选举，有 52% 的民众将选择支持普京。而在另一项社会调查中，这一数据仅为 29%。在被问及俄罗斯最受欢迎的政治家时，有 82% 的受访者认为是普京。

在俄罗斯，普京已然被标榜成了列宁或斯大林式的人物。随着普京支持率升高的还有民族自豪感，虽然这种自豪感已经快要突破理性的边缘。

硬汉普京的个人魅力席卷而来，就连他"炫富式"的奢侈品穿衣时尚，也再次被人关注。这位铁腕硬汉不仅穿衣讲究，鞋子、领带等配饰也是件件大牌，绝不含糊。

初做总统时期，普京最喜欢的西装是法国的品牌 Brioni（布里奥尼太阳镜），市面上每套的价格为 5000 美元，不过普京自然不会去购买市面上的成衣，有人为他量身定做。此后，俄罗斯男人一度为 Brioni 疯狂，这个品牌在俄罗斯变为成功男士的特有着装，Brioni 在俄罗斯一跃成为与"爱马仕"、"朗雯"、"尼诺·切瑞蒂"等大牌相媲美的一线品牌。

普京所选西服面料的颜色一般是黑色、灰黑色的。普京的裁缝谢米透露，普京最适合的颜色是深咖啡色，因为普京的头发是浅色的，除了深咖啡色别的颜色很难和谐搭配。在做工方面，普京西服的制作仅仅设计剪裁一项工序就要耗去 10 个小时，钉扣子要 18 个小时，外加 42 个环节的熨烫程序，无比烦琐。现在，普京的定制西装还有个新特点：上衣都缩减 2～3 厘米，显得腿更长，更帅气。

普京的招牌领带颜色是红色，最常见的品牌就是"艾美"、"莫斯奇诺"和"华伦天奴"3个品牌，每条领带的价格大约为4000美元。据意大利服饰专家分析，普京对服饰最看重的是"意大利制造"，对意大利皮鞋特别情有独钟，他最爱的品牌有"巴尔蒂尼"和"菲拉格慕"。


## 偶像营销，造就追捧


2002年8月初，俄罗斯电台播放了一首流行歌曲《嫁人就嫁普京这样的人》，并在全国范围内迅速蹿红，成为各大电台的流行金曲。不过，这首歌的"主人公"不是人们司空见惯的帅哥靓妹，而是一位令无数女性倾心的硬汉政治家——俄罗斯现任总统普京。这首歌是3个女孩的合唱，内容是失恋女孩诉说要找一个像普京一样的男朋友，它不仅曲调优美，歌词也朗朗上口，令人过耳不忘。歌中唱道："一个像普京的人，一个像普京强而有力的人，一个像普京不酗酒的人，一个像普京不使我伤心的人，一个像普京不会舍我而去的人。"

毫无疑问，当俄罗斯人传唱《嫁人就嫁普京这样的人》的时候，一个被当作偶像来追捧的总统形象出现了。

其实，无论是对政府官员还是对企业营销来说，一个人或产品成为偶像的先决条件是口碑。就企业而言，偶像化营销是所有营销活动的终极目的，从品牌到偶像实则完成了一个质的飞跃。当情感注入营销，品牌成为偶像，品牌强大的自身魅力就会牢牢地吸引消费受众，最终获得忠实的品牌粉丝，对其不离不弃。

偶像的力量就在于让人欣赏、让人喜欢、让人迷恋，让人产生着魔的情感移情。同样的，当消费者使用至爱品牌时，除因为其拥有功能利益之外，还会附加产生一些特殊的情感。例如，开"宝马"让人有年轻激情的自我感觉，"香奈儿"会让使用者更加自恋，"苹果"会让使用者感觉自己与众不同等。对某一品牌的偏爱理由，许多消费者有时候是说不清、道不明的，却一定事出有因。一旦品牌让消费者产生偏爱，就会拥有大批粉丝。如果消费者对某一个品牌产生了偏爱，那么消费者就有可能产生这种"我愿意"的情结。

无论中外，许多老字号品牌常常用创始人的形象作为宣传点——"肯德基"爷爷、"老人头"皮鞋、"张小泉"剪刀、"吴裕泰"茶叶……他们是过去年代的成功偶像，也自然而然地成为品牌形象代表。但对现代企业来说，没有这样的品牌基础，如何让品牌偶像化呢？

其实，现在的品牌有了更多的选择余地。由于信息传播的高度发达，频频上镜的明星们流光溢彩，是全民关注的焦点。粉丝们如此热爱他们的偶像，甚至不惜倾家荡产只为见上一面。明星代言也就成为让品牌提升魅力的有效途径，可以让默默无闻的品牌一夜之间得到消费者的关注。品牌加入偶像元素之所以能够平添魅力，一是因为消费者会将对明星的喜爱转移到对品牌的喜爱上；二是因为明星的公众影响力能增添消费者对品牌的信赖；三是人们对明星具有一种亲切感，明星代言的产品能让消费者有一种天然的熟悉感。例如韩国品牌"三星"等，大多坚决执行偶像策略，让那些深受中国青少年喜爱的明星迅速催熟市场。

对于企业形象天然的代言人企业家而言，领袖气质与偶像素质也可以塑造他们的品牌形象，通过品牌人格化使产品与消费者更加亲近。正如普京成为俄罗斯民众心目中的偶像一样。其实，明星就是一种感情的产品，明星被包装的过程，就是他们在粉丝心目中产生魅力的过程。

## 老黄瓜刷绿漆——推广"最酷男人"

2011 年 5 月 23 日，美国得克萨斯州 42 岁的户外生活作家和博主盖恩·杨在深受打猎和钓鱼爱好者喜爱的《户外生活》杂志网站上发博文称，自己迷恋上了普京，因为普京经常大秀在户外活动场景的照片。

作为一名反传统作家，杨对于俄罗斯总统普京的户外冒险事迹十分着迷。普京用十字弓射杀一头灰鲸、麻醉一头袭击新闻团队的老虎以及赤膊打猎、钓鱼和骑马的事迹广为流传。从个人层面上说，盖恩·杨非常喜爱普京强壮结实的男性魅力，这种魅力似乎让人想起西奥多·罗斯福总统。他说："尽管你也曾听说过克林顿射杀野鸭，但你从未亲眼见到。尽管里克·佩里说自己很喜欢打猎，你也没有亲眼见过。他们都说自己干过这些事，但事实并非如此。奥巴马说他喜欢飞碟射击，但白宫只公布了一张照片。普京却毫无疑虑地外出钓鱼。就像是在说：'你不喜欢这样？好。'于是他更进一步，干更多的事情。"

盖恩·杨的言论立即引起该杂志编辑的兴趣，并鼓励他："接下来你打算怎么办呢？"在受到鼓励后，盖恩·杨主动联系了俄罗斯政府，他打电话给俄罗斯领事馆，与使馆秘书套近乎，从一个人找到另一个人。终于有一天，俄罗斯领事馆的一名新闻参事给他打电话，告诉他，俄罗斯总统想在接下来的 20 分钟内听到他提出的问题。盖恩·杨手忙脚乱地拼凑出一些问题发了过去，信中还附上了一系列问题，其中最有趣的问题是："您是政界最酷的男人吗？"

出乎所有人的意料，普京对盖恩·杨的请求做出了回应，回复了一份长达 8000 字的回信。普京在信中表示，他喜爱读海明威的小说，赞赏英国全国性的捕猎传统。他称俄罗斯人和美国人"有着非常相似的心态"，但是"基督教徒往往害羞，不敢直接展示对传统的热爱"。普京还大谈人类："尽管人类文明取得了巨大的成就，但人类仍然是地球上最脆弱的物种之一，饱受犯罪、流行病、自然灾害的困扰。但这不是我们逃避生活的理由，每个人只有亲身经历、体会，才能感受生活的乐趣。"

此后两年，美国网络报纸《赫芬顿邮报》上出现了一系列赞扬俄罗斯的专栏文章，盛赞俄罗斯政府"现代化策略的雄心"及"打击腐败和保护商业"。有一篇文章总结称："俄罗斯可能是大陆上最有活力的地方。"

"他很酷"，俄罗斯政治研究所所长谢尔盖·马尔科夫评价总统普京时说，"这就是他在担任总统期间的形象——酷。"此言非虚！普京很善于通过秀酷打造个人及政府形象。

2007 年 8 月 13～15 日，与摩纳哥国家元首阿尔贝二世亲王一起在西伯利亚度假期间，展现出这位俄罗斯领导人鲜为人知的一面——"酷"。

这一天，普京一改西装革履的正式装束，戴上墨镜和遮阳帽，穿上牛仔服，陪着阿尔贝二世亲王游历图瓦共和国的人文自然风光。坐着橡皮筏子在叶尼塞河上游弋，开着越野车在山间道路上兜风，骑着骏马在草场上驰骋，普京颇有牛仔风采。

在叶尼塞河畔，普京兴起之时，索性脱掉上衣，赤裸上身挥竿垂钓，让自己健壮的身体与大自然亲密接触。

摄影师当然不能错过这种精彩镜头，普京的半裸照片随即出现在众多报纸、电视和网站上。

普京半裸亮相后，街头巷尾一周来热议不断，俄罗斯众多女性民众更是对当时已经 54 岁的国家领导人强健的身板赞赏有加。俄罗斯《共青团真理报》报道说，自报纸刊登普京半裸照片以来，已有大量网民在网站上留言，评论普京"健壮的躯体"，其中不少女性网民"喜悦惊呼，毫不吝惜赞美之词"。

电台节目主持人叶夫根尼娅·阿尔巴特由于评论半裸照片与普京总统身份不符，招致许多女性听众的口诛笔伐。很多女性听众还给她发电子邮件，表达对普京健壮身板的欣赏之意。

《共青团真理报》22 日还刊出一则题为《获得像普京一样的身板》的报道，一名健身教练在文中详细介绍了如何才能锻炼出像普京一样的强壮躯体。在随文刊登的一幅普京半裸图片上，编辑还特意用箭头标明普京身上的主要肌肉群。对于普京身穿紧身白色衬衫骑马的照片，报道说："衬衫下面（肌肉）轮廓非常清晰。"

普京虽然年过半百，依然保持健壮的体魄，这与他热爱体育不无关系。在运动健将辈出的俄罗斯，体育运动对普京而言不仅仅有助于健身，他还曾在一次采访中说："运动帮助我形成对这个世界、对人以及对与人交往的认识。"

2008 年 8 月 31 日，普京乘直升机到达俄罗斯远东地区，巡视位于那里的国家公园。他听取俄罗斯科学院保护西伯利亚虎状况报告，了解研究者如何监控虎在野外的活动。他还检查一只装备全球定位系统的项圈和一支气枪，了解到气枪用于在不伤及老虎的前提下将其麻痹。普京随后身着迷彩服、脚踏沙地靴，在野生动物专家们的陪同下走进针叶林地带，去观察一只掉入陷阱的西伯利亚虎。一队俄罗斯电视台摄影师站在陷阱旁等待摄影。

普京一行人刚走到陷阱附近，这只 5 岁大的成年母老虎突然跳出陷阱，扑向几米外的摄影师们。众人猝不及防。虽然事发突然，普京依然保持冷静。他迅速抓过气枪射击，射中老虎肩胛处。待虎昏睡后亲手为它戴上项圈。俄罗斯电视台主持人以"普京不仅与大虎亲密接触，还救下我们电视台工作人员"作为开场白，播报晚间新闻。

西伯利亚虎在中国境内被称为东北虎，为现存最大型猫科动物，动作敏捷，力量惊人。保加利亚索非亚新闻社网站说，这一突发事件显示出普京冷静果敢、枪法精准。西方媒体纷纷发表评论，认为普京"酷劲十足"地"秀"了枪法。

2008 年 10 月 7 日是普京 56 岁生日，按照惯例他本应在家乡圣彼得堡度过。然而他却在紧急情况部部长绍伊古的陪同下来到图瓦共和国赫姆奇克河山区野外宿营。几天后，外界就在网络上见到了普京骑马、登山、饱览当地湖光山色及野外露营的照片。

2009 年 8 月 3 日，普京在图瓦地区度假时，随行的官方摄影师拍下了他裸身骑马、湖中蝶泳和单腿劈柴的英姿。

俄罗斯领导人的假期十分短暂，然而就在这短暂的几天，普京每次都能吸引众人的眼光。有媒体评论说，普京此举不但是想向外界展示自己是个"多才多艺"的政要，还希望在假期中得到真正的放松。

据悉，在 8 年总统任期内，普京从未出国休假，即使是在国内也没有休过一次长假。担任总理后，普京也只能暂时放弃紧张忙碌的工作日程，忙里偷闲到野外休息一两天。早在当总统时，曾有记者问普京"当'一把手'的感觉"时，他回答说："我像奴隶一样从早到晚地劳作，我付出了自己的全部力气！"

西方领导人的休假原则上属于个人私生活，但在这个充满象征意义的世界，仿佛变成了一种政治工具。这种变化反映了公关在领导人执政期间无处不在，私生活与公共生活间的区别大有因此而消失之势。无论是选择休假地点还是选择休假活动，各国领导人更多的是考虑自己的政治处境，而非个人爱好。领导人去哪儿度假，也能反映出其民意情况。

普京是公认的度假行家。度假期间，他在河中游蝶泳，在岸边垂钓，并赤膊骑马、展示肌肉。普京曾经向外界表明了自己的意图：他代表着俄罗斯所需要的强者形象。显然，这又是一次成功的公关秀。

2010 年 7 月 24 日，在乌克兰塞瓦斯托波尔，普京戴着黑色太阳镜和黑色手套，身穿黑色牛仔裤和黑色衬衫，驾驶一辆哈雷重型摩托车前去参加当地一个摩托车拉力赛活动。一路上，普京不时向路边热情的人群挥手。"飙车"之后，他还走上讲台与人们交流，并用乌克兰语兴奋地高喊："摩托车万岁！"

普京的惊人之举还不止骑摩托车炫酷，英国媒体 2010 年 7 月 24 日曝出，普京日前会见了本月初被美国遣返的俄罗斯间谍。普京与他们一起高唱了苏联歌曲,畅谈生活感受,并表示他们都将在俄罗斯有光明的未来。

普京,堪称"酷劲十足"的"酷男人"!

# 延展阅读

在研究总统政治形象的塑造过程中,我们必须引入"形象政治学"的相关理论。传播学者肖恩曾经说过:"我们活在一个政治全是形象,同时所有形象也都是政治的年代。"个人形象越来越政治化,领导者的个人形象设计、塑造与传播已经成为一种有效的政治策略之一。政治人物为了赢得民众的支持,往往投其所好地经营自己的形象,都在倾力塑造着自己良好的媒介形象。

美国电影《命运规划局》有一段非常经典的剧情透露了形象政治学的玄机。电影讲述马特·达蒙饰演的大卫·诺里斯是一个年轻有为的国会参议员,他热衷政治,目标是成为总统。在美国总统竞选第一季度中,亲民且帅气的大卫意外在竞选中败北。他在竞选晚会里遇见一名现代舞演员伊丽斯,他们的短暂相遇和交流给予了他灵感和智慧,促使了他后来在政治上的巨大成功。这成功背后就是形象政治学的魅力所在。

现代人都有"悦目情结",在公众面前呈现时尚且"酷酷"的普京,其外貌与气质在个人形象舞台上占据了不容忽视的地位。

不仅是普京,美国也是如此。塑造个人魅力、营造个人形象是美国总统候选人的必修课,美国总统奥巴马就是一名将个人品牌做得非常成功的总统。他抓住了年轻人追逐时尚的心理,并根据流行趋势,对自己进行大胆包装,他的形象成了美国最流行的时尚元素之一。在美国街头,随处都在销售印有奥巴马形象或相关图像的T恤,有些服装品牌甚至专门设计了奥巴马的相关系列服饰,以满足消费者的狂热需求。而在购物网站上,有关奥巴马的产品也是层出不穷,涉及衣服、玩具、饰品等多种商品。奥巴马俨然成为一个美国的时尚品牌符号。

肯尼迪也是美国公认的最具明星气质的总统。在肯尼迪被暗杀40周年之际，即使是保守派的威廉·F.布克利·吉尔也评述说："肯尼迪的神话在于他无可挑剔的美貌和气质。他是土生土长的美国人，看起来光彩夺目，他充满自信喜悦的表达方式将永远活在美国人心目中，变得神圣化。"美国总统布什也说："肯尼迪离开我们已经快与他活着的时间差不多了，但肯尼迪的亡灵仍然是美国的骄傲，时间的流逝并没有减轻我们心中那份悲伤感。肯尼迪是一个伟大的男性，更是一位出色的国家领导人，他极具人格魅力而且风度翩翩，他的家人和儿女在他遇刺纪念日上总是强掩心中悲痛，坚强度过没有他的日子。"

普京并不是一个生来就时髦的男人，即便当了总理之后，也有人曾经批评他穿着土气没品位，例如，他的西服袖子过长，有时候还把运动服穿在西服里面，普京的裁缝谢米也这样说过。那时候，普京穿的外套都比较长，跟短大衣似的，因为普京身材不高，穿上这些外套显得腿短，很难看。这些穿着打扮的毛病，都是在普京2000年当了总统之后才逐渐改掉的。而今，普京出门处处离不开奢侈品行头，他喜欢大牌定制的各种各样的服饰，从西服到衬衫，从领带到皮鞋，从运动衫到太阳镜，他都一应俱全，可谓引领俄罗斯时尚潮流。

在互联网特别是移动互联网时代，越来越多的年轻人参与到文化、经济、政治等社会活动中来，再加上"80后"、"90后"逐步成长，社会年轻化已经是大势所趋。在此背景之下，品牌的年轻化是必然的趋势，没有培养年轻消费者，品牌就没有明天，只有抓住这些充满活力的年轻人，让他们与品牌的情感共鸣，才能打赢品牌营销战。

产品品牌如此，国家领导人的品牌营销亦是如此。

# 第四章 普京执行力——强权与铁腕

看哪，我将漂流远方；我将独栖荒野。

——布鲁诺

一个人的步履说明了他是否走在自己的路上。看着我如何走路！

——尼采

普京的强韧个性和强硬政策，为他赢得了巨大的声誉，也带来了诸多诟病。他使得俄罗斯之前多年积聚的"挫败感"得到了"强大的释放"，激发了许多俄罗斯人的民族自尊和自豪感，在国内政治上拿到了高分。然而，他的强硬也令俄罗斯遭遇狂风暴雨，面临制裁、衰退的窘境，他能否以自己的政治智慧化解眼前的这场危机？

# "梅普"组合——上演"二人转"

2007年12月10日，时任俄罗斯总统的普京公开表态，"完全赞同"、"统一俄罗斯"党等四党派推举时任第一副总理德米特里·梅德韦杰夫为下届总统候选人。特立独行的普京出人意料地把自己心仪的接班人推到了聚光灯下。普京表示，如果梅德韦杰夫当选总统，他准备出任政府总理。在此之前的2007年3月3日，梅德韦杰夫在凌晨举行的新闻发布会上称，他当选总统后将继续执行俄罗斯现任总统普京的政策。

自从梅德韦杰夫就任总统、普京转任总理之后，俄罗斯国内外的人们一直都在寻找他们之间存在分歧的迹象。也许这只是没有任何根据的猜测，因为他们之间的不同之处与其说是实质上的，不如说是风格上的。这种寻找捕风捉影，没有什么头绪，成了现代版的克里姆林宫学。人们仔细研究他们的照片，以期分辨出克里姆林宫幽暗角落或普京和梅德韦杰夫内心深处的动向。这或许可以称为两人骑一辆自行车的"双人驾驶学"。

普京与梅德韦杰夫同为列宁格勒人，是老乡；他们同为列宁格勒大学法律系高才生，是校友；他俩先后师从列宁格勒大学教授索布恰克，是师兄弟；他们一起工作，又是同事。1990～1996年，他们的老师索布恰克任圣彼得堡市长期间，他们分别在顾问小组和市政府外事委员会任职，而普京是顾问小组组长、外事委员会主席和分管外事和招商引资的第一副市长，梅德韦杰夫则为普京的直接部下，相知甚深，配合默契。普京1999年8月出任俄罗斯政府总理，同年11月调梅德韦杰夫到身边，任政府办公厅副主任。普京出任总统后，又把梅德韦杰夫调任总统的大管家——俄总统办公厅主任。2005年又将其从总统办公厅主任位置上直接升任政府第一副总理，分管社会问题和市场改革，具体负责普京总统优先考虑的社会计划项目工作——把出口石油和天然气获得的收入优先用于医疗、住房、农业、建筑和文化领域。2006年又让他主持与解决民生问题最为密切的医疗、教育、住房和农业四大国家项目工程。

普京和梅德韦杰夫关系非常不错，用他们的话说是"亲密的同志关系"。普京有一次接见媒体代表，梅德韦杰夫到一角落喝饮料，普京见状，亲切地直呼梅德韦杰夫的小名："季玛，离我再近些。"可见，普京对梅德韦杰夫高度信任。

事实上，俄罗斯是一个集权色彩浓厚的国家，而且是一个崇尚强权的国家，所以俄罗斯跟西方国家的传统不一样，俄罗斯宪法规定总统拥有非常大的权力，一些学者曾经认为俄罗斯总统的权力要比美国总统大4倍。另外，即使在普京担任俄罗斯总理之时，外界评论国家实权依然掌握在普京的手里，但是他并不是幕后掌权，就是说不用垂帘，也能听政。

首先，在梅德韦杰夫任总统期间，普京担任着俄罗斯总理，同时又是俄罗斯最大的政党——"统一俄罗斯"党的主席，这个党派在俄罗斯的议会下院中占有绝对多数的席位，现在俄罗斯其他政治力量之和也不过是它们的几分之一。这就意味着虽然作为总统，但梅德韦杰夫不符合普京意志的制度和法律根本不可能付之于实践，意味着俄罗斯可以根据普京的意愿和需要来修改宪法，意味着普京可以弹劾这位总统。

其次，在普京出任总统的前8年，他已经为了自己未来出任总理做好了准备，俄罗斯很多属于总统的重要权力已经转移到了总理的手里，例如对于各联邦区和地方的行政长官的任命权力等。普京当时为国家制定好了未来3年的预算，也就是说，梅德韦杰夫4年任期里面能够参与的计划只有最后一年。在俄罗斯宪法的规定上，由于一些权力的重新分配，在理论上，普京也是俄罗斯历史上权力最大的总理。

再次，梅德韦杰夫和普京共事17年，是普京把他从一个普通的大学老师变成了国家权力中心的参与者，然后成为国家的总统。梅德韦杰夫一直都是普京绝对忠实的助手和关系最亲密的幕僚。而梅德韦杰夫作为普京选定的接班人，他的政治纲领就是普京路线，他的任务就是将普京为了国家所进行的各种计划变成现实，所以梅德韦杰夫从来不越雷池一步，而现在俄罗斯的核心管理层大多都是老面孔，重要的位置也都是普京的绝对亲信。

最后，也是最重要的，就是俄罗斯的民心所向。梅德韦杰夫之所以能够成为总统是因为普京的支持，而普京拥有的是全体俄罗斯人的支持。在普京大刀阔斧执政的 8 年里，俄罗斯的面貌发生了根本性的转变，是普京一个人支撑起这个支离破碎的国家，而普京就意味着这个国家的希望。在普京第二任期开始的时候，俄罗斯人民就想方设法地希望他继续领导国家，甚至有人提出让他的夫人来出任总统。绝大多数俄罗斯人民赞同修改宪法让普京能够继续连任，而普京控制着俄罗斯的杜马，修改宪法轻而易举，但是为了维护宪法的利益，普京坚决拒绝了继续连任，而是提议一个令他满意的接班人当选总统，他来出任总理继续领导国家，于是就有了梅德韦杰夫的当选。

普京在俄罗斯民众心目中的地位是一步步形成的，俄罗斯人甚至认为他是俄罗斯的"新沙皇"，就是他用强有力的统治带领这个崩溃边缘的国家重新崛起。而梅德韦杰夫和普京的位置关系在俄罗斯历史上也是史无前例的。每当梅德韦杰夫被问及作为总统他是否感觉生活在普京的影子里时，他总是采用迂回战术，而不给出直接回答。他指出，从某种程度上说，每个政治家都是第二个，另一个，同时又是不同的一个。尽管普京将权力视为生活的重要部分，但梅德韦杰夫认为他和普京的人生观并没有重要分歧。确实，生活塑造了每个人、每个政治家，甚至物理学家或诗人，彼此的观念肯定不一样，然而不同的思想之间也可以碰撞出火花。

不得不说，普京是个强悍的人。在两人合骑一辆自行车进行"双人驾驶"过程中，普京紧紧地把着自行车的车把，很少转过头来听梅德韦杰夫力争也许应该走另一条路，或换一辆更好的自行车。然而他们两人早就说好不做竞争对手。梅德韦杰夫知道，如果普京决意返回克里姆林宫，他一定会说到做到。事实也证明了这一点。

"梅普"组合可能轮流执政至 2036 年！在普京宣布参加 2012 年的俄罗斯总统大选后，有俄罗斯学者这样评价道。普京的做法是为了实现政治理想还是对权力的迷恋？俄罗斯又是否会重新回归"强人政治"？放眼全球，很少还有哪个大国像俄罗斯这样上演"二人转"，从 2012 年一下子能看到 20 多年后的执政状况，这一点备受外界诟病。而普京之所以敢这么做，是因为有这么做的底气。从政治手腕上看，普京不愧是俄罗斯当今最成功的领导人之一。2008年普京"依法"让出总统之位，选定接班人梅德韦杰夫。这本来是普京一手控制的"人事安排"，并无新意。普京的高明还在于他极会利用"法律武器"。"普京归来"，尽管受到一些人的非议，但从俄罗斯宪法框架上，几乎找不到"破绽"。"梅普"二人转，依然是一场符合民主技术要件的多党角逐，是一场合法的"走过场"。

## 集权背后——铁与血

俄罗斯的历史是一部充斥集权的历史，从沙皇俄国到后来的苏联，无不延续着这种政治传统。与之相比，叶利钦时代的所谓民主不过是一个小小插曲而已。事实上，叶利钦时代的民主同样是一种畸形的或者说不完全的民主。在叶利钦时期，他一面赞扬民主，一面竭力操持大权，然而事与愿违，他所谓的民主政策非但没有获得肯定，反而使他在行使总统权力时处处受制。其后的寡头控制、地方势力的干扰、车臣分裂势力的挑

战，还有反对派俄罗斯共产党占优势的国家杜马的牵制，使得叶利钦时期的政治体系十分紊乱，成为俄罗斯近代政权史上的一个"怪胎"。

普京涉政之初，便开始思考如何解决国家政局动荡的问题。他十分清楚，没有一个稳定的政治局势，国家的发展就找不到出路。从手里接过俄罗斯权杖那一刻开始，普京更加感到叶利钦的前车之鉴就在眼前；同时，普京身上

自然流淌着俄罗斯强权政治的血液，所以，当普京主政后立即提出要强化国家政权。在表示反对修改宪法、主张维护"总统集权制"的同时，他还特别强调俄罗斯需要一个强有力的国家政权体系。

于是，被部分媒体称为"普京新政"的政治变革开始了。

俄罗斯历史研究所一位不愿透露姓名的副所长说："各种迹象表明，普京在连任之后将继续推行强权治国的思想。普京的强权治国思想可以归纳为以下内容：强调国家利益，发展经济，强国富民；发扬民族精神，建立强大政权，力求社会稳定；以史为鉴，建立多元化外交关系，重振大国雄风。"这位副所长认为，不管普京采取什么改革措施，都会紧紧围绕着发展经济、加强中央权力来进行。他指出："对俄罗斯来说，出现中央集权并不是坏事。这可以充分保证普京的改革行动有计划、有目的、自上而下得到落实和执行。这也是普京执政4年来取得成效的主要原因。"

事实上，自俄罗斯帝国诞生以来，无论是彼得大帝、叶卡捷琳娜二世，还是斯大林，强国意识一直深深扎根于俄罗斯人心中。普京抓住俄罗斯人的强国心理，在第一次就任总统后的半年时间里，先后批准了《俄国家安全构想》、《俄军事学说》和《俄外交政策构想》3个纲领性文件，全面阐述了俄罗斯在新的历史环境下国家安全所面临的威胁和挑战，确定了全面均衡的大国外交方针。普京以此为切入点，对叶利钦时代的经济体制做了大规模调整，把无政府寡头经济改良成"可控制的市场经济"，从而俄罗斯政局稳定，经济快速发展，国际地位重新提高，国内政权高度集中和统一，使俄罗斯人的自尊心得到极大满足，普京也因此获得了广泛尊重和拥护。

普京的强权和以往历史上的封建专制强权以及斯大林时代的共产主义集权有所不同，经历了叶利钦时代自由主义的政治经济改革，柏林墙倒塌后涌入的民主观念虽然有些水土不服，但也开始生根发芽了。所以普京不可能逆潮流而动，建立赤裸裸的强权。2005年普京在《国情咨文》中提出，俄罗斯作为一个主权国家，根据本国历史、地缘政治、国情和法律自主地确定民主的道路。这一提法被俄罗斯舆论界解读为"主权民主"。

为此，普京采取了加强"主权民主"的重要举措，例如，为加强国家政权垂直系统，防止地方势力做大，实行了把一些联邦主体合并的计划；整党是普京强力治国的重要举措，因此他倡议修改政党法和杜马议员选举法，2004年12月3日杜马通过的《政党法》修正案，把每个政党的党员人数由原先规定的1万提高到5万，从而使政党数量大大削减；为防止俄罗斯发生"颜色革命"，普京强化对媒体和非政府组织的规范和监督，以防止国外某些势力通过非政府组织干涉俄国内政；削弱寡头势力，杜绝寡头干政，让他们"安分"地从事经营活动等。普京通过一系列"内外科手术"，建立了具有俄罗斯特色的民主。"可控民主"这一提法是对普京时期政治现实和普京执政方式较为准确的概括。

普京所实行的权威主义，反霸反侵略、反恐反分裂、反寡头买办、严惩腐败、富国强军，国家重新控制战略产业和要害企业等一系列政策措施，每一步都充满魅力的"硬汉子"形象，每一步也都充满了铁与血的战斗。

# 欧亚联盟梦

欧亚联盟是一个由白俄罗斯、哈萨克斯坦、俄罗斯、亚美尼亚等苏联国家为加深经济、政治合作与融入而计划组建的一个超国家联盟。作为一个概念，欧亚联盟是由哈萨克斯坦总统纳扎尔巴耶夫于1994年在莫斯科大学演讲期间首次提出的。

2011年10月3日，普京在《消息报》撰文，倡议在俄罗斯、白俄罗斯、哈萨克斯坦三国关税同盟基础上组建"欧亚联盟"，以有效连接欧洲和亚太地区。这是普京表明竞选总统意向后提出的第一个外交倡议。当时，由于普京当选总统几无争议，此提议当时被部分观察家视为俄罗斯今后6~12年外交工作的重点。应该说，欧亚联盟是普京在全球化时代为俄罗斯在苏联空间勾勒的发展前景，其目的不仅是促进区域经济一体化，从长远来看，更具有建立政治和安全战略联盟的意义。

2011 年 11 月 18 日，白俄罗斯、哈萨克斯坦和俄罗斯总统签署了一项协议，计划到 2015 年建立欧亚联盟。该协议包括未来整合的路线图，并建立欧亚委员会（以欧盟委员会为蓝本）和欧亚经济空间，这两项均从 2012 年 1 月 1 日起开始实施。需要说明的是，欧亚联盟并不是整个欧亚大陆的联盟，欧亚是指"欧亚地区"，也就是独联体、泛东欧地区。

白俄罗斯、哈萨克斯坦和俄罗斯海关联盟已经为这 3 个国家带来了局部的经济统一，欧亚联盟要延续和加强这个关税同盟。其他区域组织提供了进一步整合的基础，其中包括：俄罗斯和白俄罗斯的国家联盟，俄罗斯、白俄罗斯和哈萨克斯坦的欧亚经济合作组织，亚美尼亚、白俄罗斯、哈萨克斯坦、吉尔吉斯斯坦、俄罗斯、塔吉克斯坦的集体安全条约组织，以及包括大多数苏联国家的独立国家联合体。

欧亚联盟的构建缘于俄罗斯与欧盟出现的价值观理念的分歧，与欧洲各国业已形成的大欧洲联合社会共识存在于根本分歧。应该说，俄罗斯与欧洲的关系并不是一般外交范畴的双边关系，其重要性远远超过双边经贸关系、能源依赖乃至安全合作等常规问题。对于俄罗斯而言，俄欧关系具有国家认同的战略意义，归根结底与俄罗斯的文明选择和自我国际定位密不可分。研究俄欧关系，分析俄罗斯对欧盟东扩的看法，关键是要看在不同历史时期，俄罗斯对于国家认同及自我国际定位是否有不同的观念理解与战略选择。

自苏联解体以后，在叶利钦时代，俄罗斯坚持欧洲—大西洋主义，俄欧关系的发展基本顺利。1994 年 6 月俄罗斯与欧盟签署《伙伴关系与合作协定》，明确了俄罗斯与欧盟关系的性质，即俄罗斯在欧洲方面的主要利益与欧盟息息相关，欧盟成为俄罗斯在欧洲的主要伙伴。1999 年欧盟进一步通过对俄罗斯发展关系的总战略，以及俄罗斯的《俄罗斯联邦发展与欧盟关系战略中期展望（2000～2010 年）》，进一步奠定了双方合作关系的政策基础。

普京上台以后，延续了俄欧关系发展的良好势头，明确提出与欧洲国家的关系是俄罗斯外交政策传统的优先方面，其中与欧洲联盟的关系具有关键性意义。因此，普京执政之初对欧盟东扩表示理解，并且强调俄罗斯的战略目标就是在新的更高水平上建立俄罗斯和欧盟的协作关系。

2003 年以后，在格鲁吉亚、乌克兰、吉尔吉斯斯坦等一些独联体地区国家相继发生"颜色革命"，导致这些国家出现政治危机与动荡，在一定程度上鼓舞了俄罗斯国内反对派，对俄罗斯的政治稳定造成挑战。"颜色革命"的主因是国内因素，但由于"别斯兰人质事件"后西方对于普京政治改革的指责和压力，俄罗斯更多地将"颜色革命"爆发的原因解读为外部影响。普京认为，"颜色革命"表明，西方出于政治考虑，绕开各种法律准则，在国际关系中用武力解决某些问题。他的这一国际政治观一以贯之，随后发展到 2005 年的主权民主思想，再到 2007 年慕尼黑讲话对单极世界的抨击。最集中的体现是在乌克兰危机后普京于 2014 年 3 月 18 日关于克里米亚问题的演讲。

正是基于这种判断，俄罗斯认为，通过吸收新成员，逐渐扩大西方的势力范围，并在国际政治中保持敌我分界线的方针是"冷战胜利综合征"的表现。由此俄罗斯对欧盟东扩的看法出现变化。2007 年俄罗斯对外政策概论指出，俄罗斯与欧盟的战略伙伴关系总体上是具有建设性的。但是，2008 年的俄格战争进一步恶化了双方矛盾。2009 年，欧盟推出了"东方伙伴关系计划"。俄罗斯认为该计划进一步蚕食和挤压其战略空间并开始对国家身份的认同进行重新思考。

俄罗斯与欧盟出现了价值观理念分歧，与欧洲各国业已形成的大欧洲联合社会共识存在根本分歧。俄罗斯对欧盟东扩的看法与 20 世纪 90 年代相比发生了本质的变化，质疑大于理解。其原因是，欧盟东扩问题已经触及俄罗斯民族国家属性和文明归属问题，即俄罗斯究竟应该纳入西方文明还是纳入东方文明，还是俄罗斯应该保持和发扬自己的文明传统，或者根据自己的特点创造一种新的文明？

俄罗斯将欧盟东扩所涉及的国家拆分为 3 个板块看待：独联体中的欧洲部分国家、中欧国家和东南欧国家。这种细分的目的是为欧亚联盟顺利推进而采取的有针对性对策。俄罗斯把它们视为其扩大势力范围并对欧盟施加影响力的国家。中欧国家潜在地影响独联体国家是造成消极的根源，例如波兰是欧盟东方伙伴关系计划的主要发起国和积极推动者。东南欧则被俄罗斯看成是传统的利益区。在 2013 年外交政策构想中，俄罗斯对东南欧的政策十分明确，即全面发展同东南欧国家务实和平等的合作，因为这一地区是俄罗斯向欧洲国家输送石油和天然气的枢纽。与东南欧地区间关系也被俄罗斯视为一组与欧美进行重要战略博弈的国际关系，它成为后"冷战"时代俄罗斯与西方在欧洲博弈的一个主要争夺点。

2011年10月俄罗斯提出了欧亚联盟的构想，要在欧亚大陆建立强大的超国家联合体模式，使之成为当代世界多极中的一极，并成为欧洲与亚太地区的有效纽带。俄罗斯希望通过经济、政治和军事的一体化，逐渐使独联体国家同俄罗斯重新联合起来，走向复兴和重新崛起。欧亚联盟背后体现的是欧亚战略。俄罗斯倡导的是一体化，不是经济一体化，也不是政治一体化，而是国家一体化。普京的战略目标不是恢复西方所担心的苏联，而是试图建立一个斯拉夫文明的新俄罗斯。欧亚战略集中体现了俄罗斯精英阶层的时代观和国际政治观，它构成了当代俄罗斯国家身份认同的基础。俄罗斯谋求通过构建欧亚联盟以区域性帝国的方式崛起。欧亚联盟还是俄罗斯对抗欧盟东扩的一种战略。

欧亚联盟先是一个区域经济一体化组织，虽然有学者认为在当前欧元区遭遇前所未有的挑战，使得人们对区域经济一体化的作用产生怀疑的时候探讨一体化并不合适，但普京坚信，欧洲主权债务危机在更大程度上是政治问题，而非单纯的经济问题，只有"区域一体化"才能解决全球经济危机。全球金融危机迫使国家寻求经济增长的新资源，一体化进程已经起到了额外的推动作用。俄罗斯希望通过欧亚联盟的建立，与欧盟、美国、中国和亚太经合组织等一起为全球发展的稳定做出贡献。

从最初提出设想到现在对各国经济资源进行整合的政策思路逐渐清晰，欧亚联盟经历了一个发展历程。如果说1991年独联体的成立在某种程度上具有终结苏联的政治意义，那么建立于2001年的欧亚经济共同体可以说开启了苏联空间区域经济一体化的先河。2001年5月31日，俄罗斯、白俄罗斯、哈萨克斯坦、塔吉克斯坦和吉尔吉斯斯坦在白俄罗斯首都明斯克举行第一次会议，宣布欧亚经济共同体正式成立。2005年10月，乌兹别克斯坦申请加入，乌克兰、亚美尼亚和摩尔多瓦是观察员国。时过境迁，原苏联加盟共和国与俄罗斯之间渐渐出现分离倾向，目前只有俄罗斯、白俄罗斯、哈萨克斯坦三国建立起了关税同盟，即同盟国间免除关税，并实行统一的对外关税税率和政策。

加快经济一体化步伐的标志性事件，是 2011 年 10 月，俄罗斯、乌克兰、白俄罗斯、哈萨克斯坦、吉尔吉斯斯坦、塔吉克斯坦、摩尔多瓦、亚美尼亚 8 个国家批准自贸区协定。阿塞拜疆、乌兹别克斯坦和土库曼斯坦表示考虑加入自贸区的可能性。自贸区将取消大部分商品的进出口关税，虽然规定了部分"例外"商品不享受进出口免税待遇，主要是能源、金属材料和白糖等，但这些"例外"均属临时措施，随着过渡期的推移，有关限制都将逐步取消。此外，独联体国家还达成了关于货币协调与监督领域政策的基本原则协议，关于 2020 年前独联体国家铁路交通发展战略构想的决定，关于在 2012 年为建立与发展独联体国家统一的防空系统拨款的决议等。

在统一关税的基础上实行协商一致的宏观经济政策，目前无论对俄罗斯、白俄罗斯、哈萨克斯坦关税同盟，还是对 8 国自贸区来说都还有难度，而建立统一货币的欧亚经济联盟，并在此基础上建立经济、政治和外交全面一体化的欧亚联盟更是纸上谈兵。欧亚联盟不只是个口号，还是个切实可行的计划，仍需拭目以待。

为推进欧亚联盟的建立，普京拟定了时间表，于 2012 年 1 月 1 日推出了大型集成项目——俄罗斯、白俄罗斯和哈萨克斯坦统一经济空间。统一经济空间包括实行统一的经济法规，资本、商品、服务和劳动力完全自由流动，主要行业实行协商一致的经济政策，创建一个超过 1.65 亿消费者的巨大市场等，总之排除一切不利于商贸、资本和人力资源流通的障碍，为欧亚联盟打下基础。

欧亚联盟是全球化背景下俄罗斯为自己勾勒的发展前景，是俄罗斯恢复大国地位、发挥对盟国影响的关键一步。作为新的超国家机构，欧亚联盟不是要复制苏联或者取代独联体，而是要在民主与自由等共同价值观的基础上建立一个开放的、能够"协调成员国的经济和货币政策"、周边国家也可申请加入的新国际组织。

欧亚联盟成立之后，在欧洲将与欧盟一起推动经济一体化，而在亚洲太平洋地区将与亚太经合组织密切合作。利用俄罗斯地跨亚欧大陆的地理和文化优势，在欧洲和亚洲之间原本属于苏联的广袤领域内重新整合各方资源，既不与东西方现有的国际组织的传统地盘相冲突，又能不断拓展俄罗斯的势力范围，在苏联空间持续发挥凝聚力和影响力，这无疑是欧亚联盟成立的目标与宗旨，也可谓基于现实又富有前瞻性的一招妙棋。

有西方媒体称欧亚联盟的建立就是为了将来与美国、欧盟和亚洲分庭抗礼，首要目的是政治目的，而不是经济目的。对此，普京的回答是："我们不打算与谁断绝往来和反对谁。欧亚联盟将建立在通用的一体化原则基础上，如自由价值观、民主和市场准则。"对于乌克兰以要加入欧盟为理由表示不愿意加入欧亚联盟，普京说，加入欧亚联盟恰恰有助于以更加强大的姿态更快融入欧洲。他认为，成立欧亚联盟将使其成员在 21 世纪复杂的世界中占据应有地位。新联盟将建立在与苏联完全不同的价值观和政治经济原则之上，"我们提出的是强大的超国家联盟模式，它能够成为当今世界的一极，并在欧洲和亚太地区之间发挥有效的'纽带'作用"。

普京奉行东西方平衡的全面外交政策，重视亚洲的力量与作用。尤其中亚五国——哈萨克斯坦、乌兹别克斯坦、塔吉克斯坦、吉尔吉斯斯坦和土库曼斯坦，作为美国、俄罗斯、中国、印度等几个大国经济利益的交汇点和反恐合作的前沿阵地，各方力量纷纷渗透，局势复杂，而俄罗斯视其为"战略后院"，不可能放弃在这一地区的力量角逐。无论从国土面积还是从经济总量来看，哈萨克斯坦都是中亚五国的龙头老大，其加入欧亚联盟对其他国家有示范作用。但乌兹别克斯坦是一只"特立独行的猫"，土库曼斯坦与俄罗斯若即若离，所以从策略上，普京将吉尔吉斯斯坦和塔吉克斯坦作为下一步争取的对象，以扩大成员国范围，一起迈向新的合作水平。

欧亚联盟是俄罗斯为自己勾勒的发展前景，是俄罗斯恢复大国地位、发挥对盟国影响的关键一步，前景是区域性经济、政治、外交协同组织，目的是在世界政治格局中真正成为一极。

# 延展阅读

普京的铁血政策、硬汉形象大多展现于反恐战争之中，2012年普京的再次当选也离不开他的显赫成绩。普京上台之初能得到美国的认可，很大程度上取决于他对恐怖主义的嗤之以鼻，美国"9·11"事件之后，普京迅速做出反应，愿意为世界反恐工作做出努力，小布什对此格外赞赏。

对待恐怖主义，普京从不手软。1999年8月初，车臣武装叛匪头目巴萨耶夫和分离分子策划恐怖行动。当时普京在达吉斯坦视察时冒出了一句疾恶如仇的话："在机场抓到恐怖分子就在机场击毙。在厕所抓到就溺死在马桶里！"虽然事后普京对这番不合时宜的话感到遗憾，但这番话通过俄罗斯国家媒体报道以后，即将上任总统的普京在民众心目中成功塑造了一个强者形象。多元化媒体环境下，对恐怖主义的打击不仅需要军事上的威慑，还需要媒体的心理攻略。而普京对媒体的掌控，对舆论导向的把握成功地塑造了硬汉形象，从而提升了俄罗斯的国家形象。

面对日益猖獗的恐怖行动，普京展现给国民的是从不畏惧的一面。2012年大选前夕，普京公布了一起对他的暗杀未遂事件，公众一片哗然。随之而来的是普京坚定的声音："我从来不怕也不会害怕，不会被那些事情干扰工作，如果惧怕恐怖主义就不必苟活了！"这样铿锵有力的回应，让更多的俄罗斯民众愿意为他投一票。俄罗斯民众在大选投票中也像"沉默的螺旋"理论中描述的美国选民一样，只不过俄罗斯民众通过媒体的宣传和塑造，对普京的形象早已耳濡目染，所以在这种票选中普京自然获得了压倒性的选民支持。多元媒体环境下，普京成功的媒介形象蕴含着巨大的精神力量和物质力量，形象就是凝聚力、吸引力和号召力。在无形之中成了普京和俄罗斯民众沟通的桥梁。

战争在文明社会是人类不愿提及的词语，是人类自己创造的灾难。那么，普京又是怎么在这样的环境里打造自己的形象呢？

第一，利用民族情绪，用自身行动带动民众热情。同样是战争，美伊战争中的小布什与车臣战争中的普京却完全不同，小布什在反思声甚至谩骂声中结束了自己的政治生涯，而普京却赢得了更多的支持者。究其根本，美国民众大多为反战人士，而俄罗斯人民却支持战争。并非俄罗斯人好战，而是他们坚韧的性格、民族的凝聚力被普京激发出来了。

在车臣战争中普京经常奔赴前线为士兵打气，1999年时任总理的普京抵达车臣北部，赠送给士兵刻有自己名字的匕首，并鼓舞到"俄军将战斗到底"。2000年3月，普京驾驶苏—27战斗机飞往车臣，参加撤兵仪式，为捐躯祖国的烈士默哀。2002年莫斯科剧院人质事件，2004年别斯兰人质事件，普京无不亲临现场，参与谈判和指挥。这种国家元首亲临前线的做法，不仅鼓舞了俄罗斯民众为国牺牲的信心，同时也赢得了广大民众的支持。

普京的媒介形象不是由简单的几句讲演或者几张图片构成的，他的形象更具立体感。在镜头前他更像是个演员，一个无所不能的演员，驾驶战斗机、驾驶核潜艇、为西伯利亚虎戴项圈、参加柔道比赛、大庭广众下弹奏钢琴，这些画面如此生动，一改国家元首的刻板印象，让俄罗斯人沉迷于普京的传奇。

第二，利用媒体，掌控话语权。普京对话语权的掌控欲望是极其强烈的，出任总统后通过打击传媒寡头、扶持国有媒体等手段将传媒力量牢牢握在手中。车臣战争中普京利用国内媒体引导舆论，禁止新闻媒体发布不利于政府的报道，禁止媒体发布不利于战争策略的报道，取缔一切支持车臣恐怖分子的民间组织，并通过宪法规定"车臣是俄罗斯不可分割的一部分"。这些措施让俄罗斯民众倒向普京政府，成为普京进行车臣战争的力量源泉。

国内形势的稳定，使得普京面对错综复杂的国际形势更加得心应手。美国"9·11"事件让普京得到了最强大的反恐同盟，通过美国的支持，普京政府所发动的车臣战争得到了诸多国家的默许。并用车臣武装分子残害平民的照片作为证据，反驳国际社会的谴责声音，让世界人民了解真相，博得国际舆论的支持。

恐怖主义作为一种政治传播也在不断地为自己争取话语权，甚至用人体炸弹等手段以达到预期的心理效果。在制造混乱与恐怖的同时，更要达到其宣传目的。因此，打击恐怖主义时，在保证自己话语权的同时必须遏制敌方的话语权。普京加强对车臣恐怖组织的传媒限制，不给其宣扬的机会，使其恐怖主义政策不断边缘化。

此外，普京形象的成功塑造不仅成就于其战争中的硬汉形象，在治理国家中他的铁腕风格贯穿始终，包括反腐倡廉。腐败像病毒一样吞噬着政府，泱泱大国可能因"腐败"二字变得不堪一击。任何一个国家谋求长治久安，都要坚持不懈地开展反腐工作。苏联解体之后，俄罗斯一直处于社会转型时期，各种不稳定因素成为腐败的温床，金融寡头大量掌控国家资源，左右政府决策，行贿受贿问题严峻。

在普京的反腐过程中，俄罗斯民众无不拍手称快，就连媒体也一边倒地赞誉普京。这种对国家元首的支持让西方觉得这种事应该发生在苏联，但它们深知这不同于"苏共"时期的个人崇拜，而是民众发自内心的支持。

纵观俄罗斯历史和民族性格，信奉东正教的俄罗斯有拥护政治强人的传统，也有"无情对待"那些不能带来民族复兴和国家强盛的政治强人的传统。东正教的另一层含义中隐含着"拯救世界"的使命，使身处欧亚大陆中心地带的俄罗斯民族多了一份"东西兼顾"的双头鹰雄心。越能实现民族抱负的政治强人，越会受到俄罗斯民众的支持。

# 第五章　媒体与大炮

当我在战和不战之间犹豫不决的时候，我总是选择战斗。

——纳尔逊勋爵（Lord Nelson）

唉，一切自由思想家，都没有提防这样的魔术家！他们的自由逃跑了，你指导他们而且诱惑他们回到牢狱里。

——尼采

普京懂得树立一个强有力的领导人形象对于俄罗斯的必要性，更重要的是他懂得用什么样的方式去塑造一个硬朗的形象。无论是在利用国内媒体为自己造势还是在叙利亚问题上，普京对媒体公关的运用和对导弹威慑力的把握别出心裁，得心应手，可谓政治营销的典范之作。

# 启动媒体政治公关机器

"媒介文化"是一种符号，它构筑了人们的认知。西方国家的总统们通常找公关公司或雇用曾经做过记者工作的"写手"来负责撰写文章，帮他们打造公众形象。普京是一位善用媒体展现自我的国家领导人，经常会在国内媒体上发起政治公关运动。在俄罗斯，除了传统媒体对普京的强势形象进行曝光外，网络媒体也不吝啬大肆传播，最终使得普京硬朗的总统形象得到广泛深入的传播。

2001 年 7 月 18 日，就任总统 19 个月后的普京正式举行了一次记者招待会。媒体"盛情"，普京也爽快，真诚地答应要在回答记者提问时尽其所能，"最大限度地满足你们（记者们）的好奇心"。

事实上，这次与诸多记者第一次"亲密接触"，成了普京展示媒体公关气魄的绝佳机会。即使是向来对他存有偏见的西方记者，也不得不承认，他的公关技艺极为娴熟。

在克里姆林宫内，总统与记者之间的话题从俄罗斯国内转到国外，又从国外转回到国内；语气从幽默切换到严肃，又从紧张调整到轻松。但自始至终，普京不仅回避而且有效地遏制住了记者们对他个人生活的"好奇心"。有关他对记者的评价，普京的答复是："我不希望给自己的性格定性，或者贴上某种标签。"

一名俄罗斯记者的问题是，普京当初竞选总统期间，公众曾看到他与一条白色小狗在一起的电视画面；而此后，跟在他后面的却是一条黑色小狗。

对于这样的细节问题，普京的回答不无调侃色彩："那条狗（的皮毛）染了色。那是一条母狗……（就像）妇女总是喜欢染发那样。"此外，他还透露说，他与妻子和两个女儿实际上养了 3 条狗。

当然，记者们更感兴趣、提得更多的问题并非总统的家事，而是在普京领导之下俄罗斯政府的现行政策。一名女记者不等主持人点到自己，就站起身来，高声提出了有关俄罗斯军队镇压车臣叛匪的问题。

对于这类显然"不友好"的问题，普京既待以"客气"的一面，坚持要求工作人员给她递上麦克风，以便在场的所有人都能听清她的问题；同时又示以"不客气"的另一面，以傲慢的口吻宣示俄军在车臣所负有的国家使命。

对于一名外国记者提出的问题，普京报以些许嘲讽，认为对方并没有密切跟踪新闻事件的动态发展。当有记者提及鲍里斯·别列佐夫斯基的名字，以及他有关普京在总统职位上不可能长久逗留的预言时，普京重复着这名因涉嫌经济犯罪而遭到检察机关逮捕、现已流亡国外的俄罗斯传媒大亨的名字，然后轻蔑地反问："他是谁?"

喜怒之余，普京也流露出了深沉和忧郁。在记者招待会上，重提 2000 年 8 月"库尔斯克"号核潜艇爆炸并沉没于巴伦支海海底、118 名艇员全部丧生的事件。他承认："对于俄罗斯军队、国家和我本人来说，这是对士气的一次严重打击。"事发之际，普京正在外地度假，没有立即返回首都。就此，他坦言："即使单纯出于公关目的，我当时或许也应该赶回莫斯科。"

好在普京现在已经意识到公关的重要性，首次记者招待会上已经有上佳表现。他直截了当的本色，已经赢得了媒体的好感。

普京这次会见记者可谓小试牛刀，但其媒体公关才能已经显露无遗。而后的普京挂历事件则很好地证明了普京媒体政治公关的成功和由此产生的强烈效果，同时也呈现出俄罗斯舆论的多元化特点。

2010 年 10 月 7 日是普京的生日，在俄罗斯国内尽人皆知。每年的这一天，普京怎样过生日都是媒体报道的焦点。与往年相比，2010 年略显不同，普京 58 岁生日那天，牵动媒体视线的不是独联体各国政要给普京的生日祝福，也不是普京如何在故乡圣彼得堡与家人共度生日，反倒是一本献给普京的挂历吸引了众多媒体的目光，甚至全球主流媒体都争相报道。这本挂历由莫斯科大学新闻系的女大学生半裸拍摄制作，此挂历被俄媒体称为"性感"挂历。

本来，"性感"内容在俄罗斯的小报中司空见惯，普通读者对出版物上的"性与色情"早已见怪不怪。此挂历的出奇之处在于：它是一本献给普京的性感挂历；女主角也不是专门拍艳照的模特，而是莫斯科大学新闻系的9名在读女大学生和3名毕业生。挂历上这些美丽的妙龄少女半裸身体，只穿内衣，表情撩人，摆出各种性感姿势。

如此挂历一面世，立刻引起舆论大哗，一时网络上的批评声不断。女大学生脱衣的举动在许多人看来是一种想尽方法制造轰动效应的公关行为，不过，批评归批评，挂历还是在莫斯科的"欧尚"超市以每本259卢布的售价热卖。尽管这个文化产品不太符合常规，但是文化多元、思想多元的俄罗斯社会仍然为它保留了一席之地。

在挂历上，除了煽情的艳照，每位女孩还都有一句被媒体称为"轻佻的话"印在上面，表达着女大学生们对普京的爱戴，甚至是对这位以硬汉形象示人的总理的崇拜。女孩们的话不像她们的美貌那样一目了然，多半是一语双关，理解起来颇费周折。来自莫斯科大学新闻系的女大学生们的话语如下：

一月：所有人都需要这样的男人。

二月：第三次怎么样？

三月：森林大火熄灭了，而我仍然在燃烧！

四月：您是最好的！

五月：我爱您！

六月：请用卡琳娜载着（我）！

七月：您会让我做（飞机）副驾驶吗？

八月：如果不是您，还会是谁？

九月：随着年岁的增长，您越来越好。

十月：您是我的总理。

十一月：我不需要钟，我需要您。

十二月：我想亲自祝贺您生日。请给我打电话：8－925－159－17－28。

无疑，性感挂历的女主角们是普京的绝对支持者，她们除了美貌和俏皮，还有对政治的关心，她们毕竟是新闻专业的学生，对政治有着天然的敏感。

挂历上的"第三次怎么样？"意指普京是否会参加 2012 年的总统选举，第三次入住克里姆林宫。俄罗斯总统梅德韦杰夫与总理普京的关系以及 2012 年的总统选举，一直备受世界各国媒体关注。两人配合默契，或者同时在媒体上宣布将参加下一届总统大选，或者对外宣布此事悬而未决。2010 年 12 月 1 日，普京在接受 CNN 主持人拉里·金专访时称，他"和梅德韦杰夫将从国家经济、社会、政治局势出发，共同协商决定届时将由谁参加选举"。挂历上性感女孩们的想法代表了一部分民意，她们希望普京能够参选并当选。

就在"性感"挂历在网上和超市露面的当晚，同样来自莫斯科大学新闻系的 6 名女大学生在自己的住所匆忙赶制出另一本正装挂历（网络版），在普京生日的当天放到了博客上，作为对引起广泛争议的"莫大"新闻系女生"性感"挂历的回应。封面上写着："弗拉基米尔·弗拉基米罗维奇，我们有几个问题……"这本挂历被媒体称为"另一类"挂历、"政治"挂历。

第二本挂历与第一本挂历截然不同，美女大学生们身着黑色正装，表情严肃，她们的嘴都用黄色胶条封着，挂历上表达的不是对普京的生日祝贺和爱慕之情，而是准新闻记者对当今俄罗斯社会问题的深刻思考。每位大学生都向普京总理提出了一个尖锐的问题，直指俄罗斯政府的痛处。这些问题具体如下：

一月、二月：什么时候释放霍多尔科夫斯基？

三月、四月：傻瓜就算了，但是道路呢？

五月、六月：通货膨胀对受贿行为有什么影响？

七月、八月：集会自由随时随地都给吗？

九月、十月：谁杀害了安娜·波利特科夫斯卡娅？

十一月、十二月：下一次恐怖行为在什么时候？

霍多尔科夫斯基曾是俄罗斯首富，在普京严厉打击寡头势力时，2003 年霍多尔科夫斯基因商业诈骗、偷漏税款、谋杀以及侵占国家资产罪而被捕入狱，2005 年被判处有期徒刑 9 年，后减至 8 年。霍氏的支持者认为，其被捕的真实原因是他开始对政治感兴趣，对时任总统的普京构成了威胁，因而遭到迫害。2011 年，霍多尔科夫斯基的刑期将满，然而，2010 年底，他却因第二轮审判被加刑 6 年。2010 年 12 月 16 日，普京第九次通过电视、广播、互联网与民众直接对话，回答了 90 个问题，其中，普京重申了他的态度，认为"霍多尔科夫斯基同窃贼一样，应该待在监狱里"。莫斯科大学新闻系的女大学生用挂历的形式向普京提出了同样的问题："什么时候释放霍多尔科夫斯基？"表达了她们对霍氏的同情、支持和对普京的不满、抗议。

"傻瓜就算了，但是道路呢？"这句话源于 19 世纪俄国著名作家果戈理曾说过的一句话："俄国有两大灾难——傻瓜和道路。"事实上，俄罗斯人并不傻，在人文思想方面很智慧、很深刻，在科技方面处于世界领先地位，国民受教育程度很高。但是，路况不良确实是俄罗斯的一个"老大难"问题，国家的公路建设不尽如人意，尤其是远东地区的道路状况尤为恶劣。另外，在一些大城市，例如莫斯科，交通堵塞很严重。莫斯科新市长索比亚宁上任伊始，立即着手解决的就是莫斯科的交通问题以及官员腐败问题。

安娜·波利特科夫斯卡娅是俄罗斯女记者，毕业于莫斯科大学新闻系，曾供职于反对派报纸《新报》，以车臣报道闻名，2006 年 10 月 7 日被暗杀，至今未抓到凶手。4 年后的 2010 年 10 月 7 日，莫斯科大学新闻系的女大学生为她们的系友安娜·波利特科夫斯卡娅鸣不平，在普京生日这一天向他询问是谁杀害了这位出色的女记者。

针对这两种风格迥异的生日挂历，普京的态度又是如何呢？普京的新闻发言人德米特里·佩斯科夫在接受采访时透露："当普京得知此事时，态度冷漠，什么都没说。"随后，佩斯科夫表达了他本人的看法，"这些姑娘非常可爱，较之政治口号，性感照给人留下的印象更深。"言外之意，更喜欢性感挂历上的姑娘。同时，新闻发言人也表示："第二本挂历也没什么"，"无论是第一本挂历还是第二本挂历上的姑娘，她们的生活态度都是积极的，重要的是别让这些影响到她们的正常学习和成绩"。德米特里·佩斯科夫由于其特殊身份，他通过媒体对外发布的观点，在一定程度上是普京真实态度的一种反映，这就是欣然接受女大学生的生日礼物，同时，话语间流露出对学生成长的关心。

针对该事件，在社会上还有另一种声音。俄罗斯著名律师伊戈尔·特鲁诺夫声称："在欧尚超市出售的第一本挂历的创作者们在没有征得普京同意的情况下擅自使用普京的形象,该行为损害了普京的个人权利。普京可以通过法庭提出索赔。"结果普京非但没有提起法律诉讼,他的新闻发言人还发表了以下一段话:"我们希望,参加类似的活动不应影响系领导对这些女大学生的态度。当然,可以在道德伦理层面展开讨论,但是这不应该成为某种压制、某些纪律处罚甚至开除她们的原因。至少,我们不想这样,我们希望学校领导同意这种观点。"此言一出,各种舆论渐渐平息,性感挂历照常在超市售卖,挂历的出版商表示第一次印刷所得收入将用于慈善。在这场商业公关、政治公关中,各方均是赢家。

正是由于这种支持的态度,阳刚气十足的硬汉形象使普京成为俄罗斯女性崇拜的偶像,上天入海、射虎救人、柔情戏鲸……俄媒体向世人展示了一个无所不能的英雄。莫斯科大学新闻系女大学生为其制作裸体挂历就是一个很好的注脚,说明了普京在女性公众中的受欢迎程度。

可以说,俄罗斯国家领导人形象的媒体塑造是成功的。而通过性感挂历事件,也可以明确感知普京的媒体政治公关对民众的有效作用。

## 叙利亚背后的公关博弈

普京从始至终一直反对美国在欧洲建立导弹防御系统的计划。为警示美国总统小布什,普京于 2007 年 6 月 7 日与捷克签署协议,允许捷克使用阿塞拜疆的苏联雷达,以免去另行修缮的费用。普京亦声称已准备好重修 1985 年的苏联导弹预警系统。尽管各国预计俄罗斯会在波兰建立拦截系统,普京却指出,在必要情况下会寻求北约成员国土耳其与伊拉克的援助。此外,普京还声称,俄罗斯会接受其他欧洲国家的参与请求。

2012 年堪称一个战略年,在这一年里,值得冥思、参悟、掌握、提高的内容实在太多。从 2012 年 3 月中旬开始,在中东乱局不断发酵之际,叙利亚

也陷入动荡，局势越发波谲云诡。面临内外重压的叙利亚，其局势日趋复杂的背后有着大国间更为复杂的公关博弈，尤其是俄罗斯与美国两国之间的博弈。

在叙利亚危机这场博弈中，面对欧美"倒叙"的决心，俄罗斯总统普京表现得更加强硬。普京否认俄罗斯已经运送导弹给叙利亚的说法，他说："叙利亚政府军处于攻势，并在几个地区包围了反对派。在这种情况下，声称叙利亚对那些呼吁军事干预的反对派使用化学武器简直就是一派胡言。"普京还补充说，叙利亚使用化学武器的证据需要展示给联合国调查人员和安理会。"如果他们不展示出来，就意味着根本没有证据"。其强硬的立场和态度显而易见。

叙利亚问题由来已久。海湾战争期间，叙利亚站在美国一边反对伊拉克吞并科威特，叙美关系大为改善。马德里中东和会后，美国一方面视叙利亚为中东和平不可或缺的一方，另一方面又对叙利亚干预黎巴嫩事务以及支持真主党和哈马斯大为不满。2002 年，美国将伊拉克、伊朗、叙利亚列入"支持恐怖主义的政权"，2003 年将叙利亚升级为"恐怖主义国家"，实施制裁，美叙关系彻底交恶。

叙利亚危机爆发后，美国认为推翻巴沙尔政权的机会来临，于是在国际上组建"倒巴"联盟。2011 年 8 月，美国宣布对叙利亚实施单方面制裁。2012 年 2 月，美国撤离了驻叙利亚大使和外交人员。此后，美国不断向叙利亚政府施压，并加大对反对派的支持。2012 年 12 月，美国宣布承认"全国联盟"为叙利亚人民的代表，标志着"倒巴"努力进入新阶段。

但是，美国在叙利亚问题上也有犹豫不决的一面，因为叙利亚反对派鱼龙混杂，特别是"胜利阵线"宣布效忠"基地"组织，导致美国担心"后巴沙尔时代"叙利亚政权落入伊斯兰极端分子之手，反而对己不利。因此，在 2013 年 8 月叙利亚"化武危机"升级之际，美国虽然高悬动武大棒，但难下军事打击决心，最终接受了俄罗斯"化武换和平"的建议，使危机处理暂时实现了"软着陆"。

从俄罗斯方面看，叙利亚在"冷战"时期是苏联在中东地区对抗美国的战略支点国家，为苏联保持地区影响和势力范围，起到了不可或缺的关键作用。叙利亚阿拉伯复兴社会党执政后，两国在军事、经济、商业等领域联系密切。叙利亚的外来军事援助、军事装备和武器采购主要来自苏联，而苏联的军事顾问、教官常驻叙利亚，对叙利亚与以色列作战提供各方面的帮助和支持。1980 年，叙利亚和苏联签署友好合作条约，两国战略合作关系达到顶峰。苏联解体后，俄罗斯被迫从中东实施战略后退，但仍将叙利亚视为地区重要盟国，双方保持紧密合作和联系。

叙利亚危机爆发后，俄罗斯担忧叙利亚政局生变可能对其利益造成损害，因此主张通过政治手段解决危机，反对西方贸然动武。2011 年 10 月、2012 年 2 月和 7 月，联合国安理会讨论对叙利亚制裁决议，俄罗斯与中国一起三投否决票。随着危机加深，俄罗斯在叙利亚问题上逐渐采取攻势：一是积极倡导召开第二届日内瓦会议，争取在叙利亚问题上的主动权。二是着手组建常驻地中海舰队，并对叙利亚增加 S - 300 防空导弹系统、"红宝石"反舰导弹等援助。2012 年 1 月，俄罗斯海军舰艇编队驶入叙利亚塔尔图斯港，一名俄罗斯官员称："舰艇的驶入是为了拉近我们两国的距离，巩固双方的友谊。"三是在叙利亚"化武危机"时期，向美国发出"勿武力介入"的最强音，并积极提出有效建议，化解危机，例如 2013 年 9 月普京在美国主流大报

《纽约时报》上发表署名文章，警告美国不要对叙利亚动武。

叙利亚问题不仅事关俄罗斯在中东的影响力，更事关俄罗斯与独联体国家的区域一体化这一重大战略目标。基于地缘战略利益和国际地位，俄罗斯高调支持叙利亚的主要原因有以下几个方面：一是叙利亚是俄罗斯在阿拉伯世界的主要盟友之一。倘若莫斯科在紧要关头背弃大马士革，那将是对所有其他伙伴发出的信号——不能指望克里姆林宫。二是叙利亚是俄罗斯重要的贸易伙伴。近年来签订的军事合同估计价值为40亿美元。仅2010年，叙利亚就从俄罗斯购买了7亿美元军火。俄罗斯对叙利亚经济总投资额接近200亿美元。三是莫斯科担忧海军在塔尔图斯港保障基地的命运。这是目前俄罗斯在独联体以外唯一的军事基地。叙利亚反对派迄今没有给出推翻巴沙尔后为莫斯科继续保留该基地的任何保证。四是俄罗斯惧怕不向莫斯科妥协的叙利亚反对派会上台。五是俄罗斯领导层不相信西方的承诺，利比亚就是前车之鉴。

在叙利亚化学武器纠纷过程中，普京对叙利亚危机的立场一直没有改变，而随着普京的强力干预而降低了美国发动军事打击的可能，这被国际社会看作是普京的非凡外交努力。为此，有俄罗斯学者发出授予普京诺贝尔和平奖的倡议，该倡议甚至赢得美国保守的、总是批评俄罗斯的"福克斯新闻"的支持。"福克斯新闻"特约国家安全分析家凯瑟琳说："全世界都知道，普京是真正配得上诺贝尔和平奖的人。他给和平一个机会，避免了美对叙的军事打击。"作为赢家的普京，甚至可以使自己成为诺贝尔和平奖候选人。

甚至有美国媒体评论说，对于这次普京果断出手，免予美国再度蒙受一场愚蠢、无谓的战争所带来的耻辱，他或许避免了第三次世界大战，还给以色列推动美对伊朗发动战争设置了路障。这一切，使得普京获得下一届诺贝尔和平奖"当之无愧"！甚至，法国一些民间人士征集请愿签名，发起者呼吁将诺贝尔和平奖授予普京。罗马街头曾经挂出印有普京肖像和写有"我与普京在一起"的条幅。

由此来看，反对战争和阻止肆意发动战争，已经成为国际爱好和平人士的共识，人们更期待在没有战争的社会里和平共存。普京的行为虽然更大程度上是为了俄罗斯的中东利益和地缘战略利益，但却是对美国等西方势力干预世界的一次成功阻止！这也许意味着，新的多极世界已经正式拉开帷幕，一个强大国家或者利益集团对世界其他国家动辄进行战争恫吓的时代，已经或者正在逐渐落幕！

# 克里米亚闪电入俄

克里米亚是黑海北部海岸的一个半岛，毗邻近东地区两大洲的咽喉，因此历来是兵家必争之地。东部为刻赤半岛，与大陆隔着刻赤海峡相望。从地图上看，克里米亚半岛位于乌克兰南部，像一个菱形的锥子一样直插进黑海，战略地位极其重要。因此，俄罗斯乃至苏联时期大名鼎鼎的黑海舰队，就驻扎于克里米亚半岛西南角的塞瓦斯托波尔。

历史上，克里米亚曾先后被不同的民族占领。1918 年，克里米亚归属俄罗斯。1954 年 5 月，为纪念乌克兰与俄罗斯合并三百周年，苏联最高苏维埃主席团下令将克里米亚划归乌克兰。1992 年，克里米亚议会先后通过"克里米亚国家独立法"和"克里米亚共和国宪法"。此后，由于乌克兰政府的反对，该宪法被取缔。

2014 年 3 月，克里米亚议会宣布脱离乌克兰独立，但未获得乌克兰的承认。2014 年 3 月 16 日，克里米亚举行全民公投，选票的结果表明，96.77%参加投票的选民赞成克里米亚加入俄罗斯联邦，投票率为 83.1%。2014 年 3 月 20 日，俄罗斯批准了克里米亚加入俄罗斯联邦的条约。但乌克兰方面则表示永远不会承认克里米亚加入俄罗斯联邦。西方国家严厉谴责俄罗斯在乌克兰危机中的行为，称克里米亚入俄显示莫斯科推行强权政策，使欧洲和平受到威胁。

再回到克里米亚的历史。因其特殊的战略地位，历史上克里米亚一直是兵家必争之地。从哥特人、匈奴人到可萨人，从拜占庭帝国、金帐汗国到奥斯曼帝国，克里米亚的主人换了一茬又一茬。18世纪后期，日益强大的沙俄逼迫奥斯曼帝国承认克里米亚的独立。1783年俄罗斯正式将整个克里米亚半岛纳入版图。

1853～1856年，著名的克里米亚战争爆发。这场因争夺巴尔干半岛控制权而引发的沙俄与欧洲世界的战争是"一战"前最大的一次国际战争。战争的起因有着复杂的宗教背景，但在宗教的名义之下，实质上还是为了扩张地盘的需求。一开始是沙俄同土耳其打了起来。但沙皇尼古拉一世的东扩计划使得整个欧洲大陆都感到了危机，于是奥地利和普鲁士也参与进来。但是最终导致尼古拉一世失败的是强大的英法的介入。俄土战争变成俄罗斯同欧洲诸国的战争，这是尼古拉一世所没想到的。从多瑙河到克里米亚，沙皇的军队节节败退，最终签订城下之盟。

克里米亚战争是世界史上第一次现代化战争，在军事史上具有重要意义。新式线膛步枪、蒸汽动力战舰、铁路、无线电通信等科技发明在战争中扮演了重要角色。英法联军的长官利用无线电从千里之外指挥前线作战，这是人类战争史上的第一次。军事后勤体系发展为一个独立部门，工程保障、战地医疗、后勤运输能力得到极大提高。现代战争或者战斗中官兵们统一对表确定时间，就是在法军进攻马拉科夫要塞中第一次采用。

战争的失败直接导致了俄罗斯此后的农奴制改革。而远在大洋彼岸本来和此事无关的美国人则意外捞到了一笔好处。因为担心紧挨着英属殖民地加拿大的阿拉斯加被英国人趁机占领，抱着与其白白丢失，不如卖了换钱，同时也让美国制约英国的考虑，沙俄非常急切地希望能将阿拉斯加卖给美国。阿拉斯加和美国本土之间隔着一个加拿大，美国本来并没有染指阿拉斯加的意图，现在来了一个上门买卖，不要白不要。1867年10月，阿拉斯加正式成为美国领土。美国为此付出的代价，仅仅是740万美金。这真是史上最便宜的一次领土交易。

再回到克里米亚。并入沙俄版图后，克里米亚成为俄罗斯联邦的一员。"二战"后期，斯大林以克里米亚半岛鞑靼人与德国合作为由，将大量居民流放中亚，大多数人惨死异乡。1945年2月，出于重新分配"二战"后世界格局和敦促苏联对日作战的考虑，美、苏、英3国首脑在克里米亚的海滨度假胜地雅尔塔举行了一次秘密会晤，签订了著名的《雅尔塔协定》。美、英背着中国做出了大量损害中国权益以换取苏联对日宣战的承诺。

1954年，为庆祝乌克兰的哥萨克人鲍格丹·赫梅尔尼茨基俄罗斯"结盟"三百周年，赫鲁晓夫大笔一挥，将原属于俄罗斯的克里米亚划给了乌克兰。这就是为什么现在克里米亚属于乌克兰领土。虽然划归了乌克兰，但是因为长期属于俄罗斯领土，克里米亚人民的俄罗斯情结与俄罗斯的克里米亚情结一样，都是根深蒂固的。划归乌克兰后，虽然官方语言规定是乌克兰语，但实际上克里米亚人民的日常语言依然是俄语。1991年，借苏联解体之机，本来就是身在曹营心在汉的克里米亚差点闹了独立，最后在乌克兰与俄罗斯的协商中，以自治共和国的身份留在了乌克兰版图内。

由于历史上和俄罗斯千丝万缕的联系，加之黑海舰队的存在，克里米亚成为俄罗斯、乌克兰两国的火药桶。乌克兰地处俄罗斯与欧洲大陆的缓冲地带。此次乌克兰事件中，无疑是趁乱收回克里米亚，一劳永逸地解决了黑海舰队驻地问题。

普京以强硬的姿态、闪电般的行动，在这场围绕乌克兰的多方博弈中占得上风。普京让世界瞠目！当基辅的示威活动已经失去控制，媒体上仍能看到专家们头头是道地分析俄方如何不可能轻易动武时，俄罗斯士兵开出了军营；当欧美一再以种种制裁进行威胁时，普京不屑一顾，"爱来不来"，迅速在公投后承认克里米亚独立，敞开入俄之门。普京的硬气由何而来？普京在俄罗斯政坛的一路辉煌早已世人皆知。不管有多少人诟病他的铁腕，却没有人能否认他的能力。

苏联解体后，昔日的超级大国光环荡然无存，当年的俄罗斯可谓举步维艰。天降大任也好，时势造英雄也罢，普京接盘后，没有让俄罗斯人失望。第一次担任总统的两个任期里，普京成功化解了国家面临的"系统性危机"，令经济社会恢复正常发展，人民生活水平大幅提高，俄罗斯国际形象为之一新。转任总理，再任总统，普京在俄罗斯政坛呼风唤雨。经济好转带来军力、国力的整体提升。近年来，俄罗斯屡次在各种军事演习中炫耀军力，处处散发"别惹我"的信号。俄罗斯本就地大物博、资源丰饶，经过"强人"普京的一番整饬，早已焕然一新。俄罗斯敢于屡屡在国际事务中与欧美分庭抗礼，正是由于日益强大的国力在撑腰。

克里米亚踏上入俄之路，欧美制裁也接踵而至。面对美国和欧盟喊出的狠话，普京表现淡定。俄罗斯虽在现代化进程中需要西方的资金和技术，但同样掌握着欧洲的天然气开关，并不是任人宰割的小角色。一旦制裁俄罗斯，欧美国家自己也将面临巨大的风险和损失，甚至是"杀敌八百，自损一千"。

实现克里米亚"回归"，是俄罗斯在这次乌克兰危机中的最大受益。但俄罗斯将为此付出代价，尤其在独联体内留下阴影。

在"联大"就乌克兰问题表决时，哈萨克斯坦和土库曼斯坦投弃权票，塔吉克斯坦、吉尔吉斯斯坦和乌兹别克斯坦未参加投票。哈萨克斯坦与俄罗斯最为亲近，总统纳扎尔巴耶夫曾发表谈话称，要从乌克兰事件中吸取教训。哈萨克斯坦不能不从克里米亚事件产生联想，因其北部和东部各州也是以俄罗斯族人为主。

吉尔吉斯斯坦承认克里米亚2014年3月16日公投结果的合法性，却避谈并入俄罗斯的合法性。塔吉克斯坦未回应俄方表示的两国"对乌克兰事态立场一致"。乌兹别克斯坦强调"对乌克兰事态可能对该国主权和领土完整造成现实威胁，表示极为担忧"，呼吁"不要以武力或使用武力威胁任何国家的领土完整和政治独立"。

克里米亚的"回归"，也让西方国家和俄罗斯的关系越发紧张，对俄罗斯施加的经济制裁更加严厉，导致油价暴跌、资本外逃、卢布几近崩盘等一系列连锁反应，令俄罗斯经济陷入深刻危机。如何解决卢布暴跌、通胀高企等紧迫问题，是俄罗斯央行和普京总统面临的巨大挑战。

但是，俄罗斯不可能因此在乌克兰问题上很快做出让步。经济压力越大，俄罗斯政府就越有可能利用宣传工具，引导国民将经济形势恶化归罪于"邪恶的西方"。以普京的性格和俄罗斯眼下的经济情况，他不至于对西方改变策略。普京知道示弱的后果非常严重，西方不会因此就让俄罗斯自由发展，一定会穷追猛打。2014年10月的民调显示，绝大多数俄罗斯国民还是认同克里米亚本来就属于俄罗斯的俄政府官方说法。乌克兰的地缘政治危机不会很快缓解，还会继续影响欧洲乃至全球经济。

从西方国家的媒体可以看出，西方国家认为对俄罗斯经济制裁和日益恶化的经济形势会增加普京的政治压力，他们认为俄罗斯违反了国际法和国际秩序。但多数俄罗斯民众相信，俄罗斯在乌克兰危机中占据了道德优势，俄罗斯是在保护自己的国家利益和克里米亚、东乌克兰人民的权利。即使那些反对东乌克兰局势的俄罗斯政客也承认，乌克兰试图加入北约会增加俄罗斯西部的安全威胁。

民调结果也支持上述结论。非政府民调机构列瓦达中心在12月10日公布了11月的调查结果。结果显示，52%的俄罗斯受访者相信克里米亚公投是克里米亚自主行为，没有俄罗斯介入；65%的俄罗斯受访者明确支持克里米亚加入俄罗斯且应当即实现（另16%的俄罗斯受访者支持克里米亚加入俄罗斯但认为应与乌克兰政府进行谈判）。同时，列瓦达中心近期关于俄罗斯在乌克兰的政治目的民调结果也显示，最多的选项是"保护俄罗斯的军事战略和地缘政治利益，维持塞瓦斯托波尔海军基地，防止北约扩张（46%）"。79%的俄罗斯受访者反对克里米亚归乌克兰（51%强烈反对、28%相当反对），只有14%的俄罗斯受访者支持克里米亚归乌克兰（7%完全支持、7%相当支持）。

## 克里米亚——双刃剑

乌克兰危机持续，成为牵动国际格局的一个重大事件。自克里米亚入俄之后，围绕着乌克兰的未来，美国、俄罗斯、欧盟各方势力进行了激烈的博弈。

乌克兰是一个非常年轻的国家，十月革命之后才真正建立。"二战"之后，乌克兰在联合国拥有席位，主要因为它是苏联的加盟共和国，而它真正的国家历史，应该是"冷战"结束之后才开始。

乌克兰地区的矛盾和民族纠葛有其复杂的历史渊源。该国下属27个行政单位按照历史沿革可以分为6片：包括克里米亚和塞瓦斯托波尔在内的东南部10个行政单位曾叫"新俄罗斯"，居民多为俄罗斯族；中部8个州加基辅市共9个行政单位，史称"小俄罗斯"，乌克兰语和俄语混用；西北部沃伦等三州大部（"沃伦"地区）曾属于白俄罗斯；西部利沃夫等三州（"加利西亚"地区）以前是波兰的；西南部外喀尔巴阡州曾是匈牙利的地盘；西南部切尔诺夫策州"二战"前曾是罗马尼亚的"北布科维纳"。今天乌克兰的版图形成于"二战"之后。

俄罗斯同乌克兰的纠葛不是一两天形成的。乌克兰自独立以来，数任总统左右摇摆，在向西向东、亲欧亲俄问题上徘徊不定。俄罗斯则以支持亲俄领导人、天然气管道、乌克兰商品和劳动力入俄许可、黑海舰队等政治、经济和军事杠杆，来制约乌克兰的地缘政治走向。

乌克兰如罗马的门神雅努斯一样，同时具备两张面孔：一方面，乌克兰向西看，希望可以进入西方世界；另一方面，西方国家也试图通过它进入俄罗斯。2014年爆发的乌克兰危机，不过是这种历史宿命的延续。乌克兰危机是一场具有地缘政治意义的长期冲突，也是俄罗斯、乌克兰、欧盟、美国之间的较量，是争夺生存空间的较量，是重分世界政治版图的枪炮对垒。

在乌克兰问题上，有人赞赏普京果断"收回"克里米亚，疆域扩大了近2.7万平方公里，极大地改善了本国西南方的战略地位。但是也有人认为，俄罗斯得不偿失："得了克里米亚，失了乌克兰"。

乌克兰危机的结局不仅取决于顿巴斯地区同中央政权的较量，更取决于它们背后俄美两国和俄欧双方的博弈。应该说，普京在乌克兰问题上断然收回克里米亚，民族情绪大涨，但结果却是乌克兰脱俄入欧；此外，俄美关系由合作竞争并存转为竞争甚至对抗为主，这种对抗甚至进入军事层面，中期难以改善；欧俄相互制裁，短期难以好转；苏联国家对俄罗斯疑虑加重。

乌克兰危机的演变，除了乌克兰自身经济社会发展多年来积累了诸多深层矛盾之外，外部势力的深度干预，也是造成危机一步步走向失控的重要原因。乌克兰危机不是一般意义的"颜色革命",而是美国、俄罗斯地缘政治战略博弈的结果。

这场危机中美国起了非常大的推波助澜的作用,包括一些专家认为这场危机完全是按照布热津斯基当年设计的蓝图导演出来的。俄罗斯与欧洲的融合,是美国所不愿意看到的。乌克兰危机的爆发,不仅让美国找到了继续巩固北约的理由,更重要的是为其提供了说服欧洲盟国增加军费开支、减轻美国防务负担的天赐良机,实现了美国多年的战略目的。面对北约强大的军事压力,俄罗斯做出了针锋相对的回应。在乌克兰危机的几个转折时刻,俄罗斯都主动出手,采取了先发制人的措施。

普京多次对美国发出严厉警告,不要忘了"俄罗斯是首屈一指的核大国","没有一个国家能对俄罗斯保持军事优势","俄罗斯的军队是不可战胜的",其战略威慑的意味十分清楚。

在普京发表的国情咨文中,他把收回克里米亚半岛称为"重大历史性事件"。许多国际舆论都认为,俄罗斯收回了克里米亚半岛,赢得了重大的战略利益,但实际上,俄罗斯为收回克里米亚半岛付出了重大代价。俄罗斯的高昂代价,不仅体现在所受到的严厉经济制裁,而且体现在其地缘安全环境严重恶化。西方经济制裁的确对俄罗斯造成了一定困难,卢布贬值,外汇缩水,财政收入下降,经济增长放缓等,但这些影响因素都是短期的,不可能从根本上动摇俄罗斯的根基。

俄罗斯面临的真正考验是地缘安全环境恶化。乌克兰作为俄罗斯和西方的一个缓冲地带,现在已经发生了很大的变化。得到了克里米亚,但俄罗斯可能真的要永远失去乌克兰。"冷战"后,北约经过三轮东扩,直抵俄罗斯边界。乌克兰已经变成俄罗斯与北约军事对抗的前沿地带,一个没有乌克兰作为缓冲地带的俄罗斯,其西部安全退回到 300 年前。如果乌克兰成为北约的一部分,这对俄罗斯来说将是前所未有的安全挑战。

其实,乌克兰越乱,对俄罗斯越不利。应该说拿下克里米亚、肢解乌克兰,把克里米亚和乌东部从乌克兰分裂出去,甚至并入俄罗斯版图,并不是俄罗斯的最大国家利益。但事态的演变,非普京所能掌握,他的做法,打破了处于"断裂带"上的乌克兰的各方势力均衡状态，导致更多势力的介入与东移，最后失去乌克兰这个战略屏障。

英国著名历史学家托尼·朱特说，现代的东欧国家是从俄罗斯、土耳其、奥地利和德国等国家的崩溃中降生的，这个过程至今仍未完成。东欧本身是由一系列否定词构成的，它既不是西欧的，也不是俄罗斯的，所谓的"东欧"主要是欧俄之间的缓冲地带。在近代几百年的历史中，几大帝国和文明在此争锋，可悲的是，时至今日，东欧依然没有形成固定的边界。

对于俄罗斯来说，北约的东扩挤压了俄罗斯的战略空间，使俄罗斯数百年来的努力付诸东流。乌克兰开始加入欧盟伙伴关系的进程之后，俄罗斯失去了与欧洲之间的战略缓冲，其在欧洲的地缘处境还比不上 17 世纪，这对于俄罗斯来说是无法忍受的。布热津斯基的那句名言，"没有乌克兰，俄罗斯只是个亚洲帝国"，也戳中了普京的痛点，其心中的愤懑可想而知。

最让俄罗斯不堪的是克里米亚。1954 年，当时的苏联领导人赫鲁晓夫把这个半岛划给了乌克兰。从 1783 年被俄罗斯吞并以来，克里米亚半岛，尤其是塞瓦斯托波尔就成为俄罗斯走出陆地、走向海洋的象征。

"谁统治了东欧，谁就统治了大陆腹地；谁统治了大陆腹地，谁就统治了世界岛；谁统治了世界岛，谁就统治世界"。乌克兰独立后地处独联体、土耳其－高加索乃至北约的交集之处，乃是兵家必争之地。用孙子兵法中的话说，"诸侯之地三属，先至而得天下之众者，为衢地"。美国、俄罗斯为了获得这个"衢地"，其较量将是长期的。

## 普京的"辩词"

乌克兰形势发展变化的速度超过了所有人的预期。当地时间 2014 年 3 月 18 日，俄罗斯总统普京、克里米亚议会议长康斯坦丁诺夫、克里米亚总理阿克肖诺夫和塞瓦斯托波尔市议会主席恰雷，共同签署有关克里米亚共和国和塞瓦斯托波尔市加入俄罗斯联邦的条约。签字仪式结束，俄罗斯国歌奏响在克里姆林宫。

在签字的前一刻，当天下午 3 时，普京在克里姆林宫向议会上下两院发表电视演讲，就克里米亚问题阐述俄罗斯立场。现场听众包括俄国家杜马议员、联邦委员会成员、俄联邦各地区负责人和公民社会代表，以及前来商讨入俄事宜的克里米亚领导人。普京发表了极具爱国激情的演讲，不时为与会者全体起立欢呼、鼓掌喝彩和泪水所打断。

以下为普京演讲全文。

中午好，尊敬的联邦委员会成员们，杜马议员们：

中午好，克里米亚共和国和塞瓦斯托波尔的代表们：

是的，他们在这里，和我们的俄罗斯公民们在一起。（掌声）

尊敬的朋友们，我们今天聚在这里，为的是解决一个性命攸关的问题，一个对我们来说有历史意义的问题。3 月 16 日，在克里米亚举行了全民公决，此次公决完全符合民主程序和国际法规则。

参与公决的有 82% 的居民，其中超过 96% 的选民支持克里米亚并入俄罗斯，这个数字非常具有说服力。

要想知道为什么要进行公决，只需要了解一下克里米亚的历史，要知道从过去到现在，克里米亚对俄罗斯意味着什么，俄罗斯对克里米亚又意味着什么。

克里米亚渗透着我们共同的历史与骄傲。这里坐落着古老的古希腊城市克森尼索，正是在这里，弗拉基米尔大公接受了洗礼，使得俄罗斯成为一个东正教国家。它的这一精神遗产奠定了俄罗斯、乌克兰和白俄罗斯的共同文化、价值观与文明基础，注定使得我们三国的人民结合在一起。在克里米亚有俄罗斯士兵的墓地，凭借这些士兵的英勇作战，俄罗斯在 1783 年将克里米亚收入自己的领土。这里有塞瓦斯托波尔，传说之城，伟大的命运之城，堡垒之城，是俄罗斯黑海舰队的故乡。在克里米亚有巴拉克拉瓦和刻赤，马拉霍夫古墓和萨布恩山。这里的每一个地方对我们来说都是神圣的，是俄罗斯军队荣耀与勇气的象征。

克里米亚是独一无二的多民族文化混合体。在这一点上，克里米亚与大俄罗斯非常相似，在几个世纪中，这里没有一个民族彻底消失。俄罗斯人、乌克兰人、克里米亚鞑靼人与其他民族的代表在克里米亚的土地上生活、工作，都保持了自己的风格、传统、语言和信仰。

顺便说一下，在克里米亚半岛今天的 220 万居民中，有近 150 万俄罗斯人，35 万以俄语为母语的乌克兰人，还有 29 万~30 万克里米亚鞑靼人，公投已经表明，这些人中相当一部分期望加入俄罗斯。

是的，曾经有过一段时间，克里米亚鞑靼人受到了非常残酷的对待，就像苏联的其他民族一样。我只说一点：当时受到镇压的有成百万的不同民族的人，当然其中也有俄罗斯人。克里米亚鞑靼人已经回到了自己的土地。我认为，应当采取一切必要的政治与法律手段来恢复克里米亚鞑靼人的权利与英名。

我们将会满怀尊敬地对待居住在克里米亚的少数民族。这是他们共同的家园，他们的小小祖国。我知道克里米亚人会支持这一点：在克里米亚将有三个地位平等的官方语言——俄语、乌克兰语和克里米亚鞑靼语。

尊敬的同事们！在克里米亚人民的心里，在他们的记忆里，他们曾经是，也始终是俄罗斯不可分割的一部分。这份信念建立在真理与公平的基础上，它无可动摇、代代相传，在它面前，任何时间与环境变迁都是无力的。我们在 20 世纪一起经受了许多动荡与变革，但这些变化也无力改变这份信念。

（十月）革命后，（苏联）共产党将俄罗斯南部一大块划入乌克兰版图，上帝会论断此事——这是无视当地人口构成所做出的举动，今天，这块土地成为了乌克兰的东南部分。1954 年，根据将克里米亚划入乌克兰的决定，塞瓦斯托波尔也同时被移交给乌克兰，尽管当时塞瓦斯托波尔还是从属于俄罗斯的。提出这一决定的是苏联共产党总书记赫鲁晓夫。是什么推动他做出了这一决定？是为了在乌克兰赢得自己的声誉？还是为了自己 20 世纪 30 年代在乌克兰组织大规模镇压的举动赎罪？这一点让历史学家来研究吧。

对我们来讲还有一点很重要：这个决定（把克里米亚交给乌克兰）明显有违宪法，即使在当时也是如此，这是私相授受。自然，在极权国家里，克里米亚和塞瓦斯托波尔的居民无处申辩，摆在他们面前的只有既成事实了，当时在百姓中也产生了疑问：克里米亚怎么突然归乌克兰了？当然，当时从宏观视角来看，这个决定也只是表面文章，要知道这都发生在一个巨大的国家之内。只是当时完全不能想象，乌克兰和俄罗斯会有一天成为两个不同的国家。然而，这件事还是发生了。

令人惋惜啊！那些看似不可能的事情成为了现实。苏联解体了。这件事发生得如此之突然，很少有人明白这过程与结果是多么戏剧性。许多俄罗斯人、乌克兰人和其他共和国的人民期待新的联合，期待独联体会成为新形式的国家共同体，毕竟独联体承诺使用统一货币、统一的经济空间和共同的武装力量。可是这一切都只是（空头）承诺罢了，我们并没有看到一个新的庞大联盟。这样，克里米亚就突然就成为另一个国家的国土了，俄罗斯这才意识到，克里米亚不仅仅是被偷走了，而且是被抢走了。

必须面对这样的事实：俄罗斯自己促成了苏联的解体，却丢下了克里米亚和黑海舰队的基地——塞瓦斯托波尔。成千上百万的俄罗斯人在一个国家上床睡觉，醒来时却已身在俄罗斯之外了。俄罗斯人一瞬间就在过去的共和国里成为少数民族。俄罗斯民族成为世界上最分裂的民族。

今天，许多年过去了，我听说，1991 年，克里米亚人像一袋土豆一样被踢来踢去。对这个说法，我认为很难有更贴切的比喻。作为国家的俄罗斯是什么？是那时的俄国吗？俄罗斯低下了头逆来顺受，将委屈吞了下去。我们国家当时处在一个沉重的状态，完全不能保护自己的利益。但是，人们却不能忍受如此明目张胆的历史不公正。这些年，许多俄罗斯公民和社会活动家不止一次地提出了这个议题，他们说，克里米亚自古以来就是俄罗斯的土地，而塞瓦斯托波尔是俄罗斯的城市。

是的，这些我们都明白，我们的心和灵魂都感受到了。我国和乌克兰之间的关系、俄乌人民的手足之情曾经是，现在是，将来也是我们最重要和最关键的关系，毫不夸张。（掌声）

不过，今天我们要打开天窗说亮话了，我想和你们分享 21 世纪初的那些谈判的细节。当时的乌克兰总统库奇马请我加快俄罗斯与乌克兰之间的划界进程。直到现在，这一进程基本没有推进。俄罗斯模糊地承认克里米亚是乌克兰的一部分，但是这一谈判根本没有进行。了解了这一进程的停滞后，我下令启动划界的工作，我们实际上从法律角度已经承认了克里米亚是乌克兰领土，同时也最终终止了这一问题的讨论。

我们不仅在克里米亚问题上迎合了乌克兰，在亚速海和刻赤海峡的划界上也是。我们为什么会这么做？因为俄罗斯和乌克兰的关系对我们是最重要的，它不能因为领土问题而陷入僵局。我们当然期望乌克兰会是我们的好邻居，希望俄罗斯人和乌克兰使用俄语的人能生活在和睦、民主、文明的国家之中，期望他们的合法利益可以在符合国际法的基础上得到保障。

但是局势开始往另一个方向发展了。一次又一次，俄罗斯历史遗迹被毁坏，甚至俄语也不时地遭受被强迫同化的厄运。当然，俄罗斯人和乌克兰人都被这20年连续不断的政治和国家危机所折磨。

我理解乌克兰人民想要变革的诉求。多年来当权者带来的所谓"独立"已经让人们厌烦了。总统换了，总理换了，议员换了，但对国家和人民的态度还是没有变。他们"榨干"了乌克兰，为了权力和金钱而互相内斗。当权者不关心人民的生活，不关心乌克兰人为什么要为了生计而背井离乡。我要强调，这些乌克兰人不是为了发展而移居到什么硅谷之类的地方，而是为了生计外出打零工。去年仅在俄罗斯就有300万乌克兰人工作。有些数据表明，在俄乌克兰人的工资在2013年达到了200亿美元，这几乎是乌克兰GDP的12%。

我再重申一次，我很理解那些喊着和平的口号，上独立广场示威，抗议腐败、执政无能和贫困的人。人们有权和平抗议，也可以通过民主程序或选举来更替自己不满的政权。可是，在乌克兰近期事件的背后站着另外一些人，他们有着不同的目标：他们筹备又一次政变，他们计划夺取政权，不达目的誓不罢休。伴随这一进程而来的是恐怖、杀戮和种族迫害。政变的主要执行者是民族主义者、新纳粹分子、恐俄者和反犹分子。

这个所谓"政权"，上台第一件事就是提出声名狼藉的法令修改语言政策，这直接钳制了少数民族的权利。这些"政治家"们在西方的赞助人和保护人马上出面，让议题的发起人收手。公允地说，这些背后的大佬还算是聪明人，他们明白这种建设"纯净"乌克兰族国家的举动会导致什么。于是法案被搁置了，搁置到一旁，不过显然还是留作备胎的。关于这条议案存在的事实，西方媒体倒是一声不吭，估计是指望人们能快点忘记。但是所有人心里都很清楚，这些"二战"时希特勒的帮凶——斯捷潘·班杰拉（乌克兰民族主义者，"二战"时纳粹支持的傀儡政客，波兰大屠杀的主犯之一——观察者注）分子的继承人在将来会想要做什么。

还有一个事实很清楚，到现在乌克兰也没有一个合法的政权，没人能与之进行谈判。很多国家机关被篡权者霸占着，这些人对乌克兰发生的任何事情都放任不管，而他们自己——我想强调这一点——他们自己还处在极端分子的挟持之中。现在，甚至要求现任政府的官员出来见面，都要得到广场上那些斗士们的允许。这不是玩笑话，这是当下的现实。

那些抵制政变的人很快受到镇压和惩罚的威胁，首当其冲的就是克里米亚。因此，克里米亚和塞瓦斯托波尔的居民向俄罗斯求助，希望俄罗斯能保护他们的利益和人身安全。他们希望俄罗斯不要对乌克兰已经发生的事情坐视不管。在基辅、顿涅茨克、哈尔科夫和其他乌克兰城市，这些事仍然在上演。

我们当然不能忽视这样的请求，我们不能让克里米亚的居民生活在水深火热之中，否则就会成为一种背叛。

首先，我们要保卫人民和平自由地表达意愿的权利，让克里米亚人民自古以来头一回决定自己的命运。然而，我们从西欧和美国听到了什么样的回应？他们说，我们违反了国际法。我想说，他们自己先想起了还有国际法这么一个东西。这很好，应该为此而谢谢他们，晚知道总比不知道好。

其次，最重要的是：我们违反了什么？是的，俄罗斯总统从上议院手中获得了向乌克兰动武的权力。但是严格来说，这权力到现在还没有被使用过。俄罗斯的武装力量没有进入克里米亚，当地的俄罗斯驻军完全符合此前的国际协议。是的，我们加强了当地的俄罗斯武装力量，但是——我要强调这一点，我要让所有人都听见——我们甚至都没有超过驻克里米亚俄军的人数上限，25000 人，这只是以备不时之需。

我们接着说独立公决的事情。宣布独立，安排全民公决，克里米亚议会的这些举动完全符合联合国有关民族自决的章程。顺带一提，乌克兰自己在脱离苏联的时候也走了同样的流程，经历了完全一样的步骤。乌克兰有这样的权力，而克里米亚人这样做却不被接受，什么道理?

除此之外，克里米亚政府还有科索沃这一先例，这一先例是我们西方的伙伴自己造的，亲手制造的，和克里米亚现在的情况完全一样。他们承认科索沃从塞尔维亚独立出来是合法的，并向所有人证明，科索沃独立不需要得到任何中央政府的允许。联合国国际法庭根据"联合国章程"第一款第二条条例同意了科索沃独立，还在 2010 年 7 月 22 日说了如下这番话，我来逐字逐句地引用:"联合国安理会不会（对科索沃独立）采取措施，不会禁止单方面的独立声明。"还有"普适的国际法不会包含禁止独立的禁令"。这些都已经说得非常清楚了。

我还能找到一个官方文件的引用，这次是美国 2009 年 4 月 17 日签署的备忘录，正与国际法庭审理科索沃事件有关。我再来引用一下:"独立宣言或许经常违反母国家的法律，但这并不意味着它违反了国际法。"引用完毕。

他们自己白纸黑字写的东西，推广到全世界，强迫所有人接受，现在倒义愤填膺起来了。凭什么? 要知道克里米亚人的行动完全符合这些规定。为什么阿尔巴尼亚人（我们很尊敬他们）在科索沃能这么做，为什么我们俄罗斯人、乌克兰人和克里米亚鞑靼人就不能做? 为什么?

同样也是美国和欧洲告诉我们，科索沃又是个特殊情况。那么在我们的同行们看来，科索沃的特殊性体现在哪里呢? 哦，原来体现在冲突过程中有大量人员死伤。这算什么，司法证据吗? 在国际法庭的仲裁中这根本不算个事儿。用双重标准都没法形容这种说法。这是惊人的、原始的、赤裸裸的恬不知耻。西方不能为自己的利益就把一切事情都那么粗暴地拼凑起来，同一件事情你今天说它是白的，明天说它是黑的。你们拿伤亡作为独立的理由，是不是西方国家希望任何矛盾都导致人员伤亡? 然后才有资格获得解决?

我直说吧：假如克里米亚自卫军没有及时控制局势，那里也会出现人员伤亡。老天帮忙，这种事情没有发生！在克里米亚没有发生一起武装冲突，也没有人员伤亡。听众们可以想一想，这是为什么？答案很简单：因为要对抗人民和人民的意志是很困难的，或者干脆就是不可能的。在这一点上我想要感谢乌克兰的军人，他们为数不少，一共有 25000 名全副武装的士兵。我想感谢你们没有用流血解决问题，没有用血玷污自己。

在这件事上当然也有不同的声音。有人说什么俄罗斯是在干涉、侵略克里米亚。听起来怪怪的。你听说过历史上有过不放枪、不死人的军事干涉吗？

尊敬的同事们！乌克兰局势就像一面镜子，折射出近几十年来发生在世界上的种种事件。自从两极体系不存在后，地球上的太平日子就一去不复返了。遗憾的是，关键性国际机构的地位不仅没有得到巩固，反而在不断退化。在实际政治运作中，以美利坚合众国为首的西方国家们并不喜欢国际法，他们倾向于推行强权主义。

他们坚信自己是上帝的选民，是唯一的例外，他们坚信世界的命运要由他们来决定，坚信只有自己是永远正确的。他们在这个世界上为所欲为：一会儿对这个、一会儿对那个主权国家动武，以"要么与美国站在一起，要么成为美国的敌人"（出自布什为纪念发动伊拉克战争一周年而发表的第二次讲话——观察者注）为原则构建同盟。为了给自己的侵略加上合法的幌子，他们从国际组织中挑选需要的决议，要是找不到，那就管它是联合国（大会）还是安理会，一概忽略。

在南斯拉夫他们就是这么干的，1999 年，我们都记得很清楚。我当时很难相信自己的眼睛，在 20 世纪末，在一个欧洲国家的首都上空，持续几周呼啸着导弹和炸弹，随后便是如假包换的军事干涉。喂，难道安理会通过的相关决议允许这么做吗？一点都没有！然后是阿富汗，接下来是伊拉克，在利比亚问题上，联合国安理会的决议也被公然撕毁，说好的是开辟禁飞区，结果公然开始轰炸了。

还有一连串的"颜色革命"。我理解，这些国家的人民受够了暴政、贫困和没有前景的日子，但是他们的情感被人无耻地利用了。这些国家被强加了一些既不适应生活习惯，也不符合传统和民族文化的政治标准。最后带来的不是民主和自由，而是混乱、暴力和接二连三的政变。"阿拉伯之春"已经变成了"阿拉伯之冬"。

类似的剧情也在乌克兰发生了。2004年，为了把需要的候选人送上总统宝座，硬是搞出了个法律框架外的什么第三轮选举。这种荒谬绝伦的事情纯粹就是在嘲笑宪法。而现在呢，干脆赤膊上阵，训练充分、装备精良的武装分子被拉出来解决问题。

我们明白现在所发生的一切，我们明白，这些行为的目标是指向乌克兰和俄罗斯的，指向欧亚的融合。尽管如此，俄罗斯还是真心希望能与西方的盟友展开对话。我们一直希望能就重要议题与西方国家展开合作，希望能加强彼此之间的信任，希望我们之间的关系是平等、开放且诚实的。但我们没看到你们为此所做的任何努力。

相反！我们一次又一次地被欺骗，别人在我们背后替我们做决定，留给我们的都是既成事实。这在北约东扩时发生过，在他们把军事设施放在我们边境边上时也发生过。西方一直向我们保证："喏，这跟你们没有关系。"没有关系？说得好轻巧！

美国反导系统也是这样推进的。尽管我们对此十分忧心，那些（装有反导系统的）卡车还是往前开。俄罗斯获得公平竞争与利伯维尔场的许诺，然而在签证事宜的谈判上，西方却一拖再拖，还是这样。

有人威胁要制裁我们！可就算不制裁，我们也已经生活在层层限制之下了，这些限制对我们的人民、经济与国家来说非常致命。例如，从美苏冷战时开始，发达国家就拒绝向俄罗斯输入先进技术与设备，还列了一个所谓的禁运名单（巴黎统筹委员会——观察者注）。今天，这些限制看起来是解除了，但实际上依然存在。

总而言之，我们有理由认为，无论在18世纪、19世纪还是在20世纪，对俄罗斯的高压政治都声名狼藉，到现在依然声名狼藉。就因为我们有自己的立场！因为我们用自己的观点来看待问题！因为我们不虚伪！所以我们总是被边缘化。但是凡事都有个极限。在乌克兰事件上我们的西方伙伴们玩过火了，表现得十分粗俗、不负责任，且很不专业。

他们很清楚，无论是在乌克兰还是在克里米亚都住着上百万俄罗斯人。这些人是多么没有政治预见和分寸感？才会如此不顾后果的行动啊！俄罗斯现在退到了无路可退的边缘，就像一根弹簧被压到底，它是会猛烈地弹起来的。要永远记住这一点。

今天，我们必须阻止那些歇斯底里的叫嚣，要对冷战的宣扬者们说不。（你们）必须要承认：俄罗斯是国际事件中自主且积极的参与者。俄罗斯和其他国家一样，有自己的国家利益，需要得到理解和尊重。

我们感谢理解我们在克里米亚行动的人们，我们感激中国，中国领导人从历史和政治角度全面地考虑了克里米亚局势；我们高度评价印度的冷静与客观。

今天我还想问美国人民，问这些为《独立宣言》而自豪的人，问这些认为自由高于一切的人：克里米亚人民自由选择自己的命运，难道不正是体现了这高于一切的价值吗？理解理解我们吧。

我相信欧洲人会理解我们的，尤其是德国人。在东德与西德合并的政治协商中，并非德国的（西方）盟国都支持这一合并。而我们则相反，苏联完全赞成德国人的历史性统一。我相信德国人没有忘记这一点，希望德国公民们也能支持俄罗斯的恢复民族统一的努力。

我也在这里对乌克兰人民说，我真心希望你们能理解我们：我们无论如何都不想伤害你们，不愿伤害你们的民族感情。我们始终尊重乌克兰的领土完整，我们和那些为了自己的野心而牺牲乌克兰统一的人不一样。他们举着"乌克兰至上"的标语口号，但正是他们在不惜一切地分裂这个国家。今日乱象的罪魁祸首正是他们。

亲爱的乌克兰朋友们，希望你们能听我说：不要相信那些用俄罗斯来吓唬你们的人，他们宣称，在克里米亚之后还会有其他地区被俄罗斯割占。我们不想看到乌克兰的分裂，我们不需要。至于克里米亚，它始终是俄罗斯人的，是乌克兰人的，是克里米亚鞑靼人的。

我再重复一遍，在过去的几个世纪，克里米亚是所有生活其上的人的故乡，它在今后也将如此。但它永远不会是班杰拉分子们的！

克里米亚是我们共同的财富,是地区稳定的重要因素。这片战略要地应当处于强大而稳定的主权之下,而在今天,这一主权国家只能是俄罗斯。否则……我亲爱的朋友们,我不仅要对乌克兰人说,还要对俄罗斯人说:我们和你们,俄罗斯人和乌克兰人,我们都将很快失去克里米亚。请考虑一下我所说的这些话吧。

我再提醒一下,在基辅已经有人扬言加速乌克兰加入北约的进程了。这对克里米亚和塞瓦斯托波尔意味着什么?这意味着在俄罗斯的军事荣耀之城将会出现北约的舰队,而这将会威胁俄罗斯南部。这不是什么稍纵即逝的骚扰,而是切切实实的威胁。如果没有克里米亚人的这一选择,这一切都很可能会发生。为此我要感谢克里米亚人民。

顺便说一下,我们不反对与北约合作,完全不反对。我们反对的是在存在军事集团对抗的情况下,北约关起门来自己发展军事组织,我们反对军事组织霸占我们家门口甚至驻扎在我们的历史领土上。我完全不能想象我们到克里米亚的北约舰队去做客。最好让他们到我的克里米亚来做客,而不是我们去他们那儿。

坦率地说,我们为现在乌克兰所发生的一切心痛,乌克兰人民在受苦,他们不知道今天该如何生活,明天又会怎么样。我们的这份担心很容易理解,要知道我们是近邻,我们实际上是一个民族。基辅是俄罗斯城市的母亲,基辅罗斯是我们共同的源头,我们无论如何都不能缺了对方。

再说一点,在乌克兰生活着,也将继续生活着千百万俄罗斯人,说俄语的人,而俄罗斯将始终用政治、外交和法律手段来保护这些人的利益。当然,先奉劝乌克兰自己要关心百姓的权益。这是乌克兰国家和领土主权完整的保证。

我们希望能和乌克兰保持友谊,希望乌克兰是强大且自给自足的主权国家。对我们来说,乌克兰是首要盟友之一,我们有许多共同的项目,无论在何种情况下我都相信这些项目会取得成功。最重要的是,我们希望乌克兰一片和睦,俄罗斯愿意和其他国家一起提供一切可能的援助与支持。但是,我再重申,这只有在乌克兰人民自己能够维护社会秩序的情况下才能实现。

尊敬的克里米亚和塞瓦斯托波尔居民！过去几天，整个俄罗斯都为你们的英勇和尊严所叹服，正是你们决定了克里米亚的命运。在这些天里，我们从来没有这么近过，我们互相扶持。这是真正的团结。这种历史性的时刻体现了一个民族的成熟以及精神成就。俄罗斯人民表现出了如此成熟而强大的力量，用团结统一支持了自己的同胞。

数百万人民的意志是俄罗斯外交坚定立场的后盾。全民族的团结、各主要政治和社会力量的支持是它的基础。我感谢所有人表现出的爱国情感，感谢所有俄罗斯同胞。但对我们来说，重要的是在将来也保持这种团结，以解决俄罗斯面临的各种问题。

显而易见，我们正遭遇来自外部的各种压力，但我们应当自己决定，我们是要捍卫自己的民族利益，还是将其拱手让人，不知所措？已经有些西方政客用制裁和内部矛盾激化来威胁我们了。我想知道，他们期望的矛盾是什么？他们指的是形形色色的"国家叛徒"呢？还是他们觉得能打击俄罗斯经济，激起民众的不满？我们将接下这些不负责任、极具攻击性的言论，并用相应的手段来回应。无论在东方还是西方，我们永远不会挑起与盟国的对抗；相反，我们将采取一切必要的手段来建立文明的睦邻友好关系，这正是当今世界所需要的。

尊敬的同事们！我能理解克里米亚人的心声。他们在公投中提出的问题既直接又明确：克里米亚要么和乌克兰在一起，要么和俄罗斯在一起。我很自信地说，克里米亚与塞瓦斯托波尔的领导人、立法机构的代表们在制定公投问题时，已经超越了自己团体的政治利益，而是先考虑了人民的根本利益。但鉴于这一地区在历史、人口、政治和经济上的特殊性，任何别的选项无论乍看起来多么诱人，都只能是过渡的、临时的、不稳定的，必然导致克里米亚局势进一步恶化，并给人民的生活带来灾难性影响。克里米亚的公投选项是强硬的、毫不妥协的、没有任何似是而非的成分。公投的过程公开又诚实，克里米亚人民清晰地、坚决地说出了自己的声音：他们想要和俄罗斯在一起！

考虑到种种内外因素，俄罗斯也面临着艰难的选择。俄罗斯人民现在持什么观点？就像任何一个民主国家那样，俄罗斯人也有不同的观点，但是绝大多数——我想要强调的是绝大多数——俄罗斯公民的立场都是显而易见的。

你们知道不久前在俄罗斯进行的几场民调结果：大约95%俄罗斯公民认为，俄罗斯应该保护克里米亚俄罗斯族及其他民族居民的利益，95%！还有超过83%的受访者认为，即使代价是俄罗斯与某些国家关系恶化，俄罗斯仍应该这么做。86%的我国公民相信，克里米亚至今仍是俄罗斯的领土，是俄罗斯的土地。这是非常重要的数据，它绝对能和克里米亚公投的结果相呼应——92%的克里米亚人支持与俄罗斯合并。

因此，压倒性多数的克里米亚居民和绝对多数的俄罗斯联邦公民都做出了决定，支持克里米亚共和国和塞瓦斯托波尔市与俄罗斯联邦重新合并。

如今，这件事关乎俄罗斯自己的政治决定。它的根据只能是人民的意志，因为人民，只有人民是政权的源泉。

尊敬的联邦委员会成员们！尊敬的国家杜马议员们！俄罗斯公民、克里米亚与塞瓦斯托波尔的居民们！

根据在克里米亚举行的全民公决的结果，尊崇人民的意愿，我把《接受两个新联邦主体：克里米亚共和国和塞瓦斯托波尔市加入俄罗斯》的宪法性法律提交联邦委员会审议，并请联邦委员会批准待签的《克里米亚共和国和塞瓦斯托波尔市加入俄罗斯联邦条约》。

我不会怀疑你们的支持！

# 延展阅读

作为世界第一强国的美国，早在1945年就全面启动了国家公关战略，这一长期战略对于美国形象的塑造起到了至关重要的作用。"9·11"事件之后也惊醒了美国对国家公关的重新审视和反思，作为公关策源地的美国，50年来已经完成两个等式的建构：自由＝美国精神，民主＝普世价值。韩国的国家形象公关是由政府主导并直接参与实施。2002 年"世界杯"以后，为了更系统、更有效地进行国家形象公关，韩国政府成立了国家形象委员会，由总理直接负责，委员由财政经济、教育人力、外交文化等部门长官组成。此外，还有学术、媒体和文化等方面的 10 名民间委员参与。委员会还设立了专门的实务委员会负责具体事务的实施。

由于传媒技术的发展和普及，在现阶段的俄罗斯，大多数民众重视领导人外在的吸引力。正因如此，普京要不断出现在人们的视野里（报纸、杂志、电视上等），以这种方式不断吸引民众。这就是为什么在过去几年的政治形象塑造上，主要重视政治家的外观（他们的外表、着装等）。

在什么政治形势下创造什么样的形象，这取决于在这一形势中关键的政治参与者想要公众做什么。政客们的一项主要任务就是以最为有利的词汇图景表述实际的形势，在其中巧妙地运用符号，甚至可以改写实际的政治形势。

个人魅力的展现对形象形成有极大帮助，个人因素一直在俄罗斯政治中发挥着重要作用，这与政治领袖的素质及他们的优缺点，还有领导者是否只是一个官僚或有鲜明的个性不同有关。个性先被看作是领导与发展的公共政策必要组成部分。为了在危机中继续执政，普京作为政治领导人必须能够快速做出反应，以期满足那些选民们不断变化的期望。这就是为什么有时会有一种感觉，在很短的一段时间内政治家可以改变得面目全非。

研究人员指出，政治家普京的个人品格相比他提出的政策更加影响俄罗斯选民的决定。在极权主义政权流行的很长一段时间里，他们的人民习惯了强权统治，这是它的主要特点之一。

在乌克兰危机中的强硬反映了俄罗斯的态度和立场，然而归根结底，强硬只是手段，不是目的。在强硬的背后，俄罗斯有其战略追求。俄罗斯竭力使乌克兰在政治、经济和安全上进入俄罗斯的体系，退而求其次，也不能使其进入到西方的政治、经济和安全体系，特别是不能进入西方的安全体系。

尽管普京在 2013 年宣布俄罗斯应该专注于"精于使用"软实力，但是，乌克兰危机及克里米亚等事件，让他在国内支持率大增的同时，引起了周边国家和国际社会的严重关注，并引发西方国家的严厉制裁。这可能会损害普京自己宣称的目标——建立俄罗斯领导的欧亚联盟来同欧盟竞争，也可能导致俄罗斯软实力的下降以及普京本人形象的严重受损。

我们应该注意到，今天，美国软实力的很大部分不是由政府而是由民间社会——包括大学、基金会和流行文化等所创造的。事实上，美国不受约束的民间社会及其批评政治领导人的意愿，使得美国即使在其政府行为得不到别国赞同的时候也可以保持软实力。

# 第六章　普京的危机管理

天下有大勇者，卒然临之而不惊，无故加之而不怒，此其所挟持者甚大，而其志甚远也！

——苏东坡

国虽大，好战必亡；天下虽安，忘战必危。

——司马穰苴

世界处在危机频发时代，每个国家都有卷入国际危机甚至陷入危机旋涡的风险，同时也都有可期待的机遇，关键是自身要有相应的危机转化能力。普京高效率的危机管理不仅得益于他的战略谋划水平，也得益于他的安全能力建设——安全体制及强力部门的执行力。

# 政府公关，处置危机

政府公关指以政府为行为主体的一种传播管理，旨在设计和保持一种良好的公众关系。这种良好的公众关系表现为政府与公众之间双向沟通、坦诚合作、和平共处。在这方面，普京运用政府公关策略果断解决车臣人质事件颇具特色。

2002年10月23日，车臣武装分子在莫斯科轴承厂文化宫剧院策动了俄罗斯剧院人质危机事件，劫持800名人质，提出许多俄罗斯政府根本无法接受的要求。在此次营救行动中，俄罗斯虽然也付出了118条人质生命的巨大代价，但无论是在兵力部署还是战略、战术方面都赢得了国际、国内舆论的认可，其中，政府公关功能发挥了不可忽视的作用。

第一，在政府内部组成智囊团，同时寻求国际舆论支持。23日晚，普京组织智囊团幕后决策，召集了包括俄罗斯联邦安全局、内务部、俄南部联邦区、军队等部门的最高级别官员共同进行商议。25日晚间他及他的智囊团已经内部出台了一套解救人质计划。在与国内各相关部门通力协作的同时，普京还积极寻求全球范围内的舆论支持，他从23日发表讲话起，就把这起绑架事件定性为"恐怖活动"，以求在目前全球反恐大形势下获得大多数国家的支持。换句话说，普京希望获得各国对特种部队即将采取强攻策略的理解。

第二，果断表示绝不妥协。在23日人质事件发生后，普京总统当即决定取消次日的出访活动，坐镇克里姆林宫，亲自指挥解救人质行动。25日晚，普京再次召开强力部门负责人会议，表示愿意与车臣绑匪谈判，并授权总统驻南部联邦区全权代表卡赞采夫担负这一重任。普京每次在媒体上出现，都强硬地表示："俄罗斯是不会向绑匪妥协、从车臣撤出军队的。"他没有像其他一些国家的元首那样，抚慰人质和受害者的家属，做出"俄罗斯将争取使人质安全获释"的承诺，而是强调了俄罗斯长久以来执行的"绝不向恐怖分子妥协"的政策。因为俄罗斯当局担心，如果政府妥协，让绑匪的目的得逞，那么将刺激更多的绑架事件发生。俄罗斯政府派出的谈判官员在谈判中提出的最大让步就是——"如果释放全部人质，俄罗斯政府可以免绑匪一死，并将他们送出俄罗斯国土"。可以说，这一策略做到了有理有节。

第三，确定进攻性目标规划。自从车臣战争开始以来，已经有超过1万名俄罗斯人死亡，其中包括战亡者和在恐怖事件中死亡者。普京宣布，他将命令该国的参谋部给出新的国家安全计划，以对付来自恐怖主义分子的潜在威胁，"不管他们可能隐藏在哪里"。他还特别指出，对于恐怖主义分子，俄罗斯政府不会屈服，而会"以牙还牙"；"如果有人试图使用这样的手段对付我们的国家，俄罗斯就会采取合适的手段来反对这些恐怖分子，包括他们的意识形态和经济上的后台，不管他们在哪里。"

第四，运用各种公关技巧，及时澄清事实。与一个国家的长期稳定和发展有关的，或者说是比现实和潜在利益更深层的因素是国民的心理状况。俄罗斯特种部队这次在恐怖分子开始残杀被扣人质时，果断采取行动，一举将50多名匪徒歼灭，拯救了700多名人质，但是他们在行动中因使用特殊气体导致100多名人质死亡而受到严厉责难。针对这种不利情况，为达到消除公众疑虑、建立政府良好形象的目的，俄罗斯外交部郑重其事地召开记者招待会，向国际社会澄清。俄罗斯卫生部于10月30日对外声明，俄罗斯特种部队使用的气体的主要成分是芬太奴——一种医疗辅助使用的快速麻醉剂，这种含有"催眠成分"的气体不会置人于死地，但可以迅速麻醉人体中枢神经，只要掌握好剂量，"或许并不违反禁止使用化学武器的国际公约"。

第五，讲究伦理道德，以"情"动人。在莫斯科轴承厂文化宫劫持人质事件中丧生的 16 名受害人，当天就得到了安葬。据莫斯科官员说，这是人质危机事件结束后的首次葬礼，在莫斯科与其周围地区的四处墓地举行，另外 40 名受害人于 30 日得以安葬。俄罗斯 28 日举行全国哀悼，纪念在莫斯科剧院遭劫持事件中遇难的人质，俄罗斯各地弥漫着哀痛气氛。俄罗斯举国上下当天举行了一天的哀悼，许多人到事发地点献花。负责对死伤人质及其亲属予以帮助的俄罗斯政府副总理马特维廷科 28 日在莫斯科对记者说：在莫斯科人质事件中死亡的每名人质亲属，可得到 10 万卢布的补助。而侥幸生还的人质将会获得 5 万卢布的慰问金。另据莫斯科市市长卢日科夫当天签署的命令，莫斯科市政府也将为被解救的人质和死亡人质的亲属提供物质帮助。

在这次事件中，普京及他领导的俄罗斯政府运用了相当合适的公共关系策略，所以国际社会对俄罗斯政府果断解决人质事件，普遍表示宽慰。分析人士指出，普京的这次举动让世人看到他和他领导的俄罗斯的政府公关能力。

# 策略先行，十年布局

克里米亚地理位置特殊，对于俄罗斯的战略意义非同寻常。在风云突变的乌克兰局势中，普京谋定而后动，经过 10 年布局，在最恰当的时机果断出手，使克里米亚闪电入俄。这一举动既削弱了乌克兰的地缘战略优势，又让普京在国内深得民心。

2013 年 11 月下旬，乌克兰时任政府宣布暂停乌克兰与欧洲的一体化进程，此后乌克兰国内爆发大规模抗议活动并且愈演愈烈。2014 年 3 月 18 日，普京批准克里米亚加入俄罗斯的条约草案，允许克里米亚共和国以联邦主体身份加入俄罗斯联邦，并且给予俄罗斯黑海舰队驻地塞瓦斯托波尔港以特殊地位。克里姆林宫在一份声明中说："克里米亚共和国自条约签署之日起就被视为俄罗斯的一部分。"俄罗斯议员报以掌声和欢呼。

在处理克里米亚问题上，普京的危机管理可谓高招频出。

第一，善用电视直播。俄罗斯"普京热线"于2014年4月17日（北京时间17日16时）正式开始，在普京现场回答民众提问的第一个小时内，83%的问题都涉及克里米亚及乌克兰。普京于莫斯科时间17日12时，开始在电视直播中回答俄罗斯民众提出的问题。在此次"普京热线"的第一个小时内，普京共回答18个问题，其中15个问题与克里米亚及乌克兰有关。

第二，建立国家安全体制。普京通过联邦安全会议掌握战略全局并采取最高决策，通过国防部主导的军事指挥系统保持军令畅通，借助外交部和联邦安全会议附属的跨部门国际安全委员会和军事安全委员会组织咨询、论证和发挥协调作用，保证外交、军事、安全、情报部门和议会相关机构的密切协作，使危机决策保持高度的权威性、连贯性和灵活性。

为了保障危机反应灵敏和处置高效，普京注重依法和按照预案决策。普京作为总统具有对国际危机做出临机决策的最高权限，但是他所采取的紧急措施符合宪法赋予总统的权限，也符合安全法和国防法所规定的程序。依法行事也保障了各级各部门能够根据实际需要做出补充决策，行使好各自职责。

第三，提前布局，持续建设。将安全战略企图纳入危机管理筹划和嵌入预案，是实现管理高效的可行办法。自2004年乌克兰"橙色革命"爆发以来，俄罗斯针对乌克兰的危机管理使克里米亚"回归"，得益于俄罗斯高层危机决策环节的强烈机遇意识，包括以下3点：一是借乌克兰政局混乱，提出俄罗斯同胞和俄语居民的权利保护问题，从而赢得国内和地区舆论支持。二是提出乌克兰临时政府的合法性问题。三是利用整个西方经济的脆弱期，从而将美欧对俄罗斯的制裁限制在一定的范围和水平。

高效危机管理从根本上取决于持续不断的安全能力建设。自苏联解体以来，俄罗斯联邦在国家安全体制和军事安全体制完善方面走过不同寻常艰辛探索和改革之路。这样的历程并不是国家经济实力恢复所必然伴随的，它体现出国家精英和整个民族的忧患意识和进取精神。

由于历史上多次遭受侵略，俄国社会高度重视国家安全事务，注重国际安全环境营造和外向型的军事力量建设，养成了军事外交部门积极防范、主动干预和勇于冒险的战略传统，培养了一代代雄心勃勃和精于进攻性企图的统帅和战略家，积极行动也成为普通俄罗斯官兵的行为准则。

由此可见，一种实实在在的战略威慑，仅有硬实力还是不够的，还要有快速反应的机制以及过人的勇气、坚定的决心和高超的策略。在风云突变的乌克兰局势中，普京通过 10 年布局，最终实现了与西方的攻守易形。

# 构建国家安全体制

普京高效率的危机管理不仅得益于他的战略谋划水平，尤其得力于俄罗斯集中统一的安全体制及强力部门的执行力。俄罗斯的危机管理依托于以联邦安全会议为核心的统一的国家安全体制，这一体制能够充分反映国家利益诉求和体现整体安全战略。

在漫长而艰难的转轨过程中，俄罗斯经历了极其复杂、严峻的国家安全环境考验：既有国家内部的政治权力危机、经济金融危机、社会动荡、军队涣散、车臣内战、恐怖主义威胁等严重问题，还有国际势力介入独联体国家的"颜色革命"、北约东扩、美国军事部署调整等威胁，致使俄罗斯国际生存空间急剧恶化，俄罗斯国家与人民承受了巨大的挑战、风险和灾难。也正是经历了这样的过程，俄罗斯得以较顺利地完成政治体制转轨，在实践中逐步完善了国家安全保障机制。普京执政以来，其个人能力等因素已经使其广泛的总统权力得到了有效发挥，俄罗斯的国家安全体制呈现出令人耳目一新的局面。

俄罗斯联邦安全会议的地位有多高？看看 1993 年 12 月 12 日全民公投通过的《俄罗斯联邦宪法》就知道了。俄罗斯宪法第八十三条规定了总统的职权，其中第七项是"组成并领导俄罗斯联邦安全会议"。俄罗斯联邦国家安全会议是一个跨部门的决策、监督、执行机构，是俄罗斯宪法规定的咨询机关，直接在总统领导下展开工作，并对总统负责。根据《俄罗斯联邦安全会议条例》提供的标准定义，安全会议是"宪法规定的咨询机关"，为俄罗斯总统起草有关安全问题的决议，包括国家安全、公共安全、生态安全、个人安全，在保障个人、社会和国家重要利益免遭内外威胁方面奉行全国统一政策问题的决议。安全会议负责起草的文件范围还包括国防组织、军事建设、军工生产、对外军事和军工合作、安全领域国际合作等。

近年来，随着危机事件多发易发，俄罗斯安全部门大多在跨部门委员会联合预案的基础上，制订了各自的反应预案。经过一定程序，相关预案具有了近似法律法规的可操作性。法律法规赋予个人应对危险和威胁时主动反应的责任和义务，上级决策命令给下级发挥主动性提供了空间，完备的危机反应预案与个人岗位职责紧密结合，使人在关键时刻知道如何行动，这一切构成了俄罗斯危机管理高效的基础。

当然，在追求高效危机管理的同时，也要辩证地看待，既要看当时，也要看长远，在处理极为敏感的国际事务时，完全从时效出发有时难免造成决策或执行环节的偏激，犯过犹不及的错误，甚至留下后遗症，从另一个角度对国家安全造成不利影响。

随着信息技术应用的深化，对现有的信息网络结构安全、数据安全和信息内容安全的威胁程度不断增加，信息已经和一个国家的经济、政治、文化和国防紧密相连，信息安全已经成为一个国家安全的关键环节。因此，在加强国家信息安全方面，普京也采取了一些建设性措施，包括完善信息安全法规，增设信息安全机构，大力发展信息安全技术，加紧准备信息化战争。

普京2000年上台伊始，就在6月23日主持联邦安全会议，讨论并通过了《国家信息安全学说》。基于对国际政治局势和国内复杂形势的分析，俄罗斯从1994年就着手制定信息学说，但由于诸多原因，当时未能成功。到了1997年，俄罗斯有识之士重提建立"国家信息安全大厦"问题。自此，俄罗斯安全会议正式开始着手起草国家信息安全学说草案，至普京上台之初正式出场。这是俄罗斯第一部正式颁布的有关国家信息安全方面的纲领性文件，构建了一个比较完善的国家信息安全法规体系。

《国家信息安全学说》明确了国家信息安全建设的目的、任务、原则和主要内容，对国家信息网络安全面临的问题，以及信息网络战武器装备现状、发展前景和防御方法等进行了详尽的论述，阐明了俄罗斯在信息网络安全方面的立场、观点和基本方针，提出了在该领域实现国家利益的手段和相关措施。该学说是制定和起草俄联邦有关信息安全的国家政策、法律、提案和专门计划的基础，表明了俄罗斯在信息对抗领域中的国家政策，第一次明确指出俄罗斯在信息领域的利益是什么、受到的威胁是什么，并制定了多项确保国家安全和公民权利的具体措施，例如，规定政府和军方共同协调防范信息犯罪活动，并建立预防机制；提高整体防范和打击能力，加强国有信息基础建设和信息防卫工作；建立网络监控系统，加强网络安全防范等。

为执行落实国家信息安全政策措施和法令法规，俄罗斯政府设立了一系列分工明确、职权清晰的专门机构和组织。例如，俄罗斯安全委员会总体负责国家信息安全保密，科技委员会负责信息安全标准、评估和检验，通信与信息部负责产业计划和规划，联邦政府通信与信息局负责密码和通信安全，对重大问题的政策和措施则由联邦总统直接发布命令颁布执行。此外，俄罗斯联邦安全局、对外情报局、国防部、内务部及其他单位密切合作，确保完成保障国家信息安全的任务。

在这些专门机构和组织中，联邦政府通信与信息局简称"法普西"，类似于美国的国家安全局，是集收集情报和信息安全两项职责于一身的重要机构。虽然"法普西"于2004年被撤销建制，职能被分散到联邦安全局和联邦保卫局，但在此之前，"法普西"一直是负责信息安全的主要机构，在国家信息安全保障体系中有着举足轻重的地位，并发挥了重要作用。

"法普西"建成了高效安全的国家行政机关专用信息通信系统，在最高国家机关安装了加密数据交换设备，解决了该系统与国内其他通信网间连通的技术问题，保证了联邦各主体行政中心之间文件通过网络传输的安全性。建立了联邦经济信息保护中心，负责政府网络及其他专门网络、网络信息配套保护、国家政权机关信息技术保障等。

"法普西"还制定了《计算机系统安全评估标准》、《产品安全评估软件》、《特殊环境下计算机系统安全评估标准使用指南》、《网络安全评估标准说明》、《安全数据库控制系统评估标准说明》、《独立的分系统安全评估标准说明》等一系列完善的信息系统安全评估指标。此外，除了研发电子文件防伪和智能卡等信息安全技术，为国家和军队提供加密设备和服务外，"法普西"还在信息安全设备（包括密码设备）的研制、生产、销售、应用、装配、调试、检验与进出口中拥有认证与许可权。

为促进本国信息安全产业的发展，支持国内信息安全技术和产品的研制与开发，普京在一次联邦安全会议上直截了当地说："目前，俄罗斯在信息通信方面主要依赖于外国的计算机和电视网络技术设备生产厂家，国家某些部门的很大一部分机密信息完全靠西方国家的信息技术收集、存储和发布，俄罗斯本身尚不能生产具有足够信息防护能力的设备。"联邦安全会议第一秘书舍尔斯丘克也认为，俄罗斯现有的信息防护设备已经落后，需要立即更新。为此，俄罗斯大力实行保护性关税政策，为国内信息安全产品提供出口补贴等各类优惠，对国外同类产品征收高额关税，防止外国特别是美国信息安全产品的倾销。

俄罗斯在发展信息安全技术上还坚持自主创新自成体系，尤其注重芯片和操作系统的研发。研制出具有自主知识产权内核的高安全等级操作系统，在与国外产品的兼容问题上，只局限于外层的功能调用，而内核是独立的，具有很高的安全性。

俄罗斯认识到，现代信息和通信技术已经成为破坏现代工业和经济部门、社会基础设施、公共行政等领域的一个强有力的武器，因此，通过信息和通信技术武器来打败敌人异常重要。

在2008年8月的"俄格"冲突中，格鲁吉亚的网络受到了大规模"分布式拒绝服务"攻击，交通、通信、媒体和银行的网站纷纷遇袭，政府网站系统更是全面瘫痪。尽管俄罗斯否认采取了任何网络行动，但网络攻击与传统军事行动的结合，无疑对格鲁吉亚造成了更为沉重的打击。

综上所述，普京构建国家安全体制是一个持续不断的安全能力建设的过程；与此同时，在这个不寻常的艰辛探索和改革之路上，普京实现了高效危机管理。

# 惩治恐怖，坚决果断

当今世界，恐怖分子是制造危机的罪魁祸首。普京将反恐作为俄罗斯联邦安全会议的第一要务，坚决果断地惩治那些危及国家安全和地区安全的恐怖团伙。普京曾经说："我反对一切针对平民的恐怖主义行为，无论你的命运是多么悲惨动机是多么高尚，当你把伤害无辜的普通人作为手段时，你就是人类的敌人、可耻的懦夫和人人可诛的罪犯。我没有兴趣听你的任何故事，不会在乎你的诉求，不可能跟你谈判并妥协，唯一要做的事就是：当场格杀，事后追剿，绝不原谅。"

根据俄罗斯联邦国家安全会议的建议，普京于2013年9月27日向国家杜马提出新法案，责成武装分子家属弥补对国家造成的损失，加强对恐怖分子的惩治：其一，犯罪分子实施恐怖行动后，家属和近亲有责任支付补偿金。其二，如怀疑家庭财产的来源涉嫌恐怖行动，恐怖分子家庭收入的来源就应接受检查。其三，补偿金和没收的家庭资产，用于抵偿恐怖行动给国家和居民造成的损失；追缴资产的期限等同于追究恐怖行动刑事责任的期限。其四，对恐怖团伙组织者处以10～15年徒刑并处100万卢布以下的罚金，团伙或恐怖训练参加者，处以5～10年徒刑并处50万卢布以下罚金。其五，在国外参加外国恐怖组织的恐怖分子，处以2年徒刑。

1994年12月11日，俄罗斯政府军进入车臣，开展反恐反分裂战役，这就是所谓的"第一次车臣战争"。由于当时的联邦政府软弱，这场正义的平叛行动举步维艰，半途而废。联邦政府于1996年8月31日同车臣非法政权头目马斯哈多夫签订了哈萨维尤尔特"和平协定"，联邦军人灰溜溜地撤出车臣全境。此后，车臣恐怖分子气焰嚣张，到莫斯科等大城市制造多起爆炸事件。

普京于1999年8月9日出任联邦总理，9月即兵发车臣，平定叛乱，这就是"第二次车臣战争"。普京目标明确，决策果断，俄罗斯政府军当年就取得击溃叛军、恢复联邦政权对车臣控制的战果。

从 2003 年起的 7 年内，俄罗斯在车臣所在的南部联邦区共击毙非法武装分子 2000 人，抓获 6300 人。2003～2008 年 5 年内，俄罗斯境内恐怖活动的数量锐减 90% 以上，其中 2003 年有 551 起恐怖袭击，2005 年减为 250 起，2006 年又减为 130 起，2008 年更减为 40 起。2010 年 4 月 16 日俄罗斯总统宣布，车臣结束反恐战争状态。

在这场跨世纪的反恐斗争中，俄罗斯付出了 4000 多名将士的生命和上千亿美元的高昂代价，安全部门也积累了不少宝贵经验。

第一，平叛与反恐不可分割。车臣军事行动前期以镇压武装叛乱为主，后期以反恐为主。在军事行动开始前，安全会议研究了以色列建国前在巴勒斯坦境内的武装行动，巴勒斯坦激进分子在以色列境内的袭击行动，以及东欧剧变后阿尔巴尼亚族武装分子在科索沃的行动，发现其手法与车臣武装分子相同。俄军指挥部重视战术手法的运用。例如，把武装分子引到布雷区聚而歼之，深入武装分子后方搞突袭。在平叛阶段，国防部、内务部、安全局和紧急情况部这四大强力部门协同作战，以国防部为主，其余各部门在行政上服从军事首长；在随后的反恐阶段，则以内务部和安全局为主，重视心理战、信息战和新闻战的作用、地位和功能。

第二，"以车治车"。安全会议曾提出两条建议：其一，尽可能广泛地吸收忠于中央政府的当地军事化机构和居民参与平叛行动。其二，在国防军和内卫部队摧毁车臣武装分子主力后，让冲突"车臣化"，争取车臣非法武装的上层分子和动摇分子。

2000 年普京任命曾经同情非法武装的车臣大穆夫提艾哈迈德·卡德罗夫为车臣行政首脑（后为车臣总统）。2004 年 5 月老卡德罗夫死于恐怖袭击后，又让他的儿子任总理，随后任总统。如今小卡德罗夫手下的主要官员八成以上来自原先的车臣分裂主义分子。2010 年 5 月，时任总统梅德韦杰夫支持在北高加索恢复长老会议制度的主张，以改善当地法治。

第三，"花钱打不如花钱养"。打的代价是 4000 多军人牺牲、数万平民伤亡、数十万人流离失所、53% 的家庭失去亲人、上千亿美元的军事开支和财产损失。重建车臣的联邦开支，2001～2011 年这 11 年的总和也远远不到 100 亿美元。2001 年为 24 亿卢布，2002 年增加到 45 亿卢布，后来增加到每年 100 多亿卢布，2008～2011 年共拨 1206 亿卢布。

第四，把反恐看作系统工程。军事、国安、治安、社会、经济和外交各部门协调行动。一要歼灭叛军主力，俄军用两年多时间歼敌 1.4 万名，大股匪帮绝迹。二要重新建立忠于联邦中央的政权机构。俄军收复大型居民点后即设立军管区共 20 个，由俄军军官任司令，作为中央驻当地全权代表，统理辖区内一切要务。局势稳定后，军管区大权转给地方政府。三要恢复社会经济，创造就业机会，解决难民问题，重建毁于战火的民房和基础设施。

第五，创造条件，消除特殊政治生态下产生的"民族共和国"。俄罗斯本是大一统国家，2000 万平方公里的领土，划分为几十个省。苏联成立时，列宁抛弃大一统国家体制，否决了斯大林不设立共和国的建议，致使国中有国，民族自治权膨胀，为苏联解体埋下伏笔。现在俄罗斯有 150 多个民族，"主体民族"俄罗斯族约占人口的 4/5，法律上各民族一律平等，对任何民族，既不歧视，也不照顾。新版身份证干脆把"民族"栏撤销，以弱化民族意识，强化公民意识。有政治家主张撤销共和国建制，全国行政单位统一为州。

第六，搭国际反恐战争便车。俄罗斯在"9·11"事件后，立即高调支持美国反恐战争，换取美国少搞"双重标准"，并在道义和情报领域支持俄罗斯反恐。例如，2011 年 5 月 26 日，梅德韦杰夫借八国峰会之机，在会见美国总统奥巴马时，恳请他把车臣"总统"乌马罗夫列入被通缉的恐怖分子名单。美国悬赏 500 万美元，搜寻乌马罗夫的确切藏身地。

第七，"擒贼先擒王"。俄罗斯车臣反恐经验中最珍贵的一条是"擒贼先擒王"。俄罗斯强力部门于 1996～2005 年采用各种手段，陆续诛杀车臣非法政权 4 任"总统"和非法武装 4 名头目，使反叛势力群狼无首，令祖国叛徒、民族败类胆战心惊。例如，卫星定位炸死车臣"首任总统"杜达耶夫，境外追杀"第二任总统"扬达尔比耶夫，线人引导除掉"第三任总统"马斯哈多夫，野外击毙"第四任总统"萨杜拉耶夫，毒死哈塔卜，"做掉"拉杜耶夫，枪毙巴拉耶夫，炸死巴萨耶夫等。"总统"和4头目被除掉后，车臣非法武装陷入瘫痪，恐怖颠覆活动的强度和密度大减。2005～2008年，俄罗斯境内未发生大规模恐怖袭击事件，唯一一次大规模恐怖袭击（2005年10月13日在卡巴尔达—巴尔卡尔）被消灭在萌芽状态。

加强垂直政权、力求各权力机构和谐统一、凝聚国民意志，是普京一贯的治国理念。第一任期内他在这方面就颇有建树，后来又在反恐关键时刻，大刀阔斧改革政权体制，通过提高执政能力和施政效率，扭转反恐形势，消除政坛积弊，促成俄罗斯振兴。

## 延展阅读

危机管理是指应对危机的有关机制，具体是指国家、企业为避免或者减轻危机所带来的严重损害和威胁，从而有组织、有计划地制定和实施一系列管理措施和因应策略，包括危机的规避、危机的控制、危机的解决与危机解决后的复兴等不断学习和适应的动态过程。在某种意义上，任何防止危机发生的措施、任何消除危机产生的风险的努力，都是危机管理。危机管理就是要在偶然中发现必然性，在危机中发现有利因素，把握危机发生的规律性，掌握处理危机的方法与艺术，尽力避免危机所造成的危害和损失，并且能够缓解矛盾，变害为利，推动组织的健康发展。

危机管理是专门的管理科学，它是为了应对突发的危机事件，抗拒突发的灾难事变，尽量使损害降至最低点而事先建立的防范、处理体系和对应的措施。普林斯顿大学的诺曼·R.奥古斯丁教授认为，每一次危机本身既包含导致失败的根源，也孕育着成功的种子。发现、培育，以便收获这个潜在的成功机会，就是危机管理的精髓。而习惯于错误地估计形势，并使事态进一步恶化，则是不良的危机管理的典型。简言之，如果处理得当，危机完全可以演变为"契机"。

危机管理是国家安全工作的重要组成部分。许多国家都建立了高度集中的危机管理机制，通过全社会性的网络连接，将危机预警、决策与处理等环节融为一体。

虽然世界各国危机管理机构的名称不同，但基本架构多是以国家元首（如美国、俄罗斯、法国等）或政府首脑（如以色列、日本等）为核心，以国家安全部门为主体，以情报资源为基础，形成了包括外交、军事、情报、财政等部门在内的综合体系。

绝大多数国家的宪法规定，行政首脑直接负责外交、情报和国防事务，对重大危机具有顶级处理权。美国宪法规定，总统有权处理所有外交、国防事务，对危机具有顶级处理权。依据法律，总统有权掌握所有关于危机事件的情报，对危机管理的各个环节进行指挥调动和协调。总统是国家安全委员会主席和三军统帅。

俄罗斯危机管理机制实行总统负责制。作为国家最高领导人，俄罗斯总统并不负责日常行政事务，主要是通过对重要机构的人事任命来领导、协调国家机器。对于事关国家安全及危机管理等事宜，则是通过联邦安全会议来完成。总统也把安全会议作为调整贯彻各项方针政策的杠杆。目前遭受西方经济制裁的俄罗斯，加上其经济严重依赖的能源在全球遭遇价格暴跌，这些都正在破坏俄罗斯在展现国家实力方面已经非常脆弱的基础，同时还可能影响普京在国内的政治支持率，让普京深陷一场全方位的危机。

国家形象危机不同于国家危机，它是国家危机的一部分。所谓国家形象危机，是指一个主权国家在国际环境中因发生了某种影响国家声誉的事故，导致国外公众对该国原先持有的相对稳定的总体评价遭受结构性的侵蚀和破坏，进而出现负面的整体印象和心理情感，最终影响该国在国际事务和国际交往中的地位与作用。国家形象危机管理应遵循10F原则，而危机预警管理、危机过程管理、危机恢复管理，则是国家形象危机管理的三大程序。

　　国家形象的危机管理作为当前国家危机管理的一项重要内容，越来越受到世界各主要大国的重视。国家形象危机管理的精髓是：在危机来临前，正确识别、防范危机的发生；危机来临时，及时有效地管理危机并将危机引向一国形象转变或提升的机遇。超前的、全面的危机意识才是国家形象危机防范中最坚固的防线，在此基础上，国家必须建立完备的形象危机处理应急机制。否则，当危机来临，就会出现政府无所适从、民众怨声载道的被动局面，并且往往给一个国家的国际声誉和国际形象造成不可挽回的损失。

　　可见，国家形象危机既具有一般公共危机的共性，又具有自身的特殊个性。国内公共危机不一定是国家形象危机，但一定条件下可能转化成国家形象危机。

# 第七章　普京的互联网思维

每一个不曾起舞的日子，都是对生命的辜负！

——尼采

人不会为事物所左右，但会被他们对于事物的思想所左右。

——爱比克泰德

互联网思维是一种变相的市场思维，是用互联网的手段进行传播，用互联网的外衣进行包装。普京对许多问题的看法与大部分西方国家不同，原因是他能够转换思维方式，顺应时变，贴近网民网意。

## 用户思维——锁定公众，满足需求

用户思维即"以用户为中心"，它不仅仅体现在做品牌的层面，还体现在市场定位、品牌规划、产品研发、生产销售、售后服务、组织设计等各个环节。用户思维是互联网思维的核心，普京运用这种思维模式进行政治营销，成功地塑造了自己及其领导的俄罗斯在国内和世界各地的形象。

普京将"用户"锁定为俄罗斯民众，当然也包括世界范围内的其他公众，将个人形象定位为活力、务实、果断、谨慎、亲民，然后展开政治营销活动。在这个过程中，民众要什么他就给什么，民众什么时候要他就什么时候给，民众要得少他常常多给点，民众没想到的他都替其考虑到了。通过政治营销（这里可以理解为执政努力），普京在俄罗斯国内几乎变成了人民的偶像式人物，变成了年轻人心目中的"变形金刚"——符合各种人的胃口和嗜好。这恰恰符合"以用户为中心"的用户思维主旨。

普京 2000 年开始执政时，俄罗斯经济已经连续 10 年下滑，堪称一个烂摊子，俄罗斯民众极度渴望有一个强悍的领导人带领他们摆脱困境，走向和平富裕的生活。普京为了不负众望，采取一系列措施，力挽狂澜打造大国富强之梦，满足了俄罗斯民众的这一普遍心理需求。

普京执政 8 年，其间俄罗斯经历的内忧外患，可以用几个"最"来解读：

第一，最让普京得意的是，他是个平民总统。俄自由民主党主席日里诺夫斯基曾经在克里姆林宫建议普京说，以后俄罗斯要依靠"精英"，普京严肃地回答："我可是来自工人家庭的人！"这也表明，普京最渴望的就是将俄罗斯建设成为一个"机会均等的公民国家"——"一个所有人都有理想的和均等的机会的国家"。普京说："俄罗斯应该成为最吸引人居住的国家。"

第二，普京最强硬的措施或政策是进行车臣战争。从当总理伊始，普京就坚定地要打一场新的、反对分裂主义和恐怖主义的"车臣战争"。从一开始他乘战斗机去车臣首府格罗兹尼，到他对车臣匪首的坚决清剿，再到最后使美国也不得不承认普京进行的车臣战争是反恐战争，8 年来他在这一问题上从不退让。

第三，普京最博得老百姓好感的措施或政策是进行反对大财阀的斗争。反对古辛斯基、别列佐夫斯基和霍多尔科夫斯基的斗争，让普京的公众威望一直处于上升趋势。

第四，让普京最感困难的是 2000 年夏"库尔斯克"号核潜艇沉没后的那段日子。当时普京就任总统不到半年，正处于"振兴俄罗斯先要振兴军队，振兴军队先要振兴海军"的兴奋状态中。核潜艇的沉没使军队、国人对他的执政能力，尤其是处理危机的能力产生怀疑，甚至出现了要他引咎辞职的声音。之后，普京没有再遇到过这样的困境。俄罗斯的军事实力这几年也在迅速恢复。

第五，让普京最难办的一件事是政权机构中普遍存在的贪污和贿赂现象。贪污是一直悬挂在普京头顶的一把利剑。这也难怪，普京曾经在与国家杜马党团领导人开会时气愤地说，贪官受贿就砍掉他们的手。普京还批评俄罗斯各体育协会的负责人"什么责任也不去承担，而是完全沉溺于贪污贿赂之中"。

　　第六，普京最让西方头痛的事是恢复和重振俄罗斯的大国地位，其中包括重申苏联在"二战"中的决定性作用、反对北约东扩、反对美国的反导弹防御、反对独联体国家中的"颜色革命"、反对波罗的海国家中的反俄罗斯行动和情绪等。其令人头痛之处就在于，普京要使俄罗斯振兴，重新成为世界一"霸"。

　　对于普京前8年总统任期以来的功绩和不足，俄罗斯国内的专家意见比较统一。俄科学院社会研究所所长米哈伊尔·戈尔什科夫在接受《俄罗斯报》采访时说，普京最主要的政绩在于"化解了国家所面临的系统性危机"，在国家历史上，"这8年堪与苏维埃政权的前10年相媲美"。俄新社政治观察家德米特里·科瑟列夫认为，在普京执政时期，俄罗斯人的自尊心得到恢复，俄罗斯的大国形象也基本重塑完毕。过去8年俄罗斯国内生产总值总体上增长了70%，工业增长了75%，投资增长了125%。得益于这些指标，俄罗斯重新回到了世界经济十强的行列。莫斯科大学历史系教授菲利波夫认为，普京无论在政治建设上，还是在经济建设上都是成功的。他说："从历史上看，普京执政的8年是俄罗斯历史的一个转折点。"他强调说，俄罗斯历史的发展是有"波浪"特点的，总是在重复大破大立的道路，现在的俄罗斯正处在一个恢复发展阶段，"就像一个摔倒的人，即便站起来，也会沾一身的泥。""叶利钦做得最正确的一件事，就是选择了普京。"莫斯科大学哲学系教授库洛托夫认为，普京执政的8年，的确"干得不错"，"普京接过的俄罗斯是一个烂摊子，当初谁也没想到他能走到今天。"库洛托夫认为，普京是一个重视国家利益和理解俄罗斯民族感情的领导人，"这可能也和他的克格勃背景有关，更容易体会一个大国没落的感受"。

　　在执政的8年，普京政府把平均退休金从823卢布增长到了3500卢布，工资也涨了不少。普京曾经总结自己8年来的工作情况，说："我没有看到任何重大的失败——因为所有预定的目标都已达到"，"我深信，我丝毫无愧于两次选我当总统的俄罗斯人民。整整8年了，我像奴隶一样从早到晚地劳作……我满意自己的工作！"

　　普京的"用户"主要是俄罗斯民众，普京的政治营销首要是满足俄罗斯公众的需求。经过8年执政努力，普京部分地达到了这个目的，而恢复和重振俄罗斯大国地位的梦想也正在进行中。相信普京的"用户"——俄罗斯民众最终也会满意的！

# 草根思维——从无名小卒到硬汉总统

"草根"，表达的是一种对生活的无奈，专家认为"草根"是一种自嘲的心理，呈现了一种小人物的集体自我认同。典型的"草根心态"是一种对存在感、成就感、参与感、归属感的渴求。"草根"经过努力奋斗，也可以迈入成功的殿堂。普京从无名小卒到硬汉总统，就是"草根逆袭"的成功范例。

普京于1952年10月7日出生于列宁格勒（现为圣彼得堡）。他的母亲玛丽亚·伊凡诺夫娜·普京娜是一名工厂女工，而他的父亲弗拉基米尔·斯皮里多诺维奇·普京则在苏联海军服役。20世纪30年代，普京的父亲在一支潜艇部队中服役，其后在"二战"中担任苏联内务部的爆破手。普京的两个哥哥均出生于20世纪30年代中期，其中一个早夭，另一个在列宁格勒保卫战中死于白喉。他的祖父斯皮里东·普京曾担任列宁和斯大林的私人厨师。

普京小时候很顽皮，六年级才当上少先队员。1975年，普京毕业于列宁格勒大学法律系，拥有经济学博士学位，随后他加入了克格勃，并在列宁格勒区工作。这段时间他熟悉了其后担任俄罗斯国防部长的谢尔盖·伊万诺夫。他在大学时期加入了苏联共产党，且至今没有正式宣布过退党。

1976年，普京完成了克格勃的训练，两年后他进入了列宁格勒情报机关机要部门。他在此部门工作到1983年，随后在莫斯科的克格勃学校学习一年。1985～1990年，克格勃将普京派遣到东德，负责收集当时西德的经济谍报。两德统一后，普京被召回列宁格勒，此后，普京又在列宁格勒大学国际事务系得到一个职位。1991年8月20日，他在克格勃策划推翻苏联主席米哈伊尔·戈尔巴乔夫期间辞去他在情报机构的职位。随后担任列宁格勒市国际联络委员会主席，主管市政府的对外经济关系。他在工作中所表现出的才干，受到同事好评。1994年3月，普京晋升为圣彼得堡市第一副市长，兼任国际联络委员会主席。他是索布恰克的左膀右臂，深受重用。索布恰克不论去哪里，都把他带在身边，普京因此获得"灰色大主教"的雅号。

1996年索布恰克在市长选举中落选，副市长雅科夫列夫当选市长。普京不愿留在圣彼得堡工作，通过自己的同乡、当时担任叶利钦总统办公厅主任的丘拜斯来到莫斯科任俄总统事务管理局副局长。

1997年3月，普京出任俄罗斯总统办公厅总务局副局长，主管法律和对外经济联系问题。3个月后调任总统办公厅监察总局局长。不久又晋升为总统办公厅第一副主任，分管地方经济，与各地方领导人打交道，检查地方对外经济关系状况，特别是监察他们如何使用中央提供的贷款。

1998年3月29日，叶利钦解除俄罗斯联邦安全会议秘书博尔久扎的职务，任命普京接任。5月，普京任总统办公厅第一副主任。7月，叶利钦又任命普京兼任俄罗斯联邦安全委员会（其前身为克格勃）主席。当基里延科总理在克格勃总部为普京上任举行简短仪式时，普京满怀激情地说："我终于回家了。"

1999年12月31日晚，叶利钦突然宣布辞职，普京根据俄罗斯宪法规定出任代总统。为此，原定于2000年6月举行的俄罗斯总统大选提前到了3月26日。2000年3月27日，俄罗斯中央选举委员会主席韦什尼亚科夫宣布，根据对选票的初步统计结果，普京代总统的得票率已经超过50%，当选俄罗斯联邦第三届总统。

2004年3月14日，普京成功连任总统，并得到71%的绝对多数票。由于俄罗斯宪法对总统任期的限制，普京无法继续参与2008年的总统大选。然而，宪法并没有限制一人当选总统的次数，因此普京会在2012年继续角逐总统位置。2011年11月27日，"统一俄罗斯"党举行代表大会，普京作为"统一俄罗斯"党候选人参加2012年俄联邦总统大选的提名，获得全票通过。普京欣然接受提名并发表演说，阐释其施政思路。

2012 年 3 月 5 日，根据俄中选委对 99.3% 选票的统计结果，普京得票率高达 63.75%，排在第二位、第三位的久加诺夫和普罗霍罗夫分别获得 17.19% 和 7.82% 的选票；日里诺夫斯基和米罗诺夫的得票率分别为 6.23% 和 3.85%。俄罗斯当选总统普京的就职典礼于 2012 年 5 月 7 日在教堂广场检阅总统卫队举行，由此开启第三任总统生涯。根据已获通过的宪法修正案，他本届总统任期将至 2018 年。

普京在任期间，俄罗斯在军事与政治实力上均有相当的提升，同时由于其强硬但宏观的经济管理，为俄罗斯带来了庞大的经济利益，从而将世纪之交濒临崩溃的俄罗斯重新带回世界大国之列。处理突发事件、平定车臣反政府武装、打击寡头以及巧妙的柔道外交等，都凸显了普京钢铁般的意志、政绩和他铁腕的执政风格，确立并强化了硬汉总统的俄罗斯大国梦。

事业要想做大，就必须具有"草根"敢于逆袭成功的心态。正所谓挟"草根"以成霸业，普京的奋斗历程充分说明了这一点！

## 粉丝思维——热情的普京粉丝团

"粉丝"，是对某一种事物的疯狂喜好者，例如明星、漫画、动画、运动、产品等。粉丝和用户并不是一个概念。一个企业拥有很多用户，却不代表着他们都是企业或产品的粉丝。将粉丝的含义引申到政治领域，就是通过打造优秀人物形象聚拢忠诚的粉丝。普京的支持者都可以称得上是普京的"粉丝团"。

普京上台后，立即在俄罗斯掀起了一阵"普京热"，任何跟普京有关的商品都是畅销货，从伏特加酒到蔬菜罐头等多种商品都以普京的名字命名。甚至许多俄罗斯人用普京的名字"弗拉基米尔"给孩子取名。

普京的粉丝众多，尤其是女性粉丝。只要普京在电视上露面，俄罗斯女人们就要牢牢握住遥控器，不管丈夫是不是正打算看比赛。女粉丝们毫不掩饰对普京的热爱，绘有普京头像的 T 恤是她们最常穿的衣服，她们家里也被各式各样的"普京"占领，床头挂的海报、胸前别的徽章、书架上的书籍、冰箱上的冰箱贴、电脑桌面墙纸……一切都跟普京有关。

在众多的普京粉丝团体中，"VV 粉丝俱乐部"算是最出名的一个。该俱乐部 2006 年成立之初，就吸引了很多崇拜和喜欢普京的人。成员来自社会的各个阶层，以女大学生居多，平均年龄只有 18 岁。对于这些俱乐部成员来说，普京这名前克格勃成员以及柔道黑带高手，是不可取代的。他们甚至还举行游行，要求改变俄罗斯宪法。

"VV 粉丝俱乐部"创始人，俄罗斯社会大学社会学学生伊戈尔·波科说："我们用行动支持普京，希望将人们团结起来。普京做了很多，还有很多事情需要做。他需要一个机会来巩固自己的位置，执行第三届任期，我们想公开表达这一点。我们的行动都是与某个特定事件有关，或者为了让人们注意到我们的粉丝俱乐部。我们的活动希望能增加年轻人对政治的关注度，并且表达我们对总统的感受。"

这个俱乐部一度非常兴盛，所有成员都需经过面试筛选，确保准成员是真的喜欢普京。他们每周五聚在一起，谈论政治话题和普京的个人生活，互相交换跟普京有关的信息，组织各种各样的活动。

粉丝们建立了好几个"VV 粉丝俱乐部"网站，脸谱等社交网站也开通了"VV 粉丝俱乐部"小组。粉丝们利用网络跟踪普京的动态，介绍他的事迹、生平，上传他的照片，分享对普京的喜爱。

普京不单单只是一个偶像，在许多支持者的眼中，普京甚至是俄罗斯的"救世主"。一些普京的"粉丝"在接受媒体采访时说，"我感谢他结束了车臣战争，并且偿还了我们的很多外债"，"他提高了养老金和社会津贴"，"如果没有他改变俄罗斯的政治，我们仍将是廉价劳动力"。

2001 年 3 月 6 日，普京第一次通过互联网同国内外网民交流。在随后的10 余年，普京多次通过电视、广播和网络与百姓直接对话，回答来自各个阶层和行业的民众有关经济、住房、教育、卫生、交通、退休金等方面的问题。变，对于普京而言，无论是主动的还是被动的，似乎已经是必需的了。而主动适应互联网对俄罗斯政治生活和社会生活的影响，就是普京的变化之一。

对普京的"粉丝"来说，他们可以直接从总统本人那里得知他的兴趣爱好，他爱看的书籍及正在读的哪些作家的哪些作品。俄罗斯各界对普京通过网络与民众的"亲密接触"之举给予了相当高的评价，认为它不仅有助于政府和官员观察民情，更反映出网络时代政治生活的时代特色，满足了民众与国家领导人直接对话交流的愿望。

在"对话"中，除了回答"国家大事"和"个人隐私"，普京还帮助粉丝解决生活中的实际困难，甚至会送上他的私人礼物。普京曾邀请两个生活贫困的农村小姐妹和她们的奶奶来莫斯科过年，并送她们灰姑娘一样的连衣裙；答应一名学生给他的学校送电脑；向萨彦—舒申斯克水电站安全事故遇难者的妻子承诺增加补偿款；要求俄罗斯国有铁路公司对因救助撞车事故伤者而导致篱笆受损的老婆婆施以援手等。

由于俄官方对报纸杂志和电台电视台的管控明显，互联网就成了俄体制外反对派攻击普京的"重要平台"。在 2012 年初大选前夜，反普挺普普京粉丝网在网上较量，大展其才。随着 3 月 4 日投票日的临近，俄罗斯互联网上涌现出众多政治色彩鲜亮的网站、照片、视频、帖子、微博，而且受到俄网民的狂顶和热议。

普京"粉丝"在"俄罗斯没有普京就没有未来"网站上推出"创意大赛"，吸引了大批参赛者。其中一段视频的点击量在两天内突破 10 万次。作者模仿纪录片《人类消失后的生活》的笔法，勾勒出没有普京的恐怖未来，其言语极富煽动性："2012 年 3 月，总统选举取消，杜马解散，国内新成立200 个政党，政权被 20 世纪 90 年代的自由主义者和好战的民族分子瓜分，组建临时政府……5 月，所有重要经济领域都被重新瓜分，俄罗斯把核武库控制权转交美国以示友好……"

普京的支持者还建立了"我的普京"网站，建议用户在网站上发布自己的照片和视频呼吁支持普京。这一网站上还公布了项目宣言，公开呼吁"在针对普京的信息战的条件下"申明对普京的支持。组织者强调，"我的普京"网站是我们的个人倡议。该项目同任何党派和政治组织无关。用户可以在网站上发布自己的照片和视频呼吁支持普京。计划举行网友参加的快闪活动。他们承诺，这个互联网项目应该形成对普京竞选总部活动的补充，主要致力于在青年人中开展工作。视频中，身穿灰色外套的库尔班哈诺夫游走在莫斯科街头，以克里姆林宫和白宫为背景反复唱道："普京——拯救国家，普京——捍卫祖国，普京——俄罗斯崛起，一切都更进一步发展。"

这首《普京是上帝派来拯救国家的使者》的歌曲在俄罗斯各界引起强烈反响。音乐评论家阿尔捷米娅·特罗伊茨基十分喜欢这首"普京颂歌"，认为它比其他许多有关普京的歌曲都要好。反对派活动家阿列克谢·纳瓦利内则在个人博客中挖苦说，这首歌是对普京竞选宣传的最大讽刺。博主亚历山大·普柳谢夫则称这是"史上最好的反普京歌曲"。

普京不仅在俄罗斯拥有很多粉丝，在美国也有粉丝俱乐部。美国人对普京的热爱并不是保守运动最为显著的立场。但是，在互联网的特定角落里，对于这位美国的"敌人"的崇拜很普遍。美国得克萨斯州的盖恩·杨就是普京的铁杆粉丝，他说普京是最酷的男人。

普京的美国粉丝不是普京的同胞，也不是有可能与这位俄罗斯领导人结盟的任何其他地区的盟友。有些人像盖恩·杨和他的读者那样，只是一些坚定的户外运动爱好者，他们喜欢的是普京的莽骑兵气质。

还有一部分人之所以崇拜普京，要么是因为他们反感奥巴马总统所代表的一切，要么是因为条件反射式地不信任政府和媒体的说辞，再要么是因为自己的政治信仰与美国的两个主流党派都不相符。

脸谱网上成立了一个新的团体，名为"普京美国粉丝团"，目的是"聚集那些崇拜俄罗斯总统弗拉基米尔·普京的许多政策和领导风格的美国人"，他们普遍认为普京比美国民主党、共和两党要更好。尽管这个团体人数较少，但"奥巴马很差，普京很好"的情绪在许多保守派团体的留言板上都能看到。当有报道称普京抓住并且亲吻了一条46磅重的矛鱼时，右翼团体"自由共和国"几乎一边倒地支持普京。

在互联网时代进行政治营销，如果能够拥有众多粉丝，就等于拥有众多的追随者，一旦与追随者产生便利、多元的互动，就会释放出巨大能量。普京粉丝团在线上线下以多种形式力挺普京，恰恰说明了这个道理。

# 尖叫点思维——硬汉让人声声"尖叫"

在企业营销中，所谓"尖叫点"，不是那种让人听了就说"哇，这么好！"的产品，而应该是那种让人听了则说"你再说一遍，我没听错吧？"的持续关注的产品。在政治营销活动中，实施"尖叫战略"的关键就是把那些与个人和国家形象联系不够紧密的点放弃，只把突出的特点放大，引起人们的持续关注，从而收到预期效果。

普京的突出特点是内向而冷静，低调而透着霸气，而且他敢于冒险。他的许多异常或危险活动，通过媒体传播，成功地创造了一个硬汉形象，引发人们的频频"尖叫"声。

请看普京的疯狂驾驶记录：

2000年3月20日，普京乘坐一架由哈尔切夫斯基少将驾驶的苏－27UB歼击机，从克拉斯诺达尔飞到车臣首府格罗兹尼，飞行过程中，坐在副驾驶位置上的普京独自驾驶时间长达8分钟。同年8月，在黑海索契市"博恰罗夫河"夏季别墅休息时，普京在身边7名警卫的保护下，驾驶水上摩托踏浪。此后不断有普京在黑海开游艇踏浪的报道。

2005年8月16日，普京作为俄军最高统帅，完成了一次史无前例的飞行。普京乘坐并短暂驾驶一架图－160战略轰炸机，从莫斯科近郊起飞，以1.5倍音速高速飞行了约10分钟，然后在北冰洋上空试射巡航导弹，接着完成空中加油任务，在返航前还在巴伦支海水域进行搜索舰只演练。此外，图－160轰炸机还以每小时900公里的速度在仅有200米的高度进行超低空飞行，完成了惊心动魄的体验行程。俄罗斯国防部长伊万诺夫随后宣布："这次飞行演习中图－160远程战略轰炸机共发射了4枚导弹，全部击中目标。"此次飞行全面展示了"铁汉总统"形象和自己无穷无尽的能力。

2010 年 8 月驾驶一架灭火飞机 BE－200 飞艇射水，亲自参加梁赞州的灭火工作。普京在半个小时的飞行期间作为副驾驶，两次从奥卡河中取水，而后在梁赞郊区两个森林火点上空投水灭火。这架飞机总共进行了两次取水和投水飞行。飞机向每个火点投水 12 吨。最后，这两个起火点均被扑灭。在飞行期间，普京还观察了另外一架别－200 飞机的灭火飞行。

此外，在各种官方和非官方活动中，普京滑雪橇，坐滑雪车，登导弹巡洋舰，乘核潜艇，开游艇、快艇，驾直升机、飞机，骑马，开汽车，坐矿井内的罐笼，驾机车，开地铁，充分展示了其广泛的驾驶兴趣和高超的驾驶技术。

普京冒险的经历还包括：2000 年 9 月 5 日在东京讲道馆展示了他的武术技能；2007 年 8 月在图瓦寒冷的西伯利亚河流袒胸露背地参与骑马、漂流、钓鱼和游泳等运动；2008 年在乌苏里江国家公园驯服了一头东北虎，然后量度它的牙齿并为它配备了一个跟踪器；2009 年 8 月 1 日在世界上最深的湖泊贝加尔湖深潜 1395 米，并在水底向记者讲话；2010 年 12 月 11 日在圣彼得堡一场慈善音乐会中演唱《蓝莓山》及演奏钢琴，又演唱他最喜欢的间谍电影《盾与剑》中的爱国歌曲；2011 年 8 月 11 日在古希腊殖民地的考古遗址潜水；2010 年 8 月下旬在堪察加半岛沿岸参与鲸鱼生态跟踪工作；2013 年 7 月在图瓦举起一尾重 21 千克的大梭鱼，许多媒体和网民质疑鱼是否可以那么重等。

论长相，普京绝不是那种让人一见钟情的美男子，但他却具有一种独特的魅力。在俄罗斯的一项民意调查中，普京以绝对优势当选为女性眼中世界最有魅力的男士。普京之所以备受女士青睐，其中一个重要原因是，他无论何时出现在公众面前，总是容光焕发，精力充沛，阳刚之气十足。而普京保持旺盛精力的秘诀就在于他坚持体育锻炼。

事实证明，普京运用"尖叫点思维"所进行的政治营销是成功的。根据非政府机构列瓦达中心于 2007 年 6 月进行的民意调查显示，普京的支持率是 81%，是该段时期世界上民望最高的领导人。据全俄罗斯舆情研究中心 2012 年的调查，在俄罗斯人心中，普京的声望高于 20 世纪以来俄罗斯、苏联其他领袖，俄罗斯人普遍支持普京和其团队的政治进程。观察家认为，普京的高支持率是因为他担任总统期间俄罗斯的生活水平显著改善，又在世界舞台上重新抬头。

普京形象已经被谱写成流行歌曲广为传唱。俄罗斯有一个著名的三人和声组合"共唱一首歌"，录制过一首脍炙人口的歌曲《做人要做普京这样的人》，这首歌唱道："要像普京那样精力充沛；要像普京那样不嗜烟酒；要像普京那样不说脏话；要像普京那样毫不退缩。一句话，普京是姑娘们心中的白马王子，是所有俄罗斯人的希望。"

当年普京在圣彼得堡生活和工作过的老房子，如今已经变成了旅游热线；当年普京在德国德累斯顿市住过的地方，同样也变成了德国人赚钱的旅游胜地。普京的形象已经被画成了套娃娃，变成俄罗斯最炙手可热的纪念品；普京的照片也已被制作成挂历，变成了所有官员最为自豪的收藏品。

## 延展阅读

人类社会每次经历的大飞跃，最关键的并不是物质催化，甚至不是技术催化，本质是思维工具的迭代。一种技术从工具属性到社会生活，再到群体价值观的变化，往往需要经历很长的过程。

目前互联网革命和其背后的互联网思维，当今时代正处于第三次工业革命的"后工业化时代"，意味着工业时代正在过渡为互联网时代。工业化时代的标准思维模式是：大规模生产、大规模销售和大规模传播，这三个"大"可以称为工业化时代企业经营的"三位一体"。工业化时代稀缺的是资源和产品，资源和生产能力被当作企业的竞争力。但是在互联网时代，这三个基础被解构了。互联网时代的商业思维是一种民主化的思维。消费者同时成为媒介信息和内容的生产者和传播者，通过买通媒体单向广播、制造热门商品诱导消费行为的模式不成立了，生产者和消费者的权力发生了转变，消费者主权时代真正到来。

"互联网思维"是当下的热词，什么才是互联网思维呢？《互联网思维：商业颠覆与重构》一书中，将互联网思维用"专注、极致、口碑、快"7个字概括，认为拓展开来有"标签思维、简约思维、No.1思维、产品思维、痛点思维、尖叫点思维、屌丝思维、粉丝思维、爆点思维、迭代思维、流量思维、整合思维"12大核心要素。

互联网思维其实是一种"用户至上"的思维。以前的企业也会讲用户至上、产品为王，但这种口号要么是自我标榜，要么真的出于企业主的道德自律。但是在现在这个数字时代，在消费者主权的时代，用户至上使你不得不采取这样的行为，你得真心讨好用户。淘宝卖家"见面就是亲，有心就有爱"是真实的情绪，因为好评变成了有价值的资产。民主和专制的区别就在于，前者是不得不对人民好，后者是出于道德自律。

普京国家元首形象的品牌营销之道，是一种"互联网思维"的体现。

普京登上政治舞台之初，其媒介形象可以形容为没有形象，如同一张白纸，人们不知道纸上会写些什么，不知道他会给俄罗斯带来什么。经过一系列的政治传播，普京的形象发生了天翻地覆的变化，他不再是人民眼中的"克格勃"，而是具有独特个性、气质、能力的民族英雄。普京这种通过媒介建构起来的硬汉形象获得了巨大传播效果。

在俄罗斯多元化的媒体环境下，俄罗斯媒体通过塑造普京朴实的穿着，强健的肌肉，简朴的家庭生活，亲民的形象，深山射虎、水边戏鲸、驾轰炸机上天、乘潜水艇下湖的硬汉形象，以及打击车臣叛乱，维护国家统一的民族英雄形象，一系列"诉诸情感"的说服性传播技巧，使俄罗斯不论老人妇女、青年人、爱国主义者、军队战士都有不同的情感寄托。在情感上营造了一种遥不可及却又亲切的领袖魅力和领导风格。正是这样一种传播技巧使普京形象在民众的心里和脑海里逐渐被"培养"起来。

美国学者格伯纳认为：社会要作为一个统一的整体存在和发展下去，就需要社会成员对该社会有一种"共识"，在这个基础之上人们的认识、判断和行为才会有共同的基准，社会生活才能实现协调。俄罗斯人民正是在媒介塑造下形成了对普京形象的共识，"培养"了对这个"新彼得大帝"的认可，使俄罗斯全民族爆发出一种强劲的民族爆发力，成为世界新秩序中不可忽视的一支强大力量。那首流行歌曲《嫁人就嫁普京这样的人》，就唱出了俄罗斯民众的心声。可以说，正是普京代表了俄罗斯广大人民的诉求，他的形象符合公众对联邦总统的期望，这决定了他在俄罗斯政坛的地位和在选民心目中的形象。

# 第八章　普京背后的公关推手

小人谋身，君子谋国，大丈夫谋天下。

——鬼谷子

智慧之子使父亲欢乐，愚昧之子使母亲蒙羞。

——所罗门

普京游刃于国际元首圈并保持着超高的曝光率，与美国一家名为凯旋公关的全球顶级公关公司密不可分。凯旋公关是公关界巨头，受聘于俄罗斯政府，不仅为俄罗斯政府进行正面形象推广，同时也为美国政府及其部门摇旗呐喊。由于俄罗斯与美国的关系屡有不顺，凯旋公关也在小心翼翼地"走钢丝"。

# 凯旋公关的斡旋之道

自从 1999 年首次执掌俄罗斯最高权力以来，普京的形象发生了惊人的逆转：从当初的矜持寡言、不善交际，到近几年摇身变为秀肌肉、秀才华、游刃有余地在国际元首圈周旋，让自己和俄罗斯保持着超高的曝光率。这一切与一家美国公关巨头凯旋公关（Ketchum）的积极斡旋密不可分。凯旋公关是传播领域的公关巨头，负责为俄罗斯处理在美国的公共关系。

美国司法部文件显示，自 2006 年以来，美国凯旋公关一直为俄罗斯招商引资做推广。2006 年，普京为了筹备在圣彼得堡举行的八国集团峰会，开始与凯旋公司合作。此后，该公司一直在美国为普京和俄罗斯打造形象。

美国凯旋公关由 George Ketchum 创立于 1923 年，是全球第七大公关公司，是传播领域的创新者，通过遍布北美、欧洲、亚太区和拉丁美洲等全球各地的 21 个办事处和 33 个分支机构，为客户提供无缝服务。凯旋公司全球业务涉及六大领域：品牌推广、企业传播、保健品、食品与营养、高科技和员工关系管理与沟通，以其极具深度和广度的市场营销和专业传播知识向客户提供一流服务。

在美国首都华盛顿，有一条著名的"游说一条街"。这条街又被称为"K街"。凯旋公关的办公室就在这条街上。这条街汇集了世界顶尖的公关公司、律师事务所和游说集团。他们不仅与商业大鳄签约，也会为包括美国在内的各国政府工作，为其在国会上"摆平"各种关系，寻求支持；或者想尽各种策划，提升公众形象。

美国的公关公司的客户非常多元化，其中就包括与美国关系不睦的国家。像凯旋公关这类政府形象公关公司的业务只要不构成贿赂，且不涉及伊朗、古巴等"敌对"国家，就是合法的。因此，公关公司为美国政府制裁的对象说话，不会受到法律和行政的干涉。当然，这种靠国际政治吃饭的公司，为了维护自己在美国的声誉，以及同美国政府的关系，还是会审时度势、适可而止。例如，美俄关系日益紧张，凯旋公司为撇清自己，曾发表了一份声明，称其为克里姆林宫提供的顾问服务主要侧重于经济发展，而非外交政策。

凯旋公关谙熟斡旋之道，注意为客户保密。公司网页公布的联系方式中没有联系电话，只有邮箱地址，除专门为媒体采访设置的邮箱之外，还有一个名为"危机传播"的联系方式。有一次，有人按照媒体联系邮箱与凯旋公关取得联系，说明想了解普京总统在《纽约时报》上发表文章的过程和内幕，以及公司如何面对美国国内的争论，但对方回邮件婉拒说："抱歉，我们不能代表客户接受采访。"由此可见，到了关键时刻，为了长久生存，凯旋公司还是会把自己"摘"出来。

凯旋公关不仅为俄罗斯政府进行正面形象推广，同时也为美国政府及其部门摇旗呐喊。一位华盛顿公关界内部人士曾经对记者表示，美国政府常与公关公司合作。例如，美国政府（国务院）想改善美国人在中东的形象，就可以雇用一个美国或者埃及的经验丰富的公关公司，为其做一些指定的项目或者由公关公司提供解决方案。2004年，凯旋公关负责推广布什政府的处方药福利项目。2005年，美国媒体披露称凯旋公关与美国教育部签合约，支付给黑人时事评论员阿姆斯特朗·威廉姆斯24.1万美元酬劳，帮助其在CNN和CNBC的节目上露脸，为时任总统小布什提倡的"不让一个孩子掉队"法案进行游说,并且就此采访时任教育部长罗德·佩奇。2010 年,凯旋公司拿到奥巴马政府的一些合约。

凯旋公关着重促进俄罗斯政府和西方媒体代表之间的联系,"推动更广泛的对话"。经过凯旋公关的运作,曾经有多篇署名"独立专业人士"的"挺普京的言论"出现在《赫芬顿邮报》等美国媒体上。这些文章盛赞俄罗斯政府"现代化策略的雄心"和"执法减少腐败和更好地保护商业"。有一篇文章总结称"俄罗斯可能是大陆上最有活力的地方"。

2007 年,凯旋公关成功游说美国《时代》杂志将普京评选为"年度人物"。2011 年美国得克萨斯州的盖恩·杨问普京"您是政界最酷的男人吗?"访问内容被刊登在了《户外生活》杂志的网站上,实际上就是凯旋公司刻意安排的一次采访。此外,凯旋公关还促成俄招商引资,负责推广俄罗斯索契冬奥会,同时负责运营一个名为"思考俄罗斯"的网站及相关的"推特"和"YouTube"账号。

## 《纽约时报》与叙利亚

2013 年 9 月圣彼得堡 G20 峰会前夕,正值叙利亚局势一波三折之际,一篇署名普京的评论文章出现在美国主流大报《纽约时报》上。普京这篇文章的标题是《俄罗斯恳请谨慎》,文章说:"叙利亚当前局势敦促我必须与美国人民、政治领导人展开直接对话。俄美两国社会缺乏沟通,直接对话尤为重要。"

普京在文章中指出,美国对叙利亚动武的企图已招致国际社会的强烈反对。如美国执意动武,将造成更多的无辜民众死亡,冲突还有可能扩展至叙利亚以外的地区。

普京认为,对叙动武将会导致中东和北非的局势更加不稳定;他甚至警告,整个国际法系统都将因此"失去平衡"。

普京还强调说，叙利亚境内确实已使用了化学武器，但使用者并非叙利亚政府军，而是叙利亚反对派武装。他认为，叙利亚反对派武装中有不少恐怖分子。

美国政府曾经指控叙利亚政府于 2013 年 8 月 21 日在首都大马士革郊区使用沙林毒气，造成上千人遇难，并以此作为军事打击叙利亚的理由。叙利亚政府对此坚决否认。俄罗斯方面则指控叙利亚反对派使用化学武器。

普京在文中辩称，俄罗斯政府早前提出的有关建议并非是为了袒护叙利亚政府，而是为了"保护国际法"。他呼吁美国支持俄罗斯的建议，并特别强调了联合国的作用，指出需要联合国安理会"确保世界不致滑向混乱"，绕开安理会动用武力是不可取的。

普京第二天正式提出建议，希望叙利亚同意让自己的化学武器接受国际监督并在随后被销毁。同时，他呼吁美国放弃对叙利亚动武。叙利亚则表示已准备好将化学武器库的地点透露给俄罗斯和联合国方面的代表。

普京在文中并没有"一边倒"痛批美国，还是在多处表达了与美国就叙利亚危机继续密切磋商的意愿。他甚至表示，与美国总统奥巴马的工作和私人关系正逐步"加深信任"。他还表示，仔细聆听了奥巴马 10 日发表的电视讲话。

奥巴马在电视讲话中说，目前判断俄罗斯提出的将叙利亚化学武器置于国际控制下的提议是否会成功"为时尚早"。但他也说，已请求国会推迟对军事打击叙利亚的议案投票，以便有机会进行外交斡旋。

普京的这篇文章在国际社会引起了强烈反响。德国《柏林日报》称，普京令人惊讶地直接转向美国人，在《纽约时报》发文，这是第一次，也显示了克里姆林宫主人的绝对自信。

英国《泰晤士报》说，普京写了一篇极具讽刺意味的批评美国外交政策的文章，将奥巴马的全国讲话打上"极端危险"的烙印，在叙利亚问题上的斗智斗勇进入新的回合。俄罗斯总统看上去乐于折磨美国，斥责奥巴马在联合国之外行事，警告奥巴马"法就是法，我们必须遵守，不论喜欢与否"。

印度《第一邮报》12 日说，普京在扮演特雷莎修女。美国福克斯新闻分析家麦克法兰称，世界明白普京是真正配得上诺贝尔和平奖的人之一，欢呼普京给了叙利亚一次避免被美国军事打击的和平机会。报道称，美国右翼通过崇拜俄罗斯强人让奥巴马尴尬。普京对此并没有感到满意，他进一步采取反战行动，决定通过《纽约时报》"直接对美国人民布道克制的美德"。

美国有线电视新闻网对普京在《纽约时报》上撰写的这篇文章做出了如此评价。文章说，周三晚些时候网站刊登该文后，"引发飓风般的反应"。

美国《洛杉矶时报》称："一名外国领导人在美国报纸上刊登评论文章影响美国民意并非前所未有，但极不寻常。"普京呼唤上帝、教皇和法制，回忆美苏作为盟友"一起击败纳粹"，但不要认为普京失去了他的锋利，在这篇措辞直率的评论文章中，这位俄罗斯总统苛评美国的"例外主义"，实际上将美国称为一个国际恶霸，并表示"仔细研究了"奥巴马总统此前有关叙利亚化学武器的演讲，决定不予同意。不过，普京仍称他"与奥巴马总统的工作以及个人关系的互信在增加"。

纽约《每日新闻报》称，普京不是"美国例外主义"这一理念的粉丝，他认为上帝也不是。美国国会外交关系委员会主席、民主党参议员梅南德斯称："我几乎想呕吐，我感到忧虑，来自克格勃的某个人告诉我们什么是美国的国家利益，什么不是。这提出了一个问题，俄罗斯人的提议（即'化武换和平'）到底有多严肃。"报道称，也有很多人看上去认为普京相对于奥巴马得分不少。

《纽约时报》编辑安德鲁·罗森索点评这篇文章时称："写得很好，论证充足。"华盛顿公关界内部人士认为，即使没有凯旋公司的运作，如果普京的助手直接找到《纽约时报》，文章应该也会刊登。

事实上，这次帮普京在美"发声"的背后推手是凯旋公司。据普京的发言人透露，文章的基本内容由普京本人撰写，助手协助润色文本，最后由凯旋公关负责说服《纽约时报》刊登。

凯旋公关的"自我评价"一贯坚持"不止满足于典型公关公司"，"我们不同寻常的聪颖、有好奇心、充满激情"。《环球时报》记者很快与该公司联系，但得到的却是十分低调的回复："抱歉，我们不能代表客户接受采访。"

# 大国博弈，公关推手"走钢丝"

俄罗斯和美国之间的争端由来已久，在格鲁吉亚问题和乌克兰危机中，由于俄罗斯和美国两个大国之间的相关利益关系，随着俄罗斯与乌克兰、格鲁吉亚之间的关系日益恶化，至2014年初已经演化成这两个大国之间的博弈。作为普京背后公关推手的凯旋公关，在俄罗斯、美国两国的频频较量中，自然小心翼翼，如"走钢丝"，避免做出与美国利益相冲突的举动。

先来看格鲁吉亚问题。2008年8月，高加索地区发生一场小型代理人战争。亲美的格鲁吉亚出兵攻击南奥塞梯，在俄国战机和坦克的强力反击下，溃不成军。南奥塞梯是一个小到不能再小的国家，它曾经是格鲁吉亚共和国的自治邦，在1992年和2006年两次举行公投，99%支持独立，这个独立公投是在国际监督下举行的，与俄国有宿仇的格鲁吉亚却认为完全是俄国人在背后搞鬼。其实，格鲁吉亚更是美国在背后撑腰。

格鲁吉亚是美国在里海和高加索地区的重要棋子，南奥塞梯地区是重要的能源运输路线，而俄罗斯为了防止北约东扩，大力支持这个小国独立，以牵制格鲁吉亚。而格鲁吉亚是斯大林的故乡，但与苏联有极深仇恨，向美国靠拢变成唯一的选择。

2009年8月28日，格鲁吉亚议会举行非常会议，当天一致通过一份"关于俄罗斯侵略格鲁吉亚领土"的决议。决议文件中声明："南奥塞梯自治州和阿布哈兹自治共和国领土被俄罗斯侵占"，"出现在格鲁吉亚领土上的俄罗斯武装力量，包括其维和部队，均为非法"，格鲁吉亚议会授权"格鲁吉亚执行机关与俄罗斯断绝外交关系"。

有趣的是俄罗斯、美国的公关策略，莫斯科支持独立与自由的民主原则，华盛顿则以维护格鲁吉亚的领土完整为基调。白宫除口头呼吁莫斯科自制外，还强调不会派兵干预。对俄罗斯而言，这是重振国威的好机会。高加索、里海、黑海，都是能源和战略重地，不容美国染指。虽然这个战事没有持续太久，但独立是有传染性的，而且背后都有"老大哥"撑腰，从科索沃到南奥塞梯，莫不如此。

显而易见，凯旋公关这种靠国际政治吃饭的公司，处于如此尴尬甚至危险的境地，就不能不审时度势、适可而止。

再来看乌克兰危机。其实，乌克兰局势发展到今天，"偶然中有必然"，俄罗斯、乌克兰反目有着深刻的根源。自苏联解体后，乌克兰和俄罗斯都变成了主权独立国家，与此同时，两国间也出现了一些悬而未决、难以解决的问题，如黑海舰队、克里米亚归属等，这些问题困扰、制约着两国关系的正常化发展。

随着乌克兰危机的深度蔓延，现在已经演化为美俄之间的深度博弈。2014 年 3 月 16 日，乌克兰克里米亚自治共和国以及塞瓦斯托波尔直辖市举行全民公投。超过九成的投票者赞成加入俄罗斯联邦。克里米亚自治共和国议会 17 日宣布独立成为主权国家，更名为克里米亚共和国。同日，俄罗斯宣布承认克里米亚共和国为主权国家。随后，克里米亚提出以自治主体身份加入俄罗斯联邦的请求。普京在向议会上下两院和政府通报情况后，批准了接纳克里米亚加入的条约草案。对此，美国谴责俄罗斯的举动粗暴践踏了国际秩序和国际法，其实最为核心的在于俄罗斯的举动直接挑战了美国在全球事务上的领导权和影响力。

当前，以美国为首的西方国家正在全力处理乌克兰问题。2014 年 3 月 15 日，联合国安理会就美国起草的有关乌克兰问题的决议草案举行投票表决，由于俄罗斯投否决票，决议草案未通过。17 日，美国总统奥巴马宣布冻结 7 名俄罗斯官员和 4 名乌克兰官员的资产。奥巴马表示："如果俄罗斯继续干涉乌克兰。我们准备实施进一步制裁。"同一天，欧盟外长会议决定对"破坏乌克兰主权"的 13 名俄罗斯官员和 8 名乌克兰官员实施限制旅游、冻结资产等制裁措施。现在，乌克兰问题已经成为美国全球战略部署的重中之重，美国现在将叙利亚问题、朝核问题、伊核问题甚至巴以和谈都暂时搁置，全力以赴处理乌克兰问题。

由于乌克兰危机已经演化为俄罗斯、美国之间的深度博弈，而作为主要当事方和受害者的乌克兰临时政府则退居次席，无论是军事部署还是外交抗议都不为国际社会所关注，这不能不说是在当前国际政治格局下的小国与大国博弈的典型悲剧。

事实上，乌克兰危机是美国等西方国家种下"颜色革命"的"因"，最终结出乌克兰国家分裂的"恶果"，美欧今天都品尝到了其中的苦涩。从目前看来，俄罗斯占尽了"地利"优势，美国等西方阵营则无从下手，所以美国、俄罗斯在乌克兰博弈的势头将会逐渐复杂和胶着，美国及其盟国不得已会长期陷入"乌克兰泥潭"。

毋庸置疑的是，在俄罗斯、美国博弈过程中，如果格鲁吉亚和乌克兰局势进一步恶化，凯旋公关的声誉必定会受到影响。当初普京雇用凯旋公关，是为了协助筹备 2006 年圣彼得堡的八国集团峰会。此后数年，该公司常常鼓励记者，包括英国路透社记者撰写关于俄罗斯贸易峰会、科技公司以及 2014 年索契冬奥会的报道。在美国大学 Kogod 商学院执教的嘉贝瑞曾是一名公关公司高管，他说："当你的客户成了美国的敌人或成了美国公民的敌人，那么情况可能就完全不一样了。"因此，作为普京背后公关推手的凯旋公关竭力强调自己"走得正行得正"，也就没什么奇怪了。

凯旋公关试图与乌克兰危机撇清干系，称其为克里姆林宫提供的顾问服务主要侧重于经济发展，而非外交政策。按照该公司一位发言人的说法："我们的工作仍然集中在俄罗斯的经济发展和投资上，并为改善俄罗斯和西方媒体的关系而努力。我们并不给俄罗斯政府提供外交关系方面的信息，也不向俄罗斯政府提供最近乌克兰局势的公关咨询。"凯旋公关管理名为"Think Russia"的英文网站和"推特"账号，而该网站和"推特"账号均未提到乌克兰的局势。

凯旋公关的业务模式在美国其实并不少见，在美国司法部注册的至少 330 个公司或个人代表外国实体，这些公司碍于法律，不得与伊朗、古巴等美国实施制裁的国家做生意，但可以自由地与其他国家政府往来，即使这些国家或团体与美国存在利益冲突。公关公司可以通过非官方渠道游说美国与一些"对手国"往来，并提供外国政府或外企领导人回馈国际社会如何看待他们的行为，进而帮助其改善国际形象。

# 延展阅读

　　欧美许多发达国家常常聘请专业公司，提供策略并执行服务。欧美等发达国家不但形成了强大的政府公共关系体系，公关专业力量也是它们必不可少的合作伙伴和在推行国家形象战略中时常依附的策略智囊和执行者。作为中国近邻的韩国，在1998年亚洲金融危机肆虐时，也坚持扬言道：即使韩国国库里剩下最后一笔钱，也要聘请一家国际公关公司来游说世界金融界并让世界相信韩国。

　　美国作为公关的发源地，自始至终都将专业公关力量看作是美国国家建设和发展的战略智囊。美国财政部从2002年起聘请博雅专业公关公司，由博雅牵头携手在各传播细分领域的姊妹公司一起为新美钞的发布和公众认知提升工作提供策略咨询、项目策划和执行服务。

　　目前，西方国家尤其是美国的媒体巨头占据着全球舆论的制高点，向全世界提供英美式的思维方法和观点。为了打破这种垄断，一些国家把加强国际传播作为国家公关战略的核心，不惜投入重金打造诸如CNN和BBC等国际一流媒体，争夺国际话语权。

　　2005年12月10日，俄罗斯政府就耗资数亿设立了"今日俄罗斯"英语电视台。其主要创办者——颇具实力的俄罗斯新闻社获得了克里姆林宫的直接支持，目标是要成为俄罗斯的"CNN"和"BBC"。该电视台拥有几千万美元预算资金和数百名新闻工作者，向北美、欧洲、亚洲和非洲用英语24小时滚动播报新闻，向英语国家传播俄罗斯的声音。

　　2006年12月6日，在法国政府支持下创办的首个全天候播报国际新闻的电视台"法国24小时"也正式开播。这是全球第一个同时用法英双语播报时事新闻的电视台，旨在向全世界传达法国的世界观和对文化多样性的重视，并与 CNN 和 BBC 展开竞争。

在当今全球化时代，以文化为核心的软实力的竞争成为国际竞争的重要内容。美国等发达国家目前已经把文化产业当成一个替代性和战略性产业来发展，此外，其他国家为了抵御美国等超级大国的文化霸权渗透和侵袭，无不从战略层面推广本国的语言文化，大力发展文化产业。美国不仅在硬实力上无人能比，在软实力上也遥遥领先。法国《世界报》曾发表文章指出，支撑美国强国地位的四根支柱分别是：美元、导弹、网络和好莱坞，它们分别代表着美国的经济、军事、科技和文化。美国的文化产品出口额每年在 700 亿美元以上，超过了它的汽车工业和航空工业。为了在世界传播法兰西的文化价值观，法国大力开展文化外交，在近百个国家建立了 150 多个文化中心来推行法语和法国文化。1996 年起生效的一项法律就要求全法国 1300 多家电台在每天早 6：30 至晚 22：30 的音乐节目必须播送 40% 的法语歌曲；各电视台每年播放法语电影不得少于 40%，违者处以罚款并用于资助振兴民族文化。英国也非常注重文化产业尤其是创意产业的发展，2003 年 4 月至 2004 年 1 月，"创意英国"在中国的北京、上海、广州、重庆四大城市举行，由英国文化协会和英国驻华使馆主办，由当时的首相布莱尔亲自充当形象大使。活动耗资 400 多万英镑，堪称英国政府有史以来在海外组织的最大规模的国家公关活动。此外，韩国的国际交流财团、日本的国际交流基金会、西班牙的塞万提斯学院也都在从事类似的工作。

日本利用奥运会和世博会实现了日本形象的"异军突起"。1964 年东京奥运会是日本"二战"后首次举办的国际性综合体育赛事，日本各界利用此次奥运会多角度地进行国家形象公关，此后，日本又成功举办大阪、冲绳、筑波和爱知四次世博会，与韩国合办 2002 世界杯足球赛，频频成为全球关注焦点，展现了"二战"后日本所树立的新形象。

一直以来，韩国在世界的形象是个封闭的以农耕文化为主的半岛国家，人们总会将其与朝鲜战争、国土分裂、军政府独裁、劳资对抗激烈、国民性格内向且倔强等一些负面特征联系起来。为了扭转这一认知，韩国进行了全国性的动员和精心的准备，举全国之力保证了首尔奥运会的圆满成功。通过奥运会，韩国给世界留下的印象是整洁的城市、清新的环境、井然的社会秩序和谦虚热情、彬彬有礼的韩国人，从而让世界重新认识了韩国，全面提升了韩国的国际地位和形象。

从国家公关的角度来说，文化、体育、国际会议等重大国际活动是形象传播的绝佳平台。一方面，重大国际活动本身就能很好地展示主办国的综合实力和国际形象；另一方面，此类活动往往能够引起媒体的广泛关注而成为重大媒介事件，从而吸引全世界的目光。由于国家形象具有立体性、多元性和动态性等特征，在推广国家形象时要注重策略，局部突破、协同并进和新旧平衡，尤其要注意政府与民间、官方与非官方的配合和互动。

# 第九章　普京幕后的营销团队

上兵伐谋，其次伐交，其次伐兵，其下攻城。

——孙子

巧者劳而智者忧。

——庄子

普京之所以强悍不仅源于自身性格，更有赖于他背后的团队，其主要构成是前克格勃成员。普京构建的这个团队具有超强的政治营销能力，从清除叶利钦大家族的势力到整治俄罗斯金融寡头，西罗维基都是普京决策的忠实执行者。

# 组建新"大家庭"

"大家庭"是形成于叶利钦时代的一个政治集团，其成员要么是寡头，要么是亲寡头的高层人员。普京登上总统宝座后，他的特工兄弟们掌握着俄罗斯所有重要的决策。克格勃成功地挺过转型期，强有力地卷土重来，不能不承认，普京团队是一个来自克格勃的新"大家庭"。

早在 20 世纪 90 年代，克格勃人员只有一个目标：保存实力，等待东山再起。2000 年新年前夕，这个时刻来了，叶利钦辞职，将权力递交给普京。普京的崛起让他们找到了自信，"团结起来，全力支持普京"成为前克格勃成员们的共识。

普京担任总统后，首要任务就是恢复国家秩序，打击势力群体。他的克格勃伙伴们成为他完成这项艰巨任务最得心应手的工具，这些人逐渐汇聚为决定国家所有战略性决策的小圈子。其中包括总统办公室的两名副主任：掌管文件收发同时监控经济事务的伊戈尔·谢钦，负责克里姆林宫内外人事的维克托·伊万诺夫。紧接着是俄罗斯联邦国家安全局局长巴扎舍夫和前国防部长、第一副总理塞尔日·伊万诺夫。这些人都来自圣彼得堡，所有人都在情报或反情报部门工作过，谢钦是唯一没有公布自己背景的人。

这个新"大家族"成员更进一步深入到俄罗斯生活的所有领域，经济、交通、自然资源、电信和文化等部门无处不见他们的身影。几个克格勃老兵在俄罗斯最大的公司——国有天然气公司占据着高级管理岗位；普京信任的媒体秘书格罗莫夫高踞在俄罗斯主要电视台——国家一台的位置上；据说是克格勃高级官员，长期驻扎美国纽约的外交官雅库宁领导着铁路垄断；普京在克格勃时代的老朋友切梅佐夫负责国家军备机构……还有许多官员驻在俄罗斯各大型的国有和私有公司，他们在那里领着丰厚工资的同时，名单仍在FSB的薪水册上。

事实上，在普京两任总统任期中，这些俄罗斯联邦国家安全局成员已集聚起强大的政治权力。来自俄罗斯联邦国家安全局及其姊妹机构的人员掌控着克里姆林宫、媒体和这个国家的大部分经济，还有军队和警察等武装力量。据俄罗斯科学院社会学家克里希塔诺夫斯卡娅的研究，这个国家的高级官僚有1/4都是由"大家族"占据，他们包括军队和其他安全机构的成员。但如果将与各种安全机构有关联的机构也算在内，那么这个比例将上升到3/4。这些人是心理上完全趋同的群体，他们的精神源头要追溯到布尔什维克的第一个政治警察机关——契卡。普京曾不止一次说："没有什么比作为一名契卡人更荣光了。"

不同的是，苏联时的克格勃并不关注金钱，权力才是生死攸关，尽管当时克格勃势力巨大，但它不过是一个"战斗分部"，部分是情报机构，部分是安全机构，部分是秘密政治警察机构，它消息灵通，但不能按照自己的意志行动，只能提出"建议"。然而，如今它已经变成了国家本身。除普京外，今天没有任何人敢对以克格勃为主要成员的俄罗斯联邦国家安全局说不。

良好的克格勃血统——如父亲或祖父为克格勃工作——是今天新"大家族"成员们高度重视的资质，权力精英群之间相互联姻也得到大力提倡："我们必须明白，我们是一个整体。历史表明，支撑俄罗斯的重担将落在我们肩上。当身处险境时，我们相信自己有能力清除任何障碍，保持我们誓言的忠诚。"

# 克格勃的"回马枪"

　　"西罗维基"意为"强力集团"，指的是忠于普京的一个政治团体，其核心成员主要是前克格勃成员和其他执法官员。西罗维基的实际领袖曾经几易其主。

　　在叶利钦时代，左右着俄罗斯政坛的是以叶利钦为名义领袖的政治集团，而核心人物是大寡头别列佐夫斯基，"灰衣主教"、"克里姆林宫教父"、"政治冒险家"等，这些都是媒体给他的"封号"。他的成功皆源于以叶利钦为首的政治集团。普京20世纪90年代末期在政坛上崛起，别列佐夫斯基最初支持普京，但后来强烈反对普京政权。2000年，俄罗斯检察院宣布准备对别列佐夫斯基提起诉讼。别列佐夫斯基2001年正式移民英国并寻求政治庇护。2013年3月23日深夜，67岁的别列佐夫斯基被发现在伦敦近郊伯克郡的住所内死亡。英国警方3月25日表示，别列佐夫斯基系"缢亡"。

　　别列佐夫斯基流亡国外后，亚历山大·沃洛申成为核心人物。亚历山大·沃洛申1999年3月19日起任总统办公厅主任，1999年12月随辞职的叶利钦去职。同日，代总统普京重新任命他为总统办公厅主任。普京2000年5月就任新总统后，再次任命沃洛申为总统办公厅主任。2000年末，亚历山大·沃洛申向普京递交了辞呈。

　　亚历山大·沃洛申可谓是一人之下、万人之上的风云人物。正是由于他台前幕后的策划，才使得叶利钦和普京实现政权的和平交接，将普京从一名普通的克格勃特工扶植成如日中天的大国总统。亚历山大·沃洛申因而被认为是普京的"恩师"和"头号幕僚"。在经济改革问题上，亚历山大·沃洛申能够巧妙地周旋于政府各派和议员之间，他"似乎已使自己成为普京不可缺少的人"，他代表普京决定大多数敏感的政治问题，实际上是俄罗斯第二号最有权势的人物。

在叶利钦政治集团的权势处于巅峰时期，其成员中有 7~10 人足以左右俄罗斯政府：他们可以随意撤换总理，推行任何一项他们想要的政策。

随着有 16 年克格勃经历的普京成为俄罗斯政坛第一人，许多原克格勃的人员被提拔重用，形成了一股新的政治势力，并随之出现了一个全新的名词——"西罗维基"。有西方媒体如此感叹：克格勃又杀回来了。

普京执政后，西罗维基已经悄悄建立起一个由上至下、遍及整个俄罗斯的庞大权力体系，这些昔日的"克格勃"们似乎正在一步步地恢复他们以前的地位与权势。他们已经成为普京时代一个新的既得利益团体，而普京就是他们的实际领袖。俄罗斯政治分析家帕洛夫基思一语中的地说："普京是一个下棋高手，他能同时下几盘棋，统观全局，平衡力量。"

# 普京的"大兵小将"

普京凭借宪法赋予的总统权力，在构建新一届政府权力支柱的过程中，促成了西罗维基的崛起。

普京从小就十分崇拜苏联的间谍英雄，少年时期产生了想从事情报工作的愿望。有一次，老师布置了一篇题为《我的理想》的作文。许多同学都把当科学家作为理想，而普京却在这篇作文中写道："我的理想是做一名间谍，尽管这个名字对全世界的人们都不曾有任何好感，但是从国家和人民的利益出发，我觉得间谍所做的贡献是十分巨大的"；"我报效祖国和人民的方式就是去做一名出色的间谍，用我的恶名去换取敌人的失败，用我的牺牲去赢得祖国和人民的胜利"。

后来，普京在克格勃前后工作了 16 年。这段经历，使普京心中充满爱国热情，养成坚韧不拔、敢于冒险、不怕牺牲的勇敢精神和遵纪守法、老练稳重、善于幕后操作的神秘作风，同时也为普京后来重振克格勃埋下了伏笔。

苏联解体前后，克格勃遭到前所未有的困顿。西罗维基的成员更加"低调"和内敛，因为"低调"是他们当间谍时最重要的保命操守，以普京总统办公厅副主任伊戈尔·谢钦为例，这位克格勃翻译出身的权势人物居然连照片都难看见。20世纪80年代曾跟普京和谢钦在圣彼得堡市长办公室共过事的帕夫罗夫说："谢钦本人受过极好的教育，他的沟通技巧也是超一流的，他最重要的一点是对普京的忠诚。他绝不允许自己对普京已经做出的决定说半个不字！"

有政治分析家称："首先大家应该先了解克格勃的心理学。他们往往是权力的工具，而不是权力的争夺者。"有一个相当生动的例子：1991年8月，100多名民主人士突然冲进了卢比扬卡广场克格勃总部院内，七手八脚地将克格勃创始人捷尔任斯基的雕像放倒了，"总部里有2000名克格勃特工，他们都有武器，都有保护雕像的权力，但他们只是眼睁睁地看着雕像被推倒，没有一个走出办公室。为什么？就因为没有人命令他们干什么！"

这件事对普京的刺激很大，不堪此辱的普京在2000年就任俄罗斯总统后，立即着手为克格勃恢复名誉。执政伊始，就下令将已经流失的苏联克格勃著名领导人安德罗波夫的一块牌匾找回来，将其重新悬挂在原来的地方，而坐落在莫斯科市中心卢比扬卡广场的克格勃鼻祖费利克斯·埃德蒙多维奇·捷尔任斯基的雕像也被保护起来。当时，普京以过来人的身份发表讲话说："提到（克格勃的）历史，我们不必难为情，我们应当为英雄们和他们的业绩感到骄傲。"

同时，普京又大力打造曾经辉煌昌盛的克格勃系统。2003年3月，普京宣布对强力部门进行重大改组，加强俄联邦安全局的机构设置，把拥有21万人编制和大量军事装备的联邦边防局合并到联邦安全局旗下，联邦政府通讯署也被撤销，相当一部分人员和职能也被划归联邦安全局，大大加强了原本只有8万人编制的联邦安全局的地位和权力，使之成为仅次于国防部的强力部门和昔日克格勃的"浓缩版"。2004年7月，普京下令提高联邦安全局的地位，使正副局长的级别相当于政府的正副部长，该局的职权也大为扩大，对地方分支机构实行垂直领导，地方行政长官无权过问当地安全机关的工作。

此外，2005年，普京还下令投资数百万英镑，拍摄一部名为《倒数计秒》的俄罗斯版"007"间谍电影，颂扬那些"智勇双全、充满魅力"的特工，为克格勃形象彻底平反。

经过普京的一系列努力，克格勃在俄罗斯民众心目中的形象，已经大为改善，成为无所不能的英雄，特工们也因此再次昂起了头。

普京不仅不遗余力地为克格勃正名，还乐于从原克格勃系统中寻觅人才。起初，普京把克格勃同事招来帮助对付寡头、打击地方势力和惩治贪污腐败。后来，普京又把原克格勃干部引进政权上层，作为自己的左膀右臂。

俄罗斯女社会学家奥尔加·库留西塔诺夫斯卡娅曾采访过数以百计的"西罗维基"成员，并出版了《普京先生的精兵强将》一书。她在书中说，作为苏联最有权势的强力部门，克格勃是苏联解体的最大"失意者"：1991~1993年，克格勃近半成员、约30万人被迫"下岗"，其中约2万人受雇于"寡头"；更多的克格勃陷入贫穷，丧失尊严。但同僚总统——普京的上台让前克格勃们找到了自信，他们"团结起来，全力支持普京"，同时重建昔日的权势。

据统计，从1988年戈尔巴乔夫时代到2003年普京时代，西罗维基在俄政坛的权势增长了12倍，其人员在俄政坛最高层的比例从1988年的4.8%上升到了2003年的58.3%。这种惊人的增长主要发生在普京执政期内，而且主要依靠普京的扶持。

更重要的是，俄政府1/4的精英出身克格勃，超过2000个最具影响力的政府和行业机构被控制在前克格勃手中。在普京任命的由24人组成的联邦安全委员会中，多数成员是前克格勃官员；普京的7个总统特使中有4个有克格勃和军方背景；内阁12名部长中有4名部长属于西罗维基。

这个权力金字塔，积累起如此庞大的权力绝非一日之功。实际上，早在俄罗斯和西方媒体将他们称为"西罗维基"之前，这个雄心勃勃的团体就已开始悄悄建立起一个由上至下、等级分明、遍及整个俄罗斯的权力金字塔。

位于这个金字塔顶部的是四大"领袖"：总统办公厅副主任伊戈尔·谢钦和维克托·伊万诺夫、联邦安全局局长尼克莱·巴特鲁舍夫以及国防部长谢尔盖·伊万诺夫。在他们的运作下，诸多以前的同事或新的"归顺者"占据了多数俄联邦政府部门的关键职位，从而形成了这个权力金字塔的中间阶层。例如，曾是叶利钦政治集团成员的俄罗斯总检察长弗拉季米尔·乌斯基诺夫，也投诚西罗维基。

西罗维基成员性质单一，非常团结，对普京高度忠诚，很少有人贪污。为了维护普京的权力，他们决定镇压潜在的反对派，具体办法是威胁这些"敌人"的财产。前些年，俄罗斯寡头的势力迅速增长，甚至到了足以左右国家政策的地步。普京上台后致力于削弱寡头的势力，西罗维基最大的任务也是与寡头进行斗争，确保普京在与富豪们夺权的斗争中获胜，因此在这一过程中发挥了重要作用。

# 普京身后的四大权力支柱

普京在总统生涯逐渐构建起自己的四大权力支柱：西罗维基、圣彼得堡帮、"统一俄罗斯"党及温和改革派。通过西罗维基，普京控制了俄罗斯的"强力部门"；通过圣彼得堡帮，普京控制了克里姆林宫；通过"统一俄罗斯"党，普京控制了俄罗斯国家杜马变成了普京的助手；通过温和改革派，普京得以推进其经济改革。可以说，凭借这四大权力支柱，普京清除了政治强敌，巩固了政治地位，形成了以他为核心的、非常牢固的政治权力架构。

从清除叶利钦"大家庭"的势力到整治俄罗斯寡头，西罗维基都是普京决策的忠实执行者。毫无疑问，西罗维基已成为普京执政最重要的权力支柱之一。

事实上，普京对西罗维基的权势已采取了平衡措施。俄罗斯分析人士认为，当普京总统对"大家庭"和"西罗维基"一视同仁时，他是这两个集团的领袖，但一旦有一个集团被摧毁，他就会逐渐沦为另外一个集团的傀儡。这或许有些危言耸听，至少在目前，西罗维基仍在普京的掌控之中。

"圣彼得堡帮"来自圣彼得堡，他们是普京的第二大权力支柱，也是普京平衡、制约西罗维基势力的主要力量。

有人说，西罗维基就是"圣彼得堡帮"，"圣彼得堡帮"就是西罗维基。他们都是普京的"战友"、同事加"老乡"，的确，在西罗维基的权力体系中，很多人都来自圣彼得堡。例如西罗维基的四大领军人物都出身克格勃，又都来自圣彼得堡。但跟随普京的圣彼得堡老乡并非都是克格勃出身，如果说西罗维基强调的是一种职业身份，那么圣彼得堡帮则强调其地域身份。圣彼得堡帮同西罗维基一样忠于普京，但他们没有克格勃的出身，故他们自然不属于西罗维基。与西罗维基的抱团精神相比，圣彼得堡帮似乎要松散得多。

圣彼得堡帮的三大领袖人物就是：普京新任命的总统办公厅主任梅德韦杰夫，"编外副总理"科扎克以及国防部长谢尔久科夫。

在当时，38 岁的梅德韦杰夫是俄历史上最年轻的总统办公厅主任。2000年1月，普京宣布角逐俄罗斯总统时，梅德韦杰夫是普京竞选总部的总指挥，为普京当选总统立下了汗马功劳。梅德韦杰夫是普京麾下权力集团"圣彼得堡帮"的核心人物、最受普京信赖的亲信。2008 年 3 月，获普京表态支持的梅德韦杰夫高票当选俄罗斯总统。

科扎克也是列宁格勒大学法律系的毕业生、普京的校友。普京担任总理后，科扎克被请到莫斯科担任政府办公厅主任，并一直被外界视为普京的左右手。谢尔久科夫是普京在圣彼得堡大学法律系的学弟，圣彼得堡人，可谓"圣彼得堡帮"的当红人物。

"统一俄罗斯"党是一个自诞生之日起就效忠普京的"普京党"。凭借普京的大力扶持，该党已成为俄国家杜马第一大党，是普京的第三大权力支柱。在普京的大力扶持下，这个"总统党"在 2000 年就迅速成为俄国家杜马中仅次于俄共的第二大政治派别。后来在普京的支持下，"统一"党（原译团结党）与"祖国"运动和"全俄罗斯"运动三大政治组织合并，成立全俄罗斯"统一和祖国"党，简称"统一俄罗斯"党，使得俄亲普京政治势力实现大整合。

虽然"统一俄罗斯"党成立的时间不长，但该党已宣布拥有 67.5 万党员，超过号称拥有 55 万名党员的俄共，成为俄第一大党。其党员中，"草根阶层"只占极少数，大部分党员都是官僚、富豪以及社会名流。据统计：统俄党在全国各级立法机构中拥有2000多名议员，包括246名国家杜马议员，87名联邦委员会（议会上院）议员，75名党员担任联邦主体的行政长官，500多名党员担任市政机构领导人。

与大多数俄政党相比，"统一俄罗斯"党似乎不大像个政党。因为"统一俄罗斯"党没有明确的领导体系，没有清晰的意识形态，没有清楚的竞选纲领，也没有提出任何立法计划，但就是这样一个看起来不像政党的政党，在2003年底俄罗斯第四届国家杜马选举中，一举囊括总计450个席位的246席，将其他3个党派，尤其是反对党俄共远远抛在身后，成为名副其实的杜马第一大党。

"统一俄罗斯"党的胜利就是普京的胜利。根据俄罗斯法律，总统不属于任何党派。但该党却自称是"普京党"，而普京也不讳言对该党的支持。正是在普京公开表态的支持下，"统一俄罗斯"党的支持率才迅速攀升。而普京居高不下的支持率也变成该党的选票保证。可以说，"统一俄罗斯"党的胜利全依赖普京支持的"东风"，其实力的根源也是普京。而对普京来说，"统一俄罗斯"党也没有辜负他的"栽培"；作为俄杜马的第一大党，"统一俄罗斯"党已成为普京的第三大权力支柱。

"统一俄罗斯"党在杜马中的优势地位，再加上另外两个亲普京政党的合作，俄杜马中如今只剩下一个势单力薄的反对党——俄罗斯共产党，亲普京的政党占据杜马2/3强的席位，牢固控制了国家杜马。这样一来，就为普京政府放开手脚施政扫清了来自议会的干扰和阻挠，甚至使普京修改宪法延长总统任期或取消对总统任期不得超过两任的限制成为可能。

但普京对"统一俄罗斯"党似乎还有更大的期望。克里姆林宫打算通过长期努力，使该党成长为一个单一的执政党。就像昔日日本的自民党那样，一党独大，占据议会中2/3强的席位，从而开辟了俄罗斯政坛的一党时代。

温和改革派与西罗维基、圣彼得堡帮、"统一俄罗斯"党相比，更不像一个政治团体，他们不属于以上任何一个政治团体，也不是普京的"嫡系"人马，但他们却是普京推进经济改革的主要依靠力量。温和改革派是普京的第四大权力支柱。

温和改革派来自俄罗斯的不同地方，没有圣彼得堡背景，没有克格勃出身，不是普京的校友、老乡或者同事。他们主要是一群技术官僚，因为相同或相似的经济改革主张而成为一派。对普京来说，西罗维基、圣彼得堡帮、"统一俄罗斯"党可以帮助其控制军事、政治、立法等权力，但说到经济改革，他却必须依赖温和改革派。

普京对俄政府进行大规模改组和精简，大胆起用改革人才，得到俄罗斯国内大多数分析家的认同，俄新内阁的一些要员表示，这是俄罗斯"百年来最重大的改革"。普京任命了新的外交部部长，精减了 13 名内阁部长，但留用了主要的经济自由主义者。政府的主要职位都交给了支持普京的西罗维基和主张建立利伯维尔场的改革派。在政府改组中，普京加强了政府中主张实行现代化的自由主义者的地位，自然也将加快俄罗斯的经济改革步伐。

在改组后的新政府中，普京保留了财政部长库德林、经济发展和贸易部长格列夫、紧急情况部长绍伊古三人的职务。此举是因为普京相中了他们三人的"改革头脑"，保留原职的财政部长库德林与经济发展和贸易部长格列夫二人，特别是在 20 世纪 90 年代后期，这二人对恢复俄罗斯经济、稳定国内金融动荡发挥了突出作用。

普京做出这番大刀阔斧的政府改组已经向外界释放了一个强烈信号，那就是，连任之后，他将明确坚定地走一条改革路线——温和渐进的改革路线，普京看中的这些改革派就是温和改革派。他们虽然反对回到过去的计划经济体制，主张市场经济，但也反对照抄西方模式、给俄罗斯带来灾难的激进经济改革。他们的改革是一种渐进的、温和的、"有俄罗斯特色"的改革；是要建立一种"有秩序、可控制的市场经济"，加强国家宏观经济调控。其实这也是普京的改革思路。

# 延展阅读

　　国家首脑背后往往都有自己的"精英集团"，如美国有神秘的"骷髅会"。据美国媒体报道，"骷髅会"成立于 1832 年，是美国历史上"最神秘和最成功的社团"，发起人是威廉·拉塞尔和阿方索·塔夫特。成立之初。"骷髅会"主要吸收华尔街金融机构里盎格鲁—萨克森裔的美国精英青年为成员，他们通常被称作"骨人"。该组织的主要宗旨是协助成员获得权力和财富，因此美国许多名门望族的成员都加入了"骷髅会"，其中最著名的当属布什家族，包括布什和他的父亲老布什在内，布什一家共有 9 人入会。"骷髅会"的成员还包括美国第二十七任总统威廉·霍华德·塔夫托、《时代周刊》的创始人亨利·鲁斯、摩根士丹利的创办人斯坦利等政治家和工商业巨头，这些人的儿女也往往会被介绍进入"骷髅会"，成为"骨人"。

　　目前，"骷髅会"成员总共仅有 800 多人，这个数字与美国的 3 亿人口相比，实在渺小。但"骷髅会"的成员大多跻身美国上流社会，他们当中不乏中情局高官、商业巨子、议员和大法官。一个人加入了"骷髅会"，就意味着他从此加入了一个代表权力、优越和财富的人脉网络，无论是从商还是从政，他都可以得到该组织其他成员的鼎力支持。《骷髅会：坟墓的秘密》一书的作者罗宾斯说，当年布什投身石油业时筹集的 56 万美元资金中有 1/3 是向一位"骷髅会"兄弟借的，"骷髅会"成员还集资帮布什买下了得州"游骑兵"职业棒球队，而在后来竞选总统时，布什更是得到了"骨人"兄弟的全力支持。另外，克林顿当年竞选总统时的主要赞助人之一哈里曼就是"骷髅会"成员。有评论家甚至称，从某种意义上来说，目前的美国被控制在"骷髅会"成员手里。

　　俄罗斯则有一个"西罗维基"。"西罗维基"意为"强力集团"，指的是忠于俄罗斯总统普京的一个政治团体，其核心成员是前克格勃特工。与充满神秘色彩的美国"骷髅会"一样，俄罗斯的"西罗维基"也非常低调。据俄罗斯社会科学院提供的研究数字，目前俄罗斯1/4的"政府精英"出身谍门，2000多个最具影响力的政府和行业机构被控制在前克格勃间谍和特工们手里。例如，俄罗斯3个地区的最高行政长官都是克格勃出身；圣彼得堡石油公司以及斯拉夫涅夫石油公司的老总、多家航空公司的总裁、圣彼得堡电话公司的总裁和莫斯科中央水资源公司的老总也都曾是克格勃特工。

成功人士并非靠单打独斗，普京就是如此。普京懂得集合精英的力量，他之所以在自己的领域内所向披靡，除了强悍的自身性格因素，更有赖于他背后的"西罗维基"。

# 第十章　重塑俄罗斯

一个领导人跻身于伟大领袖之列的可靠公式有三个要素：伟大的人物，伟大的国家和伟大的事件。

——尼克松

历史中总是一次又一次地出现一些对过往的伟大事物进行反思的人，他们从中获取力量，常常感受到人类生命的辉煌灿烂。

——尼采

国家形象也称"国际形象"、"国家对外形象"，是一个国家在发展过程中形成的自我认知和国际社会对其的整体评价，是国家综合实力和民族精神的重要表征。普京政府注重通过塑造俄罗斯良好的国家形象，提振俄罗斯民众士气，实现强国复兴的梦想。

# 真正的俄罗斯精神

俄罗斯民族是一个十分特殊的民族。在世界民族之林中，各个民族因其自然环境和社会发展状况的因素固然展现出迥然不同的精神风貌，但任何一个民族都不像俄罗斯民族那样独特，任何一个民族的精神都不像俄罗斯民族精神那样复杂。这是因为俄罗斯民族不仅有着横跨欧亚大陆的幅员辽阔的疆域，而且有着一部起伏跌宕、徘徊于东西方文明之间的历史和一个对俄罗斯文化的起源和发展起着奠基作用的宗教。这种特有的地理环境和社会文化背景决定了俄罗斯民族特有的心理意识，造就了俄罗斯民族所特有的、具有本质意义的思想观念及其独特的思维方式。

俄罗斯精神包容着丰富而复杂的内涵，很难用一个简单的意思加以界定。归纳起来，可作以下几方面的概括：

第一，地理位置的影响。俄罗斯是一个地跨欧亚两大洲的国家。按照19世纪俄罗斯著名思想家恰达耶夫的观点，俄罗斯"不属于欧洲，也不属于亚洲"。说它是欧洲国家，它的版图却占有亚洲1/3的陆地；说它是亚洲国家，无论是它的发源地，还是政治文化中心都在欧洲。这种独特的地理位置使俄罗斯置身于东西方文化的交界处。从泛指意义上讲，西方文化指西欧资本主义国家及其文化；东方文化则指具有封建专制色彩的亚洲文化。对于东方国家来讲，它处在亚洲的最西部，因而最早感受到来自西方文化的压力与诱惑；对于西方国家来讲，它处在欧洲的最东部，因而最易受到东方文化的熏陶与影响。俄罗斯所处的地理位置极易使其受到来自东西方两个方面的影响。因此俄罗斯民族文化从产生之日起，就受到了东西方文化的双重作用。俄罗斯民族文化的这一特征决定了俄罗斯精神的两面性。

俄罗斯地跨欧亚两大洲，气候寒冷。这种自然条件培养了俄罗斯民族既奔放又忧郁，既懒散又吃苦耐劳的性格特征。俄罗斯有着广大而肥沃的土地，广大的空间造就了俄罗斯民族豪放的性格。他们嗜酒无度，缺乏纪律；舞蹈奔放粗犷，合唱震天动地。但是俄罗斯漫长而寒冷的冬季却给人们造成了生活的重负与精神的压抑。因此俄罗斯人总是表情庄严，肃穆，凝重多于微笑；心情忧郁，伤感，沉重多于轻松。此外，肥沃的土地也养成了俄罗斯人懒散的习性。他们有着取之不尽、用之不竭的资源，无须勤劳节俭去创造财富。然而恶劣的气候又使俄罗斯人饱尝生活的艰辛，从而磨炼了他们的意志，培养了他们吃苦耐劳的品格。

俄罗斯独特的地理位置在某种程度上创造了俄罗斯文化的民族性，同时也在某种程度上塑造了俄罗斯精神的双重性。恰达耶夫在《俄罗斯思想文集·箴言集》中说道："有一个事实，它凌驾在我们的历史运动之上，它像一根红线贯穿着我们全部的历史……它是我们政治伟大之重要的因素和我们精神软弱之真正的原因，这一事实就是地理的事实。"

第二，历史发展的结果。地跨欧亚大陆不仅仅是俄罗斯在地理位置上的特点，更是它在历史发展过程中的特点。俄罗斯民族的历史是一部不同于西方国家也不同于东方国家，却深深地受着东西方文化影响的历史。在1000多年的历史长河中，俄罗斯一直徘徊于东西方文化之间。它选择着，摇摆着，在这种选择与摇摆中形成了俄罗斯精神兼容东西方文明的实质和存在于其中的两面性。

其一，俄罗斯人第一次接受西方文明，基督教被宣布为国教。"基辅罗斯"建立以后，封建关系日益发展，俄罗斯人的祖先东斯拉夫人所信仰的多神教已经不能适应新兴领主阶级以及大公加强统治的需要。因此公元988年，基辅大公弗拉基米尔与拜占庭联姻并皈依基督教，随后宣布基督教为国教，同时下令基辅市民到第涅伯河集体受洗。史称"罗斯洗礼"。"罗斯洗礼"使基辅罗斯成为欧洲文化的一个组成部分。此前，尽管俄罗斯人生活在欧洲的土地上，由于文明起步较晚，其自身文化并没有被纳入欧洲大陆的"主体文化"。

从某种意义上说，基督教代表了当时欧洲的主体文化，即代表了欧洲的先进文化。接受了基督教就等于接受了西方的文明。接受了西方的文明才使俄罗斯人第一次与西方建立了联系。尽管基督教代表了西方的文明，然而，俄罗斯接受的基督教是由拜占庭而来的，拜占庭文化本身就带有东方色彩，因此俄罗斯接受的基督教是东方化了的基督教，即东正教。东正教为俄罗斯精神两面性的形成起到了奠基的作用。

东正教宣扬主张苦行主义的自我牺牲和人人得救的群体意识，因而俄罗斯人具有自我牺牲精神和集体主义精神，表现为国家至上，为了国家可以牺牲个人利益，乃至生命。东正教还主张普济众生和"救世"精神。俄罗斯人便产生一种超民族主义精神。他们认为，东正教是基督教的正教，继罗马和拜占庭之后，莫斯科是东正教唯一的保卫者，即"第三罗马"，因而形成了俄罗斯民族特殊的历史使命感和救世主义理念。为俄罗斯大规模向外扩张奠定了思想基础。

其二，东方模式的强行介入，蒙古人的征服与统治。1241年蒙古人征服了俄罗斯大部分国土，并以伏尔加河为中心，建立了金帐汗国，从此开始了长达240年的蒙古统治时期。高度统一的中央集权制是蒙古人统治的典型特征，这一特征主要承袭了中国的政权模式，这一模式又为以后俄罗斯国家的政权体制打下了深深的烙印。

蒙古人的征服和统治使刚刚接受了西方文明的俄罗斯人急转向东，这不仅严重破坏了俄罗斯的经济文化发展，而且阻碍了同欧洲的联系，使得俄罗斯与西方文明之间的距离扩大了。虽然蒙古人统治俄罗斯长达 240 年之久，但始终没有使俄罗斯彻底东方化。因为俄罗斯人仍然保留着本民族的语言——俄语，仍然保留着基督教，即东正教的信仰。

其三，西欧人文主义的冲击。15 世纪代表新兴资产阶级利益的文艺复兴运动在欧洲开始后，西欧已经阔步迈向了资本主义道路，而俄罗斯当时还处在封建集权的统治下，其国力远远落后于西欧各国。从彼得大帝起，一个"自上而下"大规模学习和赶超西方的改革开始了，彼得大帝用手中的权力强行把俄罗斯拖向了西方。"促使野蛮的俄罗斯人采用西欧成果"，使一个愚昧落后、因循守旧的俄罗斯一跃成为欧洲的强国。

叶卡捷琳娜二世是彼得大帝改革的继承者，她使俄罗斯在西方化的道路上继续前进，同时她引进法国的启蒙思想，使俄罗斯进一步深入接触了西方文明的精髓。但无论是彼得大帝，还是叶卡捷琳娜二世，无论他们在西方化的道路上走得多远，始终不愿将改革扩大到专制政体，不愿限制专制君主的权力。由此可见，他们接受西方文明的真正目的是为了进一步巩固东方化的统治。

其四，苏联模式的东方特色。1848 年爆发的欧洲大革命，使俄罗斯看到了资本主义的腐朽与没落。为了推翻封建专制政体，同时能避免资本主义的灾难降临到俄罗斯，列宁选择了社会主义。他将马克思主义与俄罗斯的具体实践相结合，领导了震惊世界的十月革命，从而终止了俄罗斯资本主义的脚步，开始了社会主义的进程。

民主集中制是社会主义政治制度的基本特征，而公有制和按统一计划组织生产，则是其经济制度的基本特征。苏联时期的斯大林社会主义模式，正是列宁创建的这种政治经济制度的加强与深化。苏联时期的斯大林模式又将西化转向了东方化。

其五，苏联解体、俄联邦独立。20 世纪末期西方文化再次向俄罗斯发起冲击，尤其是苏联解体、俄联邦独立后，以叶利钦为首的俄罗斯自由派坚决抛弃苏联式的社会主义，义无反顾地走上了西方式的资本主义道路。然而十几年过去了，俄罗斯国家并没有"西化"，反而一次又一次陷入危机。普京上台后,不能说他将叶利钦全盘西化改为东方化,但至少在他的政策中加入了东方因素。

俄罗斯民族自身经过了漫长而艰难的发展,在与外来文化的渗透、融合、对立、冲突和宗教思想的浸润与灌输中形成独具特色的民族文化精神。当我们了解俄罗斯的历史与现实后,就不难了解俄罗斯精神的"两面性";当我们认识了俄罗斯精神的"两面性",俄罗斯人给予世人的一切困惑和震惊就迎刃而解了。

事实上,经历了改革、失败、再改革的俄罗斯社会,已经逐渐从"西化"的噩梦中清醒过来。为了"强国富民",俄罗斯百姓甚至不惜牺牲民主、自由,要求"铁腕"整顿秩序。因此普京先从恢复宪法秩序、整顿联邦体制入手,实行了兼有东西方色彩的"新政"。随着时间的推移,普京的"新政"已初见成效。东西方的文明通过普京的"新政",又一次达到了融合,为俄罗斯精神注入了新的活力。我们相信,在普京时代被焕发的真正的俄罗斯精神,将在塑造国家未来形象品牌的进程中发挥重要作用。

## 塑造未来品牌的挑战

随着经济全球化的不断深入,国家品牌已成为衡量一个国家在世界上的地位和影响力的重要指标。根据一些特定指标比较分析各国地位和"软实力",对国家品牌的强度和吸引力进行量化分析十分重要。在国家品牌指数、旅行观光竞争力指数以及各国企业品牌指数排行榜上,俄罗斯的名次常常居于中游,甚至有时候还被归入较差的行列。这些数据表明,俄罗斯虽然具有深厚的历史文化底蕴,拥有较高的科技水平,但政治治理、制度环境、基础设施建设等方面仍存在较大改善空间。

俄罗斯塑造国家品牌形象的道路并非一帆风顺,如今,塑造国家品牌新形象的工程已步入正轨,但长期以来"安全、高效和值得信赖"的品牌特点已经不足以保持国家品牌的特色和优势，也不能保证在全球化的吸引人才和投资的"战争"中获胜，因此还有很多工作需要做。

俄罗斯重新塑造国家未来品牌所面临的新挑战，先要应对西方国家的经济制裁。目前，俄罗斯与美国对抗、俄罗斯与乌克兰的争端仍在继续，西方国家已经开始对俄罗斯采取经济制裁措施，俄罗斯银行首当其冲受到了影响。据俄罗斯国内有关机构初步估算显示，在美国实施制裁措施后，俄罗斯已经有2.49亿美元存款被取走。

面对美国经济制裁给俄罗斯造成的损失，俄罗斯经济部长乌柳卡耶夫2014年4月16日表示，俄罗斯正在考虑就针对美国多家银行的制裁措施在世界贸易组织对美国发起诉讼的可能性。他说："世贸组织给了我们一些其他可能性。我们在世贸组织日内瓦的理事会中谈到了，就对俄罗斯多家银行的制裁措施向美国发起诉讼的可能性，我们希望能使用世贸组织的机制，就这一问题追究我们的贸易伙伴的责任。"美国政府警告称，美方在"积极准备"对俄罗斯实行新的制裁，如果在关于乌克兰问题的四方会谈中俄罗斯拒绝让步，就将实行制裁。世贸组织称"正在密切关注这一措施对俄罗斯操作方的影响，以及这一措施可能对世界贸易组织协议的违反"，并"敦促其他成员国在涉及贸易时，不要采取具有政治动机的行动"。

欧盟的制裁更让俄罗斯吃不消。2014年3月20日，欧洲理事会主席范龙佩召开为期两天的欧盟峰会，但会议核心并非是高调宣称的制裁俄罗斯，而是如何帮助乌克兰稳定风雨飘摇的局势。这就是说，短短数月里乌克兰危机、克里米亚危机相继呼啸而来之后，欧盟还是对俄罗斯举起了制裁"大棒"。

在此之前的3月6日，欧洲理事会举行特别会议，专门就乌克兰局势进行磋商，并发表了相关声明。在声明中，欧盟认为自己"对于欧洲和平、稳定与繁荣负有特殊责任"，将"采取一切手段达到这个目标"。在表示全力支持乌克兰新政府的同时，欧盟警告俄罗斯不得进一步破坏乌克兰国内政治稳定。鉴于俄罗斯军事行动已经"违背了乌克兰国内法律和国际法"，欧盟宣布将对俄罗斯实施三阶段的制裁行动，而实施的契机将取决于事态发展尤其是俄罗斯的反应。制裁的第一阶段是立即搁置欧俄双方关于签证问题的谈判并取消新的协定，同时抵制将在俄罗斯举行的八国峰会；第二阶段制裁的主要内容是针对应为乌克兰国内局势特别是克里米亚局势负责的俄方人士发布旅行禁令并对其资产实施冻结，同时取消欧俄峰会；在第三阶段，欧盟及其成员国将在与俄罗斯的经济关系领域采取行动，并会造成深远影响。然而具体措施欧盟还暂未透露。

可见，欧盟制裁的阶段性很强，是一个与局势相呼应的升级过程。该过程富有弹性且可控，预留了一定的回旋余地。然而这一系列"组合棒"却并非无关痛痒，足以引起俄罗斯政府的高度重视。

首先，与欧盟间的签证问题不仅仅是俄罗斯外交优先处理的议题，它还涉及千百万普通俄罗斯人的日常生活。如今，去欧盟国家旅行已经成为俄罗斯人生活与工作不可或缺的一部分，而便利的签证手续能够让更多俄罗斯人实现这一点。

其次，加里宁格勒已经成为欧盟腹地的一块俄国飞地。由于波兰和立陶宛加入欧盟并进入"申根区"，这里的俄罗斯人前往本国其他地区变得更加困难。2011 年 7 月，欧盟委员会向莫斯科建议将加里宁格勒整体作为一个边界地区进行谈判，以使当地人更方便地通过波兰和立陶宛两国。另外，抵制俄罗斯主办的 G8 峰会对俄的国际声望将是一次严重打击。不论俄罗斯将这个由西方发达国家组成的集团贬得多么无足轻重，被欧美一致拒之门外也绝不是俄罗斯"双头鹰"外交所乐意并心甘情愿接受的结果。

再次，随着 3 月 16 日克里米亚地方公投在西方的一片谴责声中进行，欧盟对俄罗斯相关人士发布的旅行禁令和资产冻结，据说也将对俄罗斯的态度产生影响。欧盟先是对 21 位俄罗斯与乌克兰人士发布了旅行禁令和资产冻结的决定，随后又在名单上增列了 12 人。这些人士在欧洲市场的金融业务已经受到了限制。西方舆论分析认为这些人皆为与俄罗斯政府高层联系密切的圈内人士，并预言他们受到制裁势必将影响俄罗斯的官方态度。

最后，在取消了欧俄峰会的同时，欧盟已经加紧与乌克兰签署《联系国协定》的政治部分。此外，欧盟还许诺将加深和格鲁吉亚、摩尔多瓦等国的政治经济联系。这些举动的挑战意味十分明显：布鲁塞尔不希望莫斯科认为自己在地缘政治方面是个软弱的对手。至于第三阶段的经济制裁措施具体有哪些，还有待观察。

事实上，面对来自美国和欧盟咄咄逼人的制裁压力，俄罗斯这个"战斗的民族"始终没有改变其强硬本色：不仅放言不惧压力，而且还要对西方以牙还牙。

欧盟刚刚发出制裁声明，俄罗斯外交部便很快回应道："用武力般的语言对俄罗斯说话并且以制裁威胁其公民的做法毫无意义。强加制裁的行为不可能得不到俄方的充分回应。"虽然普京总统期待与欧盟在签证谈判等问题上取得进展，但俄罗斯显然并不准备轻易地对西方就范。当欧盟和美国宣布抵制俄罗斯主办的八国峰会后，俄罗斯的反应是"爱来不来"。当欧美宣布制裁数十位俄罗斯人士后，俄罗斯马上给予回击，宣布了禁止部分欧美人士入境的决定。

当然，俄罗斯还握有一把"杀手锏"，那便是能源武器。而且，欧盟虽然一开始就谈到全面经济制裁的可能性，却一直没有付诸实施，也许就是因为经济制裁是一把"双刃剑"。从总体贸易格局来看，欧俄双方可谓相互依赖。一方面，欧盟是俄罗斯最大的市场也是其最大的外资与技术来源地。俄罗斯政府推动现代化的资金来源中很大一部分是对欧洲尤其是能源产品的出口所得。另一方面，欧盟也对俄罗斯的天然气高度依赖，德国 1/3 的天然气依赖俄罗斯，而芬兰、拉脱维亚等国的全部天然气源自俄罗斯。

在这样的格局下，欧盟所谓更加严厉制裁的警告也变得乏力，尤其是2014 年 3 月 20 日在布鲁塞尔召开的峰会上，欧盟的表态也让大家更明白欧盟并不想通过更有力的制裁来迫使俄罗斯让步。在俄罗斯方面，普京在明确表态不再进一步制裁美国之后，其对欧盟的态度也有所缓和。从目前看，欧俄博弈还没有走入"死胡同"，还有外交上的回旋空间。

# 俄罗斯国家形象与软实力

国家形象反映的是国内和国际社会对一个国家的领土、政权、制度、文化、价值、利益、身份和权力等的认同和信任程度。信任度越高，国家可能获得的支持就越大，国家的"软实力"就越强。

丰富的文化资源使得俄罗斯保持良好的文化形象，但俄罗斯缺乏能影响世界的价值观念、思想、理念或精神，俄罗斯固有的带有威胁性的政治形象更是俄罗斯与西方"战略互疑"的影响因素，而且这些因素使得俄罗斯在国家品牌指数、新兴市场"软实力"指数等榜单上的名次长期停留在中等偏下水平，国家"软实力"的辐射范围仅局限在独联体地区，其"软实力"战略更像是内部发展战略的一个部分，而不是对外的拓展战略。

目前，"软实力"研究已逐渐成为一门跨学科、多领域的综合性研究课题。"软实力"概念的提出者约瑟夫·奈在《美国注定领导世界？》一书中指出，美国之所以成为"超级大国"，其构成要素除了传统上的"硬实力"，即经济、科技、军事等力量之外，还有包括文化吸引力、政治价值观吸引力及塑造国际规则和决定政治议题的能力等在内的"软实力"，后者是美国区别于世界历史上其他霸权的突出特征。

美国近几年一直把"软实力"、"巧实力"作为战略重点在推动。那么，俄罗斯在经历了 20 年的政治、经济和社会发展之后，"软实力"情况又如何？应当承认，目前对俄罗斯"软实力"的研究还是一个崭新的课题。虽然约瑟夫·奈评估了美国"软实力"的多个指标，并提供了一个基本研究框架，但研究者很难将其应用到一个与美国制度和价值观不同的俄罗斯。如何在国际比较视野中描述或把握俄罗斯"软实力"的总体状况更是一个难题。考虑到国家形象是一种无形的力量资源，也是最重要的"软实力"来源，因此从国家形象的角度来解析俄罗斯的"软实力"问题较合适。

国家形象的表现形式有很多种，如政治形象、经济形象、体育形象、文化形象、旅游形象、领袖形象、环境形象等。这些方面彼此联系、相互作用，不同程度地对一国的"软实力"产生影响。

第一，文化形象是俄罗斯"软实力"的核心。文化形象来源于历史文化传统，反映一个国家的国民素质和精神风貌。一个鲜明、独特和良好的文化形象有助于形成民众对国家的向心力和社会的凝聚力，激发人们的文化理解力和创造力，增强国家在国际舞台上的吸引力，是一国"软实力"的核心资源。

俄罗斯是世界文化宝库中璀璨的明珠，以陀思妥耶夫斯基、托尔斯泰、列维坦、列宾、柴可夫斯基、肖斯塔科维奇等著名文学家、艺术家、音乐家为代表的俄罗斯文学、音乐、绘画在世界艺术殿堂里占有重要一席。俄罗斯重视发展文化事业，大量出版图书和报刊，建立了大量图书馆、博物馆、文化馆、俱乐部等群众性文化设施。丰富的文化资源使得俄罗斯保持着深厚的文化底蕴，国家也得以保持良好的文化形象。

文化形象是俄罗斯引以为傲的无形资产，但俄罗斯国家的整体形象在国家品牌排行榜上仅处于中游水平，一直在第 21 名和第 22 名之间徘徊。文化形象为什么没有在俄罗斯国家形象的构建中发挥决定性的作用？

从"软实力"的角度来说，俄罗斯的文化还停留在产生吸引力的初步阶段，没有上升到对人们的心理和行为产生影响的阶段。文化由核心和表层两部分构成,核心部分是思维方式、价值观念、道德规范、世界观、精神信仰、民族身份等体现观念、精神和心理层面文化的认知体系,是文化中最稳定、最不易改变的部分,其外在反映则是生产和生活方式、语言文字、文学艺术、规章制度、工艺技术等以器物为体现的文化。因此,在文化形象衍生出来的"软实力"中,不同层次的文化发挥着不同的功能。文学艺术、音乐、绘画、工艺技术属于俄罗斯的表层文化因素,它们会唤起受众精神上的愉悦感,从而产生吸引力。但是,如果这种吸引力不能提升为约瑟夫·奈所谓的"使人随我欲"的影响力,它对"软实力"的促进作用就会大打折扣。例如,一个美国人也许会欣赏拉赫马尼诺夫和维塔斯的音乐或者莎拉波娃的球技,不过他并不见得就愿意接受俄罗斯的生活方式和价值观念。

2007年8月,俄罗斯数家具有政府背景的媒体,如《俄罗斯报》、俄新社、"今日俄罗斯"频道和英文杂志《俄罗斯概况》等联合在《华盛顿邮报》、《每日电讯报》、《印度时报》等媒体推出了宣传俄罗斯的广告。在《华盛顿邮报》的广告增刊上,一个俄罗斯黑熊拥抱着玛丽莲·梦露,以网球明星莎拉波娃为代表的俄罗斯人民展现出友好的笑容。俄罗斯希望通过轻松、幽默方式,借助一些能代表俄罗斯的文化"符号"进行国家形象的宣传。广告片在短期内确实得到了一些关注,但这种带有明显目的性和倾向性的典型宣传作品,与俄罗斯近年来采取的许多美化国家形象的措施一样,在观念文化的传播中作用并不明显。而且俄罗斯没有相应的活动跟进,以巩固和加深在西方民众心中的良好印象,传播和扩大俄罗斯的观念文化,因此该项活动的影响很快就消散殆尽。

美国政治学家汉斯·摩根索曾说:"现代国家的崛起应当有配套的文化和意识形态作支撑,否则其崛起很可能成为一种暂时现象。"在美苏对抗时期,苏联把意识形态作为精神内核包裹在文化外壳之中进行传播,使共产主义意识形态输出、渗透的广度和深度都得到空前的扩展,苏联不仅扩大了势力范围,也获得了强大的"软实力","从克里姆林宫传出来的马克思主义,对于从中国到秘鲁、从墨西哥到热带非洲的世界的农民阶级是一个有力的号召","苏联努力将东欧人民对各自国家、宗教及政党的忠诚转化为对共产主义的忠诚，并最终转化为对苏联的忠诚，由此使得这些国家和人民自愿成为其推行政策的工具"。

苏联解体20多年来，俄罗斯始终没能找到一种像苏联时期的"共产主义"那样能影响世界的价值观念、思想、理念或精神，其"主权民主"受到西方的广泛质疑；俄罗斯的国家形象战略有时候甚至刻意回避意识形态内容，以免受到西方的阻碍和排斥，就在"形象角力"中先拱手相让。俄罗斯的宣传载体也不能充分反映当代俄罗斯文化的特征和核心价值取向，这意味着俄罗斯追求强大的影响力和"使人随我欲"的"软实力"也无从谈起。所以，俄罗斯的音乐、绘画、文学尽管受到广泛欢迎，依然无法对国家"软实力"做出巨大贡献。

第二，政治形象是"战略互疑"的根源。"软实力"中的政治形象，包括政治制度、政治价值观、政府形象与政治治理3个方面。

首先来看政治制度层面的政治形象。制度是国家政治形象的关键因素，不同的社会制度使得国家显示出不同的政治价值观和政治文化特性，而一国的政治制度和政治价值观从根本上决定了国家的政治形象和"软实力"的导向。所以，政治过程的透明度、公民的政治参与的途径、媒体传播的自由空间等，成为评价国家形象的重要指标因素。

在看待俄罗斯的问题上，西方学者始终认为，"俄罗斯与美国在社会层次上是截然不同的国家"，"俄罗斯的政治文化具有强调专制而非民主，渴望有一个强硬的领导人的特征"；虽然俄罗斯仿照西方模式建立了三权分立、多党制、选举制的制度构架，但俄罗斯的民主并没有得到进一步发展，"主权民主"完全没有法治、少数民族权利、新闻自由、反对党、受法律保护的财产权等西方民主所包含的内容。在西方学者看来，俄"主权民主"有两大作用：一是给普京政府披上"民主"外衣，以便对内加强控制，对外减少国际批评。二是挑战西方民主与人权的普世价值。普京完善和强化国家权力，重建中央垂直权力体系的政治举措被视为重回个人专制和集权。因此政治形象成为当今俄罗斯负面形象的主要影响因素。俄罗斯与西方间这种存在于政治价值观上的结构性矛盾，招致西方对俄罗斯采取了一系列带有遏制色彩的行动，使俄罗斯的"软实力"构建面临国际环境恶化的不利条件。

其次，来看政治价值观层面的政治形象。"战略互疑"意指双方认为对方国家实现其主要长期目标，是要以牺牲"我"国的核心发展前景和利益为前提的。这种"互疑"心态普遍存在于俄罗斯与美国及其他西方国家之间。

俄罗斯学者普洛宁则认为，俄罗斯的对抗行为是西方的压力所致。其实，要想获得影响力，最好的方法是与他国接触而不是对抗，应该采用文化手段和增强自身"软实力"的方式进行对抗，这就是普洛宁的文章题目所指的"向西方施加影响的新途径"。

最后，来看政府形象与政治治理层面的政治形象。国家的政治形象由国家的政治制度、政治价值观、政权性质、政府执政能力等众多要素组成。国外公众有时候会把一国的政府形象简单地等同于国家形象，因为政府在国际社会中代表本国行使国家主权，具有其他组织所不具备的代表性、权威性和规范性。

俄罗斯是一个偏重于使用政治资源来塑造国家形象的国家，政治治理是该国"软实力"的核心，没有政治治理能力，俄罗斯其他资源性的实力都不能发挥作用。因此，塑造对内形象的关键因素之一，就是要改善政府的施政形象，提升政府的声誉和威望。政府形象是民众对政府的执政能力、施政业绩的整体印象和评价。当政府执政能力强的时候，社会发展水平相应也比较高，国民对政府的向心力、凝聚力就强，这意味着政府的"软实力"较强。反之，政府的执政能力弱，必然导致对各种资源的政治动员力的减弱，"软实力"水平也随之下降。20 世纪 90 年代，戈尔巴乔夫的改革引发了苏联国内的全面危机，最终导致苏联解体，苏联一度很强大的"软实力"消失殆尽。苏联解体后的近 10 年，俄罗斯经济衰败、社会动荡、政府更迭，国家"软实力"更不值一提。普京执政后，逐步加强中央政治权力，调整外交方向，抑制寡头、控制媒体，政府执政能力显著加强，国家形象也因此改观。

俄罗斯政府的强势特征在获得国内舆论支持的同时，却加剧了与西方之间的紧张气氛，形成了"俄罗斯威胁"的国际形象。这也正是俄罗斯"软实力"战略的悖论之一：如果没有强大的政府形象，国家将难以形成凝聚力和吸引力，而政府的治理能力强，又会被西方视为帝国野心的复活。两者之间如何取得平衡，是俄罗斯改善形象的关键问题之一。此外，引人关注的腐败问题和资金外流问题也是俄罗斯国家形象的污点之一。

第三，领袖形象是国家形象人格化。在国家形象的传播过程中，人们常常借助一些具体的符号来解释抽象的国家形象。对于俄罗斯而言，其领袖形象是国家形象不可或缺的组成部分。俄罗斯总统普京执政 10 余年来，其鲜明的形象已成为俄罗斯国家的重要符号。

在 2014 年冬奥会举办权的争夺战中，普京用英语和法语为俄罗斯城市索契做了最后陈述，索契凭借这一利器战胜了奥地利萨尔茨堡和韩国平昌市。美国学者伊曼纽尔·沃勒斯坦认为，正是普京的个人魅力促成了索契的最终胜出。索契的成功是双重的，它不仅是对普京个人的肯定，也是对俄罗斯发展状况的肯定。

在俄罗斯国内，普京的形象更是获得极大成功。2006 年 2 月，据"全俄民意调查中心"的调查，普京被认为是 1917 年以来"最成功、最优秀的国家领导人"。普京驾驶战机，在叶尼塞河边漫步和钓鱼时展现完美肌肉的形象受到俄罗斯人的追捧，他们认为普京恢复了俄罗斯在世界舞台上的重要地位，洗去了国家在叶利钦时代受到的侮辱，是一个充满力量、信心和健康发展的俄罗斯的象征。

2008 年席卷全球的国际金融危机重创俄罗斯。2009 年，民众对普京的支持率开始下滑。2011 年底俄罗斯国家杜马选举后，俄罗斯国内爆发了反对"统一俄罗斯"党及其领导人普京的浪潮，但普京在俄罗斯的影响力仍然不容置喙。在 2012 年的总统选举中，普京最终以 63.75% 的得票率赢得了胜利。

在现代传播环境中，普京个性鲜明的言辞在被媒体放大后，有效地表达了俄罗斯政府反对西方干涉他国内政，反对西方在俄罗斯民主选举问题上的双重标准，反对美国霸权的态度。在这些言辞的传播过程中，不仅普京本人获得了关注，俄罗斯也得到了世界的理解和尊重。

由此可见，国家领袖的形象不仅关系到个人的威信和号召力，也关系到国家的整体形象。普京良好的个人素养和性格特征是其形象的基础，而他的形象恰好符合了俄罗斯传统政治文化中对强权崇拜的心理。在塑造形象的过程中，普京与民众的良性互动成功提升了民族自信心，增强了社会凝聚力。

第四，经济形象是怀柔的硬实力。根据约瑟夫·奈的定义，只有文化、价值观等这些无形的、软的资源才与"软实力"有关，或者才能够产生"软实力"。但实际上，经济实力是"软实力"产生的前提，是塑造良好形象和生成吸引力的基础。在世界政治格局多极化和经济全球化的大背景下，战争和强权政治受到了限制，经济手段成为实现国家利益的重要方式，经济成为构成国家形象的基本因素。

目前俄罗斯的 GDP 在国际上居于前列，是第九大经济体，若以购买力平价计算，俄罗斯算得上是世界第六大经济体，进入经济发展最迅速、最富有朝气的金砖国家之列。从综合经济指标来看，俄罗斯的复苏是毋庸置疑的，2012 年初，普京在国家杜马做政府工作报告时说，经济危机是巨大挑战，但俄罗斯经受了考验，展现了成熟、自信和拥有巨大内部活力的国家形象。普京相信，未来 10 年是面临巨大挑战、风险和变革的时代，而俄罗斯将成为未来全球新的经济中心之一，并且有希望在近期迈入世界经济前五位。普京的话充满自信，其目标值得期待。

第五，独联体是俄罗斯"软实力"的立足点。2011 年，在俄罗斯政府的支持下，莫斯科商学院斯科沃新兴市场研究所与安永新兴市场研究所开展了一项旨在评估俄罗斯及世界有影响力的国家"软实力"的调研工作。2012 年春季，该项目组发布了"新兴市场软实力指数"，俄罗斯在当今世界主要国家的"软实力"排名中处于第十位，在新兴国家中排名第三位，居中国与印度之后。报告认为，俄罗斯"软实力"的影响范围集中于独联体国家，生活在独联体国家的 3500 万俄罗斯族或使用俄语的居民使俄罗斯在该地区拥有巨大的"软实力"。

"新兴市场软实力指数"包含 12 项"软实力"测试数据，其中采用了一项与前面提到的多种国家形象指数较少考虑到的因素——移民指标。一个国家拥有的外来移民越多，世界对该国形象持正面肯定态度，该国的"软实力"越强大。目前全球只有 3% 的人口居住在外国，因此移民数量大是衡量"软实力"的重要指标。俄罗斯从独联体国家吸引了大批移民，显示俄罗斯在该地区有很大的"软实力"。但数据显示，俄罗斯"软实力"的主要来源是苏联时期散居各加盟共和国的俄罗斯人或说俄语的居民，辐射范围主要在独联体地区，这使得俄罗斯的"软实力"战略更像是内部发展战略的一个部分，而不是对外的拓展战略。

为增强"软实力"，俄罗斯近年来开始注重利用组织和机制的力量。普京呼吁建立"欧亚联盟"即体现了这种诉求。2011 年 10 月，独联体八国在圣彼得堡签署了成立自由贸易区的协定；2012 年 1 月，"俄罗斯、白俄罗斯和哈萨克斯坦统一经济空间"启动，这些事件对俄罗斯增强对独联体国家的影响力，实施"软实力"战略意义重大。只要充分发挥自由贸易区、统一经济空间等机制的作用，俄罗斯就能把自己打造为一块"经济磁石"，把近邻国家牢牢地吸附在自己的影响力范围内。2012 年底，俄罗斯报刊披露了新版《外交政策构想》的主要内容，该文件被视为普京第三个总统任期内俄罗斯外交政策的纲领性文件。"软实力"成为其中的亮点之一。《外交政策构想》把"软实力"定义为"依靠公民社会力量解决外交政策问题的一整套手段以及可替代传统外交手段的信息、通信、人文及其他方法和技术"，明确提出借用"软实力"手段塑造"客观的国家形象"的战略目标。

## 塑造新国家形象的环境

俄罗斯对外的国家形象主要体现在政治形象、文化形象和经济形象等不同方面，其中政治形象是主要内容。政治形象受外部环境的影响最为明显，在一定程度上决定着俄罗斯国家形象。

由于俄罗斯与西方存在着错综复杂的利益关系和意识形态、价值观念等方面的冲突，俄罗斯政治形象在不同的历史阶段，在俄罗斯国内和国际社会经常大相径庭。

第一，苏联解体前后的俄罗斯形象。苏联解体前，在以西方新闻媒介为主导的国际舆论中，苏联的对外形象以负面为主。在"冷战"时期西方把苏联作为"敌人"形象加以宣传，苏联被描绘为一个阴冷、僵化、固执的"邪恶帝国"。作为回应，苏联积极运用各种宣传工具传播自己的意识形态和对外政策，打破帝国主义国家的包围宣传，以及苏联在经济实力、科学技术和社会福利方面的巨大成就。这些活动扩大了苏联的国际影响，抵御了欧美国家开展的各种心理战和宣传战，在国际上树立了一个与美国分庭抗礼的超级大国的形象。在苏联国内，广大人民一度对自己的国家形象充满了民族自豪感。

20 世纪 80 年代，苏共领导人戈尔巴乔夫提出"新思维"、"公开性"、"民主化"，社会中民族虚无主义思潮开始泛滥，怀疑历史、自我否定盲目崇拜西方文明世界。在西方舆论颠覆苏联的强大攻势下，苏联人民对国家形象的认可度严重下降，社会意识陷入混乱，随之而来的苏联解体，意味着苏联国家形象的彻底失败。

20 世纪 90 年代，西方舆论热烈欢迎强大敌手苏联的失败，但对作为苏联的继承者俄罗斯联邦并未表现出足够的尊重：一方面认为它是"冷战的失败者"；另一方面并没有立即把它引入"西方文明世界"的门槛，而是给俄罗斯贴上了"后共产主义"、"后极权主义"、"转型国家"等标签。

俄罗斯政府为了塑造一个西方社会新成员的形象，消解西方对俄罗斯固有的敌意，甚至不惜牺牲国家利益在政治上做出种种让步。但是西方并不把从超级大国沦为一个地区性大国的俄罗斯视为平等的伙伴。美国前国家安全事务助理布热津斯基对俄罗斯的形象进行了尖刻的评价："他们很容易自欺欺人地把自己也看作是一个超级大国的领导人。""对美国来说俄罗斯实在太虚弱了不配成为伙伴"。

在 20 世纪 90 年代的国际舞台上，衰弱的俄罗斯逐步丧失了苏联昔日的国际影响力。而西方媒体、西方文化甚至全面渗入俄罗斯社会内部，影响着俄罗斯社会的取向和行为方式。与此同时，俄罗斯国内许多舆论工具同西方的反俄宣传遥相呼应，舆论宣传经常使俄罗斯当局陷入被动局面。由此带来的严重后果是，俄罗斯民众无法对国家形象达成一种比较统一的认识，对国家的信任度下降，社会面临更加动荡和混乱的危险。

20 世纪 90 年代在民主、自由形象的背后，俄罗斯国家领土支离破碎，失去乌克兰、白俄罗斯、中亚和波罗的海诸国的国家疆域几乎减少到 17 世纪末的水平。在苏联解体后的近 10 年，俄罗斯政府更迭不断、权力争斗不止，俄罗斯内部对新的国家形象的认识也陷入分裂和涣散的局面。精英、利益集团乃至普通民众，对新俄罗斯的形象有着各自不同甚至截然相反的解读。

俄罗斯在国际视野中的形象与俄罗斯和西方的关系密切相关。虽然俄罗斯的形象可能通过对外宣传和国家之间各种形式的交流在某种程度上得到改善，但此时的俄罗斯不可能像某些国家期待的那样融入西方。

从另一方面讲，国际形象有着一定的继承性，一个国家短期内无法改变历史形成的形象。在西方的潜意识里，俄罗斯广阔的国土和军事潜力以及历史上曾经发生的对抗，都使得他们对俄罗斯戒心深重。美国经济学家理查德·莱亚德在 20 世纪 90 年代就预言："大多数西方人之所以害怕一个强大的俄罗斯，是因为他们将它视为一个竞争对手。他们希望 90 年代初期那个相对软弱、愿意合作的俄罗斯将会是外交界的一个永恒特征。但这种希望总要落空。"

20 世纪 90 年代，俄罗斯国力衰弱，经济衰退过半，社会冲突不断，俄罗斯民众思想中充满了屈辱感和失败感，民族自信心降至最低，俄罗斯国家形象问题无人问津。

第二，普京时期俄罗斯的国家形象与国际舆论环境。从 20 世纪 90 年代中后期开始，俄美在一系列问题上存在矛盾和斗争。世纪之交普京执政后，逐步调整外交优先方向，加强中央政治权力加强对媒体的控制。这引起了西方社会的不满，西方传媒把这些举措视为"压制民主、破坏法制"。普京时期的俄罗斯开始时被解读为一个漠视法律、肆意妄为强权干涉经济自由的国度。2000 年以来，俄罗斯的人权和民主问题、车臣战争、黑手党、寡头、腐败以及尤科斯石油公司案件和地方选举改革等话题，成了西方媒体批评的焦点。

"9·11"事件成为俄罗斯改善与西方关系和改善在西方舆论中形象的一个契机。普京第一个致电美国总统布什表示支持。西方媒体对俄罗斯的态度大加赞扬，华盛顿卡内基基金会对此评价说："这是一次杰出的外交努力。"但是此次俄罗斯与西方的"蜜月期"与20世纪90年代那次一样短暂。2003年的伊拉克战争以及从2003年底开始的在苏联一些地区发生的"颜色革命"使俄罗斯的形象战略开始调整。

"颜色革命"不仅是西方和俄罗斯政治影响的较量，也被比喻为西方形象与俄罗斯形象之间的较量。格鲁吉亚和乌克兰先后抛弃俄罗斯倒向了西方，俄罗斯文化形象一度大大受损。俄罗斯报刊指出，乌克兰发生"橙色革命"与其说是俄罗斯外交的失败，不如说是俄罗斯形象的失败。但是"颜色革命"导致的对外形象损失，却换得了俄罗斯社会内部对国家形象和发展道路的共识。从这一时期开始，普京当局加快了对内政治动员和对外塑造形象的步伐。俄罗斯深切体会到建立积极的国家形象的重要性，如何重塑俄罗斯的形象，当时成了俄罗斯上至国家元首、下至公共关系部门以及国际关系学者、媒体工作者和外交官都认真思考的问题。

既然俄罗斯重塑国家形象的努力不能克服国家间的利益鸿沟，俄罗斯的形象也就不能得到西方正面的接受。当俄罗斯力图在世界舞台上发挥更加重要的作用时，它所展现出来的雄心勃勃的形象引起了欧美社会的不安。西方国家的社会舆论对类似邀请哈马斯领导访问莫斯科、俄罗斯和乌克兰天然气大战、俄罗斯调解伊朗核危机等事件的解读，是批评甚至攻击性质的，而普京在慕尼黑安全会议上的讲话、北极海底插旗宣示主权、恢复航空母舰执勤、派战略轰炸机巡航等行为，更是引起西方的警觉乃至愤怒。

值得注意的是，虽然西方媒体对俄罗斯近年的发展状况进行丑化和打压，但是俄罗斯国内的社会传媒并未出现20世纪90年代跟风西方舆论的现象。这其中的主要原因在于：一是普京上台伊始所采取的抑制寡头控制媒体的举措，限制了外国资本对俄罗斯媒体的渗透，强化了国家对媒体的管理和控制。二是普京执政以来高度重视国家形象问题，努力塑造正面的、积极的俄罗斯形象，俄罗斯内部已经形成了为大多数精英和民众所认同的国家形象，民族自豪感和爱国主义自信心成为国内舆论的主流。

## 索契冬奥会重塑国家形象

国家形象是国家综合实力和民族精神的重要表征，对内可以凝聚力量，对外可以增强影响。索契冬奥会开幕式作为俄罗斯精心筹备多年并具有标志性意义的国家形象塑造工程，以强国复兴梦想为核心主题，以提振民族精神为基本诉求，以民族经典艺术为美学形态，借助现代奥运会这一价值蕴含极高的传播平台，向世界宣示了一个昔日大国在经历20余年的转型阵痛、精神困顿和自信衰落后高调回归，堪称普京执政以来俄罗斯实施国家形象塑造和文化大国重建战略的经典案例。

依照约瑟夫·奈的"软实力"理论，国家形象是文化"软实力"的构成要素之一，其集中体现为国家文化、价值观和意识形态的国际影响力、竞争

力和吸引力。良好的国家形象不仅能够为一个国家赢得更广阔的国际生存空间，同时也意味着在国际事务中更高的可信度和更大的发言权。由于苏联解体后的长期政治动荡和国运式微，加之西方媒体的刻意渲染，俄罗斯的国家形象曾在相当长的一段时间与经济衰退、政治腐败、社会混乱、道德滑坡等负面评价相关，极大影响了俄罗斯的国际地位和国际交往。普京执政以来，以新国家主义的铁腕政策基本实现了经济振兴、政治稳定和社会制度转型，带领俄罗斯进入了相对稳定的现代化建设期，国家呈现出全面复兴的发展态势。普京十分注重通过营造正面积极的国家形象为实现复兴梦想拓展国际影响：2001 年他责令总统办公室成立了专业从事对外公关的国家公司，积极制订国家对外形象推广方案；2013 年在新颁布的《俄罗斯联邦外交政策构想》中特别将增强"软实力"、树立客观的国家形象作为改善外交政策的重要内容。

俄罗斯将索契冬奥会视为重塑国家形象的难得契机。从申办时亲自助阵演讲到斥资 500 亿美元筹办的大手笔，足见普京对于现代奥运会传播力和影响力的高度重视，而开幕式作为整个冬奥会文化传播效能最高的世界舞台，自然成为本次国家形象对外宣传工程的重中之重。综观这场以俄罗斯梦想为主题的演出，主创人员将追忆俄罗斯发展历史和主要成就作为叙事主线，以崇高美学的宏大叙事再现了俄罗斯帝国及超级大国时代的强大繁盛，彰显出俄罗斯实现国家再次复兴的勃勃雄心。

在舞台造型方面，开幕式采用马列维奇的至上主义风格，以朴实而抽象的几何形体艺术展现了彼得大帝壮观的航海舰队、圣彼得堡城市宏伟规划、莫斯科"七姐妹"庞大建筑群等颇具帝国象征意味的标志景观，以单纯亮丽的舞台色调表现了俄罗斯人开拓奋进、坚韧不拔的精神风貌和对国家、对生活的无限热爱，这一现代主义的抽象艺术处理方式既简约勾勒出俄罗斯上升期的雄伟气象，又有效地规避了西方世界自美苏"冷战"起对苏联所形成的冷酷、专制、僵化的政治成见。在配乐方面，选用鲍罗丁歌剧《伊戈尔王》、斯特拉文斯基的《火鸟》、施尼特凯的《第五大协奏曲》和哈恰图良的《马刀舞曲》等民族特色浓郁的史诗交响乐烘托宏大庄严气氛。在叙事策略方面，编导精心选取了伊凡四世推翻鞑靼统治、实现国家统一和民族独立，彼得大帝知耻而后勇、学习西方开启俄罗斯现代化历程和"二战"后苏联迅速恢复生产、实现工业化和城市化高速发展、跻身世界强国行列 3 个典型阶段，以借古喻今的隐喻方式，映像出当今俄罗斯国家复兴的强烈诉求和历史必然。"俄罗斯唯一的现实选择就是强国，做强大而自信的国家……俄罗斯过去是，将来也还会是一个伟大的国家"，搭载象征民族希望"太阳"的"三驾马车"和充盈着国家复兴激情的整场开幕式无疑正是普京这一政治宣言的最好诠释。

国家形象战略的目标包含对外树立形象和对内凝聚人心两个维度。良好的国家形象不仅能增强国家的国际吸引力和竞争力，更能激发本国人民的自豪感和认同感，召唤起国民为国家的梦想共同奋斗的强大自信心、向心力和凝聚力。从历史传统来看，具有强烈的弥赛亚情结，以第三罗马的上帝选民自居的俄罗斯人向来不缺乏民族自豪感和国家认同感。但不可否认，苏联解体后强国地位衰落、经济危机频发、腐败犯罪丛生和法律秩序失控等严重社会问题的确给俄罗斯民族自信心和国家认同感以沉重打击，其对俄罗斯改革和国家复兴带来的负面影响时至今日仍未消除，成了威胁俄罗斯国家安全和稳定的因素之一。

普京执政后致力于以重塑俄罗斯形象来实现国家认同的再造。在上任之初他就清醒地认识到这一问题的紧迫和严峻，2000 年普京在施政纲领《千年之交的俄罗斯》中就提出将全人类共同的价值观与经过时间考验的俄罗斯传统价值观有机结合，形成由爱国主义、强国意识、国家作用和社会团结组成的"新俄罗斯思想"，并以此作为国家认同的精神价值来凝聚民心。2001 年的国情咨文中他又强调：俄罗斯的统一靠我们人民特有的爱国主义、文化传统和共同的历史记忆来加强，这是新的重振精神的开始。

通过冬奥会开幕式，俄罗斯成功完成了一次对于地理、政治、文化、科技等传统优势和历史成就的自我梳理和认知强化，重新唤醒和有力提升了整个民族的自豪感、使命感、认同感。

首先，在开篇短片中以民族共同语言和文化载体的俄语 33 个字母为序历数俄罗斯的世界贡献。33 个词汇中托尔斯泰、柴科夫斯基、康定斯基、爱森斯坦等人文领域世界大师及其经典作品占 14 席，门捷列夫、西科尔斯基、茹科夫斯基、切尔科夫斯基等科学领域巨擘及其创造发明占 11 席，着重礼赞了俄罗斯在对人类自身精神开掘和对自然科学探索方面的卓越成就和深远影响，以此彰显俄罗斯整个民族的智慧和力量。

其次，以爱的化身——小姑娘柳波芙梦境飞翔的方式艺术展现了俄罗斯横跨东西 9 个时区的典型地理和人文景观，高声赞颂了俄罗斯人最引以为傲的广阔国土。从黑海之滨到东欧平原、从堪察加半岛到乌拉尔山、从北冰洋沿岸到南部草原，国土面积世界之最的俄罗斯辽阔幅员一览无余，汲取东西方优势的民族文化的丰富性和独特性跃然纸上，爱国主义的强烈自豪感也得到充分释放。

最后，具有 600 年历史的斯瑞坦斯基修道院唱诗班以无伴奏人声方式高唱俄罗斯国歌，将全场乃至俄罗斯全国观众的民族自豪感推向顶点。俄罗斯国歌堪称体现民族精神的典范，通篇跃动着俄罗斯人对光荣、神圣、强国、财富、沃土等国家形象的至上赞美，其感情之炽热和自豪之强烈首屈一指。此次国歌人声无伴奏的技术处理与闪耀"蓝白红"国旗三色 LED 模拟灯光效果相得益彰，将宗教神圣感、国家崇高感、民族自豪感融为一体，有力激发起国民荣耀感和使命感的强大共鸣。正如《莫斯科日报》在开幕式次日头版盛赞的那样，"这是一场让俄罗斯找回骄傲的盛典。缺失多年的为国家团结、伟大而自豪的感觉，昨天，我们感受到了"。

总之，作为俄罗斯国家形象塑造的重点工程，索契冬奥会开幕式基本实现了对外展示大国重新崛起姿态和对内提振民族自信心的创作意图，也有效达成了彰显俄罗斯强国复兴梦想、凝聚国家精神力量的政治诉求，为普京执政以来文化大国重建战略增添了浓墨重彩的一笔。索契冬奥会开幕式虽不完美，但其夯实国家文化"软实力"根基的战略设计、主动传播大国形象的价值观念和民族艺术本位的推广态度等值得同样致力于展示民族文化独特魅力和建设文化强国的中国借鉴和思考。

# 普京对俄罗斯国家形象的塑造

普京上任后，国家形象被提升到一种战略高度来讨论。什么样的国家形象有利于俄罗斯的发展？如何使这种形象在国际媒体乃至国际社会中建立起来并使之产生预期的效果？新挑战伴随着新机遇，俄罗斯迅速增长的经济影响力使其有能力来引导世界发生变化，俄罗斯进行的各种尝试在21世纪国际化和全球化的平台上塑造出具有独特魅力的形象。

第一，积极制定国家对外推广战略，成立专业从事对外公关的国家公司，出资在国际上定制俄罗斯的形象设计。在传播全球化时代的今天，国际媒体在塑造一个国家的国家形象方面日益发挥重要的作用。俄罗斯很关注本国在一些国际传媒的报道中所呈现出来的形象。早在2001年，俄罗斯总统助手谢尔盖·亚斯特任布斯基就指出："俄罗斯在国际上的形象在很大程度上是由那些在俄罗斯的外国记者塑造的。"为了在国际关系中充分利用对外传播的力量，传播对本国有利的信息，影响国际舆论，争取国际社会的理解，俄罗斯启动了一系列旨在包装政府形象、对外正面宣传俄罗斯的计划。

2001年，由总统办公厅牵头，通信和新闻出版部门负责实施，财政部拨上亿美元的专款支持。该计划要求文化、艺术、科技等方面的专家参与，通过借助广告、世界巡回演出和展览等形式，在国际上展开广泛的公关和宣传活动，以消除西方社会对俄罗斯的偏见和误解，加强文化交流和了解，树立正面形象，强化"文化软外交"。

2005年，作为俄罗斯政府喉舌的"今日俄罗斯"英语频道开播。"今日俄罗斯"是一个不间断播出的英语新闻卫星电视频道，主要针对包括欧盟、亚洲和美国在内的国外观众，其主要任务是向世界介绍俄罗斯的现代社会生活以及俄罗斯在国际事务中的各种立场，加强克里姆林宫内外政策的对外宣传，使俄罗斯能够在国外，特别是在西方树立一个良好的形象。

2005 年 4 月，俄罗斯成立了对外地区和文化合作局，旨在发展与独联体国家的文化合作，巩固和扩大俄罗斯的人文影响力。

面对美国等西方国家发动的媒体攻势，俄罗斯继续强化国家对媒体的管理和控制。2007 年 7 月，俄罗斯监管部门迫使 60 多家电台停止转播美国之声和自由欧洲电台的新闻节目。8 月，俄罗斯数家具有政府背景的媒体，如《俄罗斯报》、俄新社、"今日俄罗斯"频道和英文杂志《俄罗斯概况》等联合在《华盛顿邮报》、《每日电讯报》、《印度时报》等媒体上推出了宣传俄罗斯的广告。广告中的俄罗斯景色优美，以网球明星萨拉波娃为代表的俄罗斯人民笑容友好。俄罗斯方面解释说，登广告的目的是打消人们对俄罗斯的成见和误解，帮助他们理解俄罗斯这个历史复杂的国家在经历变革的同时，如何尽量保持传统和民族性。同年俄罗斯成立国家专业公司，专业从事俄罗斯对外形象的设计、推广及国际公关活动。

俄罗斯当局认识到，如果俄罗斯的媒体无法把握世界的脉搏，只能被动地对国际事件做出反应，而无法主动进行组织和协调，那么很容易导致负面形象的产生。俄罗斯政府正在努力对国外媒体施加影响，试图通过与国外媒体的交流和合作，有意识地影响国际上其他媒体的报道倾向和报道重点，从而影响其他国家的社会舆论甚至政府决策。俄罗斯学习美国政府的经验，由政府出资，定向制作新闻或形象宣传材料。据报道，俄罗斯官方雇用了英国唐宁街一位著名的舆论导向专家和英国广播公司一位知名的前驻莫斯科记者，帮助化解外界对俄罗斯人权状况的猛烈抨击；俄罗斯有关方面与总部设在纽约的一家公关公司签订了价值数百万美元的合同，该公司向 9 个国家派出了50 名舆论导向专家和媒体专家，他们的目标就是改变当地民众对俄罗斯的成见。

第二，积极设置国际议题、举办大型国际活动。俄罗斯形象战略的重要内容之一是通过举办各国政府和公众感兴趣的国际活动来寻求世界的注视，以提升国家的国际声望，塑造良好的国家形象。为打造积极主动、充满活力的对外形象，俄罗斯近年积极参与国际事务，普京总统在国际舞台上积极登台亮相。

　　最典型的例子是圣彼得堡八国集团峰会。峰会为俄罗斯提供了一次极好的形象展示机会。以能源安全、防控传染病和发展教育为主要内容的议题既具有全球意义，也凸显了俄罗斯的优势。俄罗斯的天然气蕴藏量居世界第一，石油蕴藏量仅次于沙特阿拉伯，把能源安全作为核心议题，显示出俄罗斯作为能源大国的强大自信。八国集团峰会上俄罗斯成功地向世界显示，世界经济的发展在很大程度上与俄罗斯的能源供应关系紧密，使全球感受到俄罗斯"能源帝国"的力量。

　　八国集团峰会首次在俄罗斯举行具有重大的政治象征意义，也是俄罗斯向国际社会特别是西方推销国家形象的极好机会。针对西方在人权、民主、新闻自由等问题屡屡指责俄罗斯当局以及一些势力多次扬言要因此取消俄罗斯的八国集团成员资格，俄罗斯强调，在人权问题上不能搞双重标准。通过峰会，俄罗斯试图向世人展示的国家形象是，俄罗斯享有全球性大国的地位，也是国际社会有影响力的一员。

　　为了在世界舞台上展示正面的形象，俄罗斯多次积极参与了全球性传播事件：纪念反法西斯胜利 60 周年之际，世界各国领导人齐聚莫斯科庆祝胜利，此举有利于增强爱国热情和民族凝聚力，同时对外展现一个已振作起来的俄罗斯的风采；圣彼得堡市 300 周年庆典活动向世界展示了一个拥有辉煌历史快速发展、安全稳定的崭新的俄罗斯；"俄罗斯年"和"中国年"国家年活动对促进中俄两国战略协作伙伴关系的深入发展具有重大意义等。

　　这些事件吸引了全世界的目光，一方面宣传了俄罗斯的巨大发展成就，另一方面缩短了俄罗斯与世界各国的心理距离。世界看到的俄罗斯不仅有俄罗斯天然气股份公司，还有网球明星、一流的音乐大师和精美的芭蕾。这些具有全球意义的活动不仅为俄罗斯赢得了国际威望，还取得了丰富的外交成果，有助于俄罗斯国家形象的提高。

　　第三，正面塑造与前台反击相结合，俄罗斯努力维护国家形象。俄罗斯不会放弃进入世界权力中心的欲望，当俄罗斯的崛起改变了世界的力量对比时，必然会引起其他相关国家的恐惧和敌视情绪。对此，俄罗斯除了加强正面宣传外，也对西方舆论展开了反击。

这些年西方媒体掀起强烈的反俄政治宣传攻势——从国防、安全、民主、人权和外交等各个方面，攻击俄罗斯是"带有魏玛色彩的民族主义"，指责俄罗斯的中央专制倾向加深，宣扬"俄罗斯威胁论"，使俄罗斯的国家形象回复到"超级大国相互对抗"的"冷战"时期。面对西方传媒的负面消息，俄罗斯调动起包括总统普京在内的政要、学者与主流媒体，对西方的进攻予以全面反击。俄罗斯作家维克托·叶莫费耶夫认为，一场"新冷战——形象大战"已经开始了。

在这场形象大战中，西方媒体主宰俄罗斯舆论的历史没有重演，来自俄罗斯内部的声音有力地维护了国家形象。俄罗斯媒体抵制西方的宣传，认为西方媒体在诋毁俄罗斯的形象，俄罗斯学者用"西方阴谋论"来反击"俄罗斯威胁"。俄罗斯舆论认为，华盛顿及其盟友正试图遏制俄罗斯的复兴，形象大战是致力彻底改变当今世界秩序的大国（俄罗斯）不可避免的，在欧俄中心2007年2月进行的调查中，超过半数的受访者表示，他们把欧盟视为俄罗斯的潜在威胁。俄罗斯媒体围绕这一主题进行了大量报道。《莫斯科新闻》主编维塔利·特列季亚科夫可以视为上述观点代表之一，他在专访中写道："为什么只可能有俄罗斯阴谋呢？你们期待什么呢？执行你们的命令吗？永远都不会。"维塔利·特列季亚科夫1991年曾任《独立报》主编，曾大力宣扬西方民主，但是现在他对美国出兵伊拉克"默不作声"，却谴责俄罗斯在车臣的行动，他谴责西方奉行"两套不同的衡量标准"。

苏联领导人戈尔巴乔夫的《新报》经常刊登批评俄政府的报道和评论文章，被西方媒体称为"俄罗斯最独立的杂志"。但是针对美国人认为美、俄关系恶化是克里姆林宫引起的观点，戈尔巴乔夫认为，普京是在以一种使大多数俄罗斯人受益并确保国家稳定的方式改变俄罗斯政治。戈尔巴乔夫认为，西方记者、分析人士和政治家没有认识到普京为重建俄罗斯的国威而采取的一些纠正非民主做法的措施。戈尔巴乔夫批评西方媒体："在叶利钦统治时期，当国家真正处于困境时，当全国半数人口生活在贫困中时，西方却对叶利钦大加赞赏。我不知道（外国）媒体对俄罗斯的看法为何如此消极。你们记者只和那些有同样想法的人交谈吗？"

相比较媒体人和前政要的言论，俄罗斯总统普京的态度更自信，方式更直接。2006年6月普京在俄罗斯驻外使节会议上说："并非所有人对于俄罗斯经济以及在世界舞台上的地位恢复得这么快做好了心理准备，有些人总习惯于揪住过去不放，拿以前的成见来看待俄罗斯，容不得一个强大的、恢复元气的俄罗斯。只看到来自俄罗斯的威胁。"

2007年6月1日，普京在八国集团峰会上回答记者提出的如何处理与西方舆论的关系问题时，针锋相对地指出："按照您所说的社会舆论，我们应该彻底解除武装，然后也许还得按照布热津斯基这类理论家的建议把我国分为3个或4个国家。不知您的这种社会舆论从何而来。如果有这种社会舆论，我会与它辩论一番。"

俄罗斯敢于挑战西方舆论，是因为融入西方社会已经不再是俄罗斯外交的唯一诉求，俄罗斯从属于西方的日子已经过去。近些年俄罗斯在相对实力和绝对实力这两方面比过去都强大，一个拥有实力并且能够发挥实力的国家，自然会捍卫自己的利益。正如普京所强调的："俄罗斯的社会舆论主张我们加强自己的安全。"这些话在俄罗斯引起了精英人士和平民的广泛共鸣。

第四，正确处理国家利益与对外形象的关系。国家利益对塑造形象具有十分重要的指导意义。作为一个主权国家，俄罗斯制定内外战略的基础是对国家领土完整、国家主权和文化完整的考虑，而不是遵守外界强加的某些行为准则。从民族性格来看，俄罗斯历来崇尚独立，它绝不可能成为一个听命于美国、代表美国利益的国家。

2000年，美国国务卿赖斯曾认为，对美国的安全"构成更大威胁的不是俄罗斯的强大，而是它的软弱和政策的不连贯性"。具有讽刺意味的是，一个日益摆脱赖斯曾经担忧的软弱形象的俄罗斯却越来越令许多西方国家感到不安。

俄罗斯不再像早先那样屈从西方：在乌克兰和格鲁吉亚加入北约，美国在波兰、捷克部署国家导弹防御系统等问题上立场强硬，拒绝美国和欧盟支持的科索沃独立计划，宣布暂停执行《欧洲常规力量条约》，重新恢复战略轰炸机远程巡航。2007年2月，普京在慕尼黑安全会议上猛烈抨击美国的外交政策，指责北约东扩是充满敌意的行为，其措辞之严厉、口气之强硬是过去少有的。

为什么俄罗斯一方面竭力在国际上宣传一个拥有深厚历史文化底蕴和健康发展的复兴大国形象，另一方面却冒着被丑化的风险与西方舆论较量呢？英国著名外交家帕默斯顿说过，在国际关系中，没有永恒的朋友，也没有永恒的敌人，只有永恒的利益。解读俄罗斯目前的举动需要从其根本利益出发。俄罗斯的民族利益和国家利益不会总是和西方的利益特别是美国的利益相一致，俄罗斯塑造国家形象的根本目的不是为了取悦他国，而是增强对其他国家的影响力，从而更好地维护本国利益。任何一个统治集团都不能忽略国家的根本利益。一个国家不能维护自己的根本利益，在国际社会就会失去与别国平等交往的权利。

尽管西方政界一度热情地把俄罗斯描述为朋友和"战略伙伴"，但是西方和一些超级国家组织以人权和自由贸易为工具干涉俄罗斯内部事务，北约扩张和美国咄咄逼人的单边主义态势，使得俄罗斯认为西方近年来似乎利用一切机会削弱、孤立和包围俄罗斯，导致了俄罗斯的不安全感，促使俄罗斯的外交政策变得更为现实，不能一味追求在国际视野中的美好形象而导致国家根本利益受损。

普京在慕尼黑安全会议上的讲话在一定程度上折射了俄罗斯与美国和北约关系的现状，表明双方在一些核心价值观和根本利益上的矛盾是难以调和的。如今的俄罗斯正在以一个举足轻重的世界大国的形象重返国际舞台。作为一支重振雄风的，有影响的政治和经济力量，俄罗斯拥有的国家形象不会是鸽子，而是作为国家象征的黑熊。

第五，总统普京成为俄罗斯国家形象的重要符号。俄罗斯国家形象有着自己特有的宝贵资源——总统普京。大国首脑总是被国际媒体聚焦，但作为俄罗斯总统的普京更是以其坚强、果敢等鲜明的个人风格和强权时时吸引着全球的注意力。普京善于利用媒体积极阐释和推行其外交政策，控制国际形势的发展，从而有力地推动和影响国家对外形象的塑造。一个良好的领袖形象是俄罗斯塑造国家形象的重要策略。

当西方媒体拿"沙皇"、"普京大帝"来比喻普京时，俄罗斯民众则认为他是从斯大林以来首位敢于站出来保卫俄罗斯利益不受天生敌对的世界侵犯的领导人，认为普京在世界舞台上的政治成就为恢复国家力量做出了很大贡献，洗刷了俄罗斯在叶利钦时代受到的侮辱，抚慰了俄罗斯人心目中的"大国情怀"。俄罗斯国内舆论希望普京能够继续执掌俄罗斯。2007 年 12 月，由普京领导的"统一俄罗斯"党在俄罗斯议会选举中获得约 64.3% 的选票，证明了普京在民众中的高支持率。

普京的强势形象也得到西方媒体的承认："看看干练精悍的普京，似乎又让人看到'强悍的俄罗斯'再度回到国际舞台"，"在今天的俄罗斯，除了政治反对派和自由主义知识分子，普京深受民众欢迎。俄罗斯感觉国家又稳定了，民族自豪感恢复了。许多人表示乐于投票支持普京连任第三个总统任期"。美国学者伊曼纽尔·沃勒斯坦认为，是普京的个人魅力促成了索契的胜出。

美国《时代》杂志把普京评为 2007 年年度人物，主编施滕格尔解释说："普京将处于混乱中的俄罗斯重新带回世界强国之列，取得了非凡的领导成就。普京代表的是稳定，比自由重要的稳定，比选择更重要的稳定，是俄罗斯百年来不多见的稳定。"施滕格尔的话可以视为是对普京在带领俄罗斯走出困境过程中发挥重要作用的肯定，也是对俄罗斯目前发展状况的肯定。

值得一提的是，当俄罗斯的形象战略在西方受阻时，在中国的友好形象得到了保持和加强。事实上，中俄两国同为迅速崛起的大国，同样面临着国际舆论的怀疑、污蔑甚至大规模的妖魔化宣传，因此，对外传播良好的国家形象是中国、俄罗斯两国发展过程中都面临的重大战略性任务。两国在增强本国的国际地位，营造有利于国家利益实现的国内和国际舆论环境的问题上都做了大量工作。例如，2006 年和 2007 年由中国、俄罗斯两国国家元首共同倡议并推动的"中国年"和"俄罗斯年"活动逐步展开，双方各领域的交往更加密切，两国民众对彼此的了解更是日益加深。

# "普京计划"巩固国家形象

2004 年 12 月 15 日，普京在圣彼得堡忙里偷闲，专程前往俄罗斯著名女演员阿莉萨·弗莱因德里赫家中，向她祝贺七十大寿。弗莱因德里赫是中国人耳熟能详的电影《办公室的故事》的女主角。

当普京"砰"地一声打开香槟酒瓶塞时，弗莱因德里赫感叹地说："我知道您是一位好男人，但没想到您连这种小事都干得如此漂亮！"

"这太简单不过了。"普京客气地回答。

"您是说这比领导一个国家简单吗？"弗莱因德里赫追问。

普京总统十分幽默地互敬说："这要比您在舞台上演出简单得多。"

弗莱因德里赫高兴地举起酒杯，意味深长地对普京说道："让我们干一杯吧，祝愿您有足够的精力去完成您亲自指挥的这场重要剧目。"

弗莱因德里赫所说的"剧目"，实际上就是指普京总统在第二任期内立志改造和振兴俄罗斯的宏伟蓝图。一年后，普京就任命自己的"左膀右臂"梅德韦杰夫开始落实振兴俄罗斯的各项计划，这是后来"普京计划"的一部分。

2007 年 5 月 22 日，"统一俄罗斯"党主席、国家杜马主席鲍里斯·维亚切斯拉沃维奇·格雷兹洛夫在党的最高委员会和总部委员会联席会议上做了题为《关于实施"普京计划"的政治报告》，提出要把推进实施"普京计划"作为全党当前以及未来的最重要政治任务。他指出了实施计划的三大历史条件：其一，俄罗斯出现了普京这一当前以及未来的"国家领袖"。其二，有凝聚全社会力量的"统一俄罗斯"党，该党"有能力对国家领袖的发展战略进行政治支持"。其三，"普京计划"释放了全体俄罗斯人民的创造力。

为迎接议会大选，"统一俄罗斯"党正式打出了"普京计划——俄罗斯的胜利"竞选标语，拉开了大选年的序幕。2007 年 10 月 1 日，普京在"统一俄罗斯"党"八大"上正式宣布领导该党参加 12 月 2 日举行的第五届国家杜马大选，并首次对所谓的"普京计划"做出正式回应："我同意你们将政党战略和现任总统的名字联系在一起，从备战竞选的逻辑而言这有一定的意义。但我对这个计划是否需要如此的个人化并不确定。除此之外，这一计划的作者并非具体的某个人，而是一个庞大的集体。实际上，它是联邦和地方各级政府、中央银行、联邦议会共同的工作成果。""几乎计划中的每一个措施都经过了数百万民众的广泛讨论和回应。因此，毫不夸张地说，它是俄罗斯社会的计划，是长期的战略计划，是正在实施的计划。沿着这一计划我们实现了社会的初步稳定，恢复了国家的完整和政体的行为能力。"

2008 年 2 月 8 日，普京在俄罗斯国务委员会扩大会议上发表了 49 分钟的演讲，回顾了他自 2000 年执政以来取得的成果，并描绘了 2020 年前俄罗斯的发展战略。"我们不会放弃任何预定的计划，相反，将会继续实施这些计划。"这是普京首次清晰、全面地向俄罗斯民众阐述"普京计划"的具体内容。3 月 2 日，普京对梅德韦杰夫当选总统表示祝贺。梅德韦杰夫随后重申，将继续奉行普京总统制定的方针，也就是"普京计划"。

"普京计划"的内容涉及俄罗斯经济、政治、军事、外交、教育等诸多方面，可简要概括为："发展具有俄罗斯特色的独特文明；在奉行自由经济政策的同时，强调国家对战略经济部门的国有化或者绝对控制；提高俄罗斯民众的生活质量；提高俄罗斯各级国家机关的效率；增强俄罗斯国防能力；维护俄罗斯国家安全。"核心是"有尊严的俄罗斯"实行"有区别的民主"，即在俄罗斯推行与西方有区别、有俄罗斯特色的"主权民主"，意在强调国家主权大于民主、民主不应成为外国干涉俄罗斯内政的借口。

总的来说，"普京计划"分两步走：最低纲领是保证现行政策的连续性，即保证普京治国理念的长期贯彻、实施和落实；最高纲领就是坚定不移地走普京路线，用 15～20 年完成振兴俄罗斯的任务，使俄罗斯重新成为世界强国。普京在职期间已经通过了 10 多个发展各个领域的计划，有的到 2010 年，有的到 2012 年，有的到 2015 年，有的到 2020 年，这些振兴计划都已经通过了。"普京计划"中的国家重点项目正是梅德韦杰夫自 2005 年担任第一副总理以来一直负责并已经取得初步成效的工作。

"普京计划"中提到的中远期目标也都是十分具体的。例如,在 2010 年前实现国内生产总值翻一番,2020 年前致力于建设一支"创新型军队",到 2020 年将俄罗斯公民的平均寿命提高到 75 岁,到 2020 年中产阶级在居民中的总体比例不低于 60% ~ 70% 等。

从"普京计划"的内容看,这的确是惠民利民的计划,致力于解决国内的社会经济问题,同时,这也的确是国家振兴的计划,着眼于建立国际政治经济新秩序和削减西方民主的压力。这也是为什么作为执政党的"统一俄罗斯"党能够一枝独秀,梅德韦杰夫能够高票当选总统的根本原因。

俄罗斯人民的心理特征随着国家的发展而变化着。20 世纪 80 年代,在苏联僵化体制下,人心思变,都希望变化。90 年代,社会动荡,人心思变转为人心思定,都希望稳定;普京执政后,经济开始复苏,转为人心思治。现在,俄罗斯需要更快的发展,开始步入了人心思发展、人心思富的阶段。这种情况下,"普京计划"就成为俄罗斯人民的希望。人们当然都要奋力抓住它,绝不放手,梅德韦杰夫也不例外。

普京选择了梅德韦杰夫,梅德韦杰夫也选择了跟随普京。2008 年 2 月 15 日,梅德韦杰夫以总统候选人、第一副总理身份在第五届克拉斯诺亚尔斯克经济论坛上亮相。此前一周,普京刚刚首次向俄罗斯民众详细地讲述了"普京计划"的具体内容,而梅德韦杰夫在那次经济论坛上的讲话中称其施政纲领是"普京计划"的延续,将充分保证当前政策和路线的连续性。

梅德韦杰夫讲话的主要内容是围绕"经济"二字展开的。他说,俄罗斯有独一无二的能力,不走财产重新划分的老路,在承认私有经济价值的前提下持续经济改造。他提出,在未来四年,俄罗斯将把工作重心集中在 4 个优先方向,即国家制度化建设、基础设施、创新和投资。梅德韦杰夫特别强调未来俄罗斯政权在这 4 个方向的 7 项主要任务,分别是:克服司法领域内的虚无主义,大幅度降低行政阻力,降低税收,更新基础设施,建立强大的金融体系,为高新技术发展打下基础,落实各项全新的社会发展政策。

在讲话中,梅德韦杰夫申明对普京政策的继承性,同时在巩固国家政权方面做出了更为自由化的阐述。俄罗斯舆论认为，梅德维杰夫的施政纲领是对"普京计划"的进一步细化，这也将是"梅普组合"所面临的主要工作任务。其实，更确切地说，这份纲领不仅是对"普京计划"的延续和细化，更多的是在延续基础上的改进和创新。

事实上，"普京计划"具有非常宽泛的概念。它是 2000 年普京执政以来俄罗斯现行国家意识形态、政治、经济、外交和军事政策的总和，也是俄罗斯"未来十年的战略发展计划"。这些内容主要反映在普京的 8 次国情咨文、国家发展战略构想、政府发展纲要以及一系列的法规法令中。许多计划是由普京的重要权力支柱之一"统一俄罗斯"党倡导并得到普京批准执行的。

"普京计划"除了经济规划外，其中一个重要内容就是为应对权力交接提供了权力安全过渡模式。在当时，普京如果突然离开政治舞台，各派政治力量有可能重返"街头政治"时代，国家有可能再次陷入动荡，这是全社会所担忧的。在此背景下，"普京计划"蕴藏了双重含义：其一，为俄罗斯的稳定提供保障，维持当时的发展态势，保证当前战略在其后未来 10 年的延续性。普京一再强调，当前政策不能有任何改变。其二，保证普京离任后对俄罗斯政治的实际影响力。按照宪法制度，无论普京拥有多少社会支持，一旦离任就不能再合法地拥有最高权力。但是在个人权威和道义基础上则可以延续实际权力。这就必须有效利用政权党的力量。

以何种方式行使未来领袖的"道义权力"？普京说："有各种方案，如果能出现我所期待的结果，则就有这种可能性。"2007 年 12 月 10 日谜底揭晓，梅德韦杰夫以四党推荐、普京"钦定"的方式被宣布为总统候选人。接着他的民意支持率在两周的时间内达到了 70%。2000 年以来一直由普京所专有的支持率成功地挪移到他的接班人身上。第二天，梅德韦杰夫宣称，如果赢得选举将请求普京担任总理，2007 年 12 月 17 日普京做出回应，同意领导政府。

对于普京而言，这是一个"离任不离权"的安全过渡模式。理由有三：其一合理，已经通过议会大选取得"道义权力"。其二合法，以总理之职行总统之实。其三"合约"，以"普京计划"为纲（"统一俄罗斯"党的党纲），以"议会"为目，纲举目张，未来总统反目翻牌的机会微乎其微。

普京在执政的最初 8 年中，计划的实施取得了一系列政治经济和社会成果。普京唤醒了俄罗斯的民族意识，统一了民族思想，建立了一个将俄罗斯发展为大国的政治体制，也构建了以其为核心的新的精英统治集团。消除了叶利钦时期议会和总统之间的激烈争斗，使所有政治力量都朝着"强国富民"的方向前进。国民收入增长一倍多，经济总量增长了 60%，进入世界十大经济强国之列。人口危机得到抑制，国防实力迅速恢复，国际地位迅速提升，走上快速复兴的道路。俄罗斯一改 20 世纪 90 年代的孱弱面貌，以迅速崛起的大国形象回到国际舞台。

毫无疑问，"普京计划"是俄罗斯所做的"内功"，它致力于继续巩固俄罗斯国家形象，这在重塑俄罗斯国家形象品牌方面显然具有重大的现实意义和历史意义。随着俄罗斯政治、经济、文化等各方面的发展，必将树立起具有鲜明特色的俄罗斯国家形象品牌。而中国、俄罗斯作为战略协作伙伴，在全球、地区以及双边关系层面都有着积极的合作，无论从哪个角度而言，俄罗斯的未来发展都应引起我们的关注和重视。

# 延展阅读

国家形象作为一国的"无形资产"，体现着国家的"软实力"。在经济全球化和信息化时代，世界各国都积极利用公关传播手段量身打造国家形象的公关战略。

国家形象是指"其他国家（包括个人、组织和政府）对该国的综合评价和总体印象"，就其内容而言，它是本国家和本民族精神气质精华的沉淀，是在历史传承基础上融会贯通现代文化元素后的重新提炼和萃取。良好的国家形象是一个国家极为重要的"无形资产"，不仅可以增强本国人民的自信心和凝聚力，还可以使国家在国际事务和国际竞争中占据主动地位，增强国家的外交力量和在国际上的发言权，促进国家目标和国家利益的实现。

一个国家"软实力"的构成和积累，包括塑造其自身文化、传统、宗教内在吸引力和感化力的国家公关能力。在此基础上，利用公关手段和传播技巧对外传播良好的国家形象已成为当前各国提升"软实力"的重要目标。21世纪如何在国家层面进行战略性公关，塑造优质的国家形象和品牌，增强一国在全球政治、经济和文化领域的影响力，显得至关重要。普京政府正是不断通过塑造俄罗斯良好的国家形象，提振了俄罗斯民众的士气，实现了强国复兴的梦想。

我们看到，普京不仅以品牌营销的高超技巧建立起良好的形象，而且在国力恢复后不断谋求与美国在国际事务中平等的发言权，普京的大国梦一步步得到实现。普京没有割断俄罗斯历史，俄罗斯的历史文化在普京时期继续发扬光大。

尽管普京如此细心地经营自己的形象，但人们对普京的印象也不断出现分化。随着时间的推移和俄罗斯政局的变化，俄罗斯民众、中国民众正在重新审视普京的英雄形象，如何面对即将到来的挑战是普京及其幕僚的难题，政治形象的建构如何能长久保持也是一个需要继续探讨的问题。

# 第十一章　普京的困局

要问有关未来的问题，最好的立足点其实就是大地，要尽可能放慢脚步去旅行。

——罗伯特·D. 卡普兰

为了看看阳光，我来到世上！

——巴尔蒙特

国家营销是建立在综合国情基础之上的。国家营销就是通过树立国家形象，获取政治影响力和经济利益，建立起国家竞争优势。在某种意义上说，良好健康的国家形象，是一个国家最重要的资产；误读的或者被恶意曲解的形象，会对国家利益和人民利益造成严重的伤害。无论是普京抑或俄罗斯的品牌形象营销，目前都面临着一些困局，如何从困局中突围，成为影响普京大国营销的关键。

# 普京的"双头鹰"战略

双头鹰是拜占庭帝国君士坦丁一世大帝的徽记。拜占庭帝国曾经横跨欧亚两个大陆，双头鹰一个头望着西方，另一个头望着东方，象征着两块大陆间的统一以及各民族的联合。1453 年，曾辉煌一时的拜占庭帝国被奥斯曼土耳其帝国灭亡，拜占庭皇帝君士坦丁十一世帕里奥洛格斯也英勇战死。

1472 年莫斯科大公伊凡三世迎娶拜占庭帝国的末代公主索菲娅，索菲娅由此佩戴着拜占庭帝国威严的双头鹰徽记来到了俄罗斯。俄罗斯不仅继承了东罗马帝国双头鹰的徽章，此后俄罗斯统治者更以罗马帝国继承人自居。20 世纪末，俄罗斯国家杜马从法律上确定了双头鹰是俄罗斯的国家象征。双头鹰的寓意对俄罗斯来说，再合适不过了。

但是，数百年来，俄罗斯的"双头鹰"有一头被遮住了双眼。尽管地跨欧亚，不过俄罗斯人一直渴望融入欧洲，俄罗斯的亚洲部分一直被忽视。随着亚洲经济的整体性崛起，奥巴马政府上台以来，美国全球战略重心开始东移。2009 年 7 月，时任美国国务卿的希拉里·克林顿高调喊出了"重返亚太"的口号。虽然俄罗斯也推出了一系列开发远东的计划，但是俄罗斯主要的精力还是放在西部与北约争夺战略空间上。2012 年，普京准备冲刺自己的第三任总统任期，普京揭开了蒙在另一头"俄国鹰"眼前的布，开启了俄罗斯版"亚太再平衡"的进程。

2012 年 2 月，普京在其竞选纲领《俄罗斯与变化中的世界》中，把阐述俄罗斯同亚太地区关系放在俄欧、俄美关系之前，发展与包括中国在内的亚太地区国家的关系将成为普京外交的优先方向。5 月就职总统之后，普京意外缺席了在美国戴维营举行的八国集团（G8）领导人峰会，这是自 1998 年俄罗斯加入八国集团以来，俄罗斯国家元首首次缺席峰会。但是半个月后，普京却出现在北京，参加上海合作组织第十二次领导人峰会。普京用实际行动宣告，俄罗斯东方外交将优先于西方外交。

不同于美国"重返亚太"的主动所为，俄罗斯转向亚洲是被动的选择。苏联解体之后，俄罗斯全方位开展西方外交，但俄罗斯一直不被西方所接纳，八国集团虽然邀请了俄罗斯，但是俄罗斯无权参加最核心的经济议题。而最令俄罗斯无法接受的是，北约的东扩以及欧洲反导系统的建设。

1990 年，美国时任总统老布什政府国务卿詹姆斯·贝克对戈尔巴乔夫承诺——北约不会将其武装力量向东推进一英寸。然而，1993 年起，北约开始一步步东进。俄罗斯前总理普里马科夫曾说："在北约扩展问题上，有两条'红线'是不能越过的……红线是波罗的海国家和其他苏联各共和国加入北约是我们所不能接受的。"但是北约已经越过了这两条红线，令俄罗斯更为紧张的是，美国在北约国家建设欧洲反导系统，严重压缩了俄罗斯的战略空间。

随着乌克兰危机的恶化，俄罗斯与西方的关系更是进入了历史低谷，国际舆论甚至惊呼欧洲"铁幕"重新降下，"冷战"再度出现。不过在乌克兰危机当中，俄罗斯并非孤身奋战，中国表现得比较灵活，印度没有站在西方国家一边批评俄罗斯，古巴、朝鲜等国则坚定地站在了俄罗斯的阵营当中。西方国家对俄罗斯核心利益的漠视，让普京更加重视发展同亚洲新兴国家的关系。

2013 年 2 月 18 日，俄罗斯外交部网站公布了由总统普京批准的新的《俄罗斯联邦外交政策构想》，文件称，俄罗斯高度重视发展与中国、印度的关系，这是由于世界潜力向东亚和太平洋地区转移所造成的，文件指出，目前历史上西方主导世界经济和政治的能力继续减弱。因此俄罗斯认为，重要的是要进一步发展俄罗斯、印度、中国三方外交政策和经济合作的有效互利机制。

被誉为"俄罗斯外交战略风向标"的俄罗斯外交和国防政策委员会荣誉主席、俄罗斯国立研究大学高等经济学院世界经济和国际关系学院院长谢尔盖·卡拉加诺夫 2012 年曾说过这样一番话，在可见的未来，欧洲危机和问题无法得到根本解决，俄美关系的新议程从未进入实质化，因此"文化欧洲化"的俄罗斯未来在于"经济亚洲化"。他认为，俄罗斯国内持续八个世纪的"亚洲威胁论"，不仅使西伯利亚和远东地区从充满资源的宝地变成了"不毛之地"，而且使俄罗斯错过了复兴的机遇——而美国却做到了。

英国路透社曾经援引卡内基基金会莫斯科中心主任德米特里·特列宁的话这样说，如果彼得大帝仍然在世，他会把俄罗斯的首都迁到符拉迪沃斯托克而非圣彼得堡。这名俄罗斯学者称，这是因为如今的太平洋经济就像18世纪的波罗的海一样繁荣。他说，俄罗斯当时将自己的发展中心迁到欧洲，如今应该迁到亚洲和中国合作。普京在《俄罗斯与变化中的世界》一文中，把同中国的外交放在优先位置，强调中国经济的增长不会给俄罗斯带来威胁，希望俄罗斯的"经济之帆"能够乘上"中国风"。

而在克里米亚成为俄罗斯领土之后，欧美等西方国家实施了对俄罗斯的多轮制裁，给俄罗斯经济带来了不利影响。尤其是在俄罗斯支柱产业——能源领域，俄罗斯需要找到新的买家，而蓬勃发展的中国和亚洲地区就成为俄罗斯的不二选择。中国国家主席习近平2013年将自己担任国家主席的首访之地选在了俄罗斯，中俄全面战略协作伙伴关系甚至被誉为"准同盟"，尽管中俄两国都反对针对第三方的军事政治同盟，但是中俄在许多国际问题上越来越多地采取了相似的立场，在各自的核心利益问题上也采取了相互支持的态度。

俄罗斯外交"看东方"的重要转向，强化了俄罗斯作为欧亚地区大国的概念，也意味着从实际出发的普京将更专注俄罗斯有重要利益的欧亚地区，包括发展俄中关系。

乌克兰危机引发的美国和欧盟的经济制裁，给俄罗斯经济带来的损害不容低估。于是有人提出，俄罗斯今后可能会"彻底向东"。俄罗斯应该彻底放弃对西方国家残存的幻想，下定决心战略东移，与亚洲的中国、日本、韩国、印度、印度尼西亚等国家建立更加紧密的经济联系，尤其是中国。这些话有一定道理，但过于绝对。

俄罗斯作为一个欧亚大国，不会放弃全方位外交。俄罗斯原已存在亚太战略。这在2013年普京总统国情咨文中说得很明白："俄罗斯转向太平洋和我们远东地区的迅猛发展，不仅能为我们的经济提供很多机遇和新天地，还为贯彻积极的对外政策提供了新的手段。"苏联时期的历届领导人都一再强调必须开发西伯利亚和远东地区，否则谈不上国家富强和振兴。

普京首任总统后于 2000 年 7 月 8 日发布题为《俄罗斯国家：强国之路》的国情咨文，称"俄罗斯唯一的选择是做大国"。此为何意？这在 2012 年他再次当选总统前提出的欧亚一体化构想中得到诠释。欧亚一体化分四步走，即海关联盟、共同经济空间、欧亚经济联盟直到欧亚联盟。

如今俄罗斯、哈萨克斯坦、白俄罗斯签署了经济联盟。据国际文传电讯社 2014 年 6 月 11 日消息，白俄罗斯外长马克伊称，签署欧亚经济联盟条约是迈出的积极一步，但白俄罗斯并未感到"心情愉快"，主要是所签署条约的内容并不完全是三方先前申明的内容。该条约将没有任何限制和例外规定，但所签条约在电力、石油、天然气、药品、医疗用品、汽车运输、服务等诸多领域存在限制和例外规定。

乌克兰当局在危急时刻曾提出考虑退出独联体，这是报复俄罗斯的一招狠棋。果真如此，普京设想的欧亚联盟将是一只"跛脚鸭"。不过，乌克兰要退出独联体，不能不考虑自身将为此付出的高昂代价。从几个国家的经济联盟到整体的欧亚联盟，道路还很漫长！

俄罗斯与美国等西方大国关系紧张的同时，与中国的关系亲密度进一步上升。普京 2014 年 5 月 20 日起对中国进行两天国事访问并出席在上海举行的亚信第四次峰会，尤其是中俄就长期天然气合作签订了价值 4000 亿美元的大单，受到国际社会的高度重视。中俄的一系列影响全球的战略合作，引发世界上不少国家的敏感反应，于是中俄是否结盟的话题又被一些媒体热炒。

法新社 2014 年 5 月 18 日引述专家的话称，目前中俄两国的政治合作已经达到顶峰，只差签署联盟条约了。日本外交学者网站 5 月 30 日刊登题为《中俄正在走向正式联盟吗？》的署名文章，旁征博引，高谈阔论。据俄罗斯《剖面》杂志 5 月 20 日报道，俄罗斯国际关系学院沃斯克列辛斯基教授认为，中俄能否结成联盟，特别是军事联盟的问题，根本不在议事日程之上。

这里让人记起一些报刊关于中俄是否结盟的讨论，其中影响较大的是

2012 年 3 月 10 日《环球时报》为一次研讨会开列的标题：《中国不能孤独对抗美国，中俄军事结盟势在必行》。有的说，结盟还是不结盟，绝不应成为一成不变的教条；有的说，中国恐怕要采取比较灵活的方式处理联盟问题；有的说，我们必须要考虑结盟问题，否则在今后的战争当中，无论政治对抗，还是军事对抗，只靠单打对付美国构建的全球联盟网，我们根本不可能战胜。这些说法曾引起社会舆论的广泛非议。

应该承认，尽管俄罗斯与美国曾提出构建新型战略关系，中国与美国正提出构建新型大国关系，但是美国对中国和俄罗斯采取了相似的"接触加遏制"的政策。美国成为导致中美关系在曲折中发展、俄美关系在较量中发展的主要矛盾方面，从而也促使中俄关系越来越紧密。

中俄关系的前提是维护自身的国家利益同时尊重对方的国家利益，基础是平等互信、包容互鉴、合作共赢，原则是不结盟、不对抗、不针对第三国。经过双方的共同努力，如今已经形成了被称作大国关系典范的全面战略协作伙伴关系。

# 乌克兰危机与"新冷战"

以 2014 年 2 月 18 日基辅广场事件为标志，乌克兰危机一直持续至今，乌克兰东部局势处于极度紧张状态，政府军与亲俄武装交火不断。同时，俄罗斯面临着西方国家的严厉制裁。引起人们关注的不仅是乌克兰局势本身以及俄罗斯能否抵御危机，而且更大程度上是危机背后的俄罗斯与西方大国的关系，尤其是俄美关系，并由此产生普京会不会调整战略的问题。

尽管俄罗斯总统普京表示对俄罗斯经济充满信心，但俄罗斯面临着非常严重的财政困难。官方数据显示，俄罗斯的外汇储备急剧下降。对数字进行解读后就会发现，俄罗斯的情况远比克里姆林宫说得要糟糕。这让人质疑俄罗斯外汇储备在未来的可持续性。

　　俄罗斯的困境并不难理解。在普京的统治下，俄罗斯一直追寻裙带资本主义和保护主义的政策，这导致了经济停滞。另外，乌克兰危机使其遭到了金融制裁，影响了俄罗斯的金融流入，并将在未来几年减少俄罗斯的投资和增长。全球大宗商品繁荣已显颓势，油价开始下跌。石油价格很可能会持续下跌很长时间。

　　有人说，乌克兰危机、克里米亚入俄等事件将会引发俄与欧美之间在政治、经济、军事等方面的全面"冷战"；也有人说，"冷战"根本就没有结束。面对乌克兰事件带来的重重危机，普京治理下的俄罗斯会不会调整其战略呢？会不会与西方国家陷入新的冷战？

　　"冷战"一词有特定的含义。它指的是从1947年杜鲁门主义出台至1991年苏联解体期间，以美国为首、由北约支撑的西方集团与以苏联为首、由华约支撑的东方集团两者之间存在的长期政治（包括社会制度与意识形态）和军事对峙局面。这段时期虽然分歧和冲突不止，但彼此都竭力避免世界大战，其对抗往往表现为局部代理人战争、科技和军备竞赛、外交角斗等"冷"方式。

　　自苏联解体之后，冷战格局已不复存在。早在北约东扩、科索沃战争、伊拉克战争、美国在苏联版图推行"颜色革命"、俄罗斯与格鲁吉亚武装冲突、美国在东欧部署反导系统以及叙利亚事件等发生时，"新冷战"之说就曾广为传播，可谓耳熟能详。

　　乌克兰危机后，俄美总统都曾对"新冷战"的说法表示异议。普京于

2014年5月24日在康士坦丁国家会议宫接受外媒采访时说："我不认为这是新冷战的开始，这对任何一方都没有好处，我相信冷战不会发生。"奥巴马于2014年3月26日在布鲁塞尔美术宫发表关于美欧关系的演讲中说："这并不是另一场冷战。毕竟，俄罗斯不同于苏联，并没有领导任何国际集团，也没有主导全球意识形态。"媒体也有此议，如美国外交学会网站2014年3月21日文章，说俄罗斯与西方面临的不是冷战局面，乌克兰问题并非全球范围内的大国间地缘政治竞争，只是地区性问题。

诚然，冷战思维至今仍有市场。因为有霸权主义，就会有"冷战"思维。乌克兰危机并非终点，不排除今后还会发生让人产生"冷战"联想的局面。

早在叶利钦宣布辞职由普京接任之初，普京于1999年12月30日发表了一篇著名的纲领性文章《千年之交的俄罗斯》，文中指出："俄罗斯过去是，将来也还会是一个伟大的国家。它的地缘政治、经济和文化的不可分割的特征决定了这一点……当今世界上一个国家的实力与其说表现在军事方面，不如说表现在它能够成为研究和运用先进技术的领先国家，能够保障人民高水平的生活，能够可靠地保障自己的安全和在国际舞台上捍卫国家的利益。"时隔14年，他在2013年12月12日致联邦会议国情咨文中指出："俄罗斯的责任不仅是成为全球和地区的保证之一，也要一贯地维护自己的价值观，包括在国际关系领域"；"我们不侵犯任何人的利益，不强迫任何人接受庇护，不打算教任何人如何生活，但我们要争取成为领袖，捍卫国际法，敦促尊重国家主权、独立和各民族的多样性"。

正当乌克兰危机激化、2014年3月16日克里米亚举行公投的时候，莫斯科卡内基中心于2014年3月19日发表评论，率先提出国际舞台上的新对抗时代已经来临，俄罗斯与西方关系恢复正常的基础已经不复存在。法国《费加罗报》4月21日文章也宣称，克里米亚归俄使得"全球平衡遭到破坏"。这些言辞源于对乌克兰危机影响力的过度判断。这也是"新冷战"观点的体现。

应该承认，如果说苏联解体是一次特大地震，那么乌克兰危机则是苏联解体的余震。这种余震几乎从未间断过。2008 年俄罗斯格鲁吉亚军事冲突以及南奥塞梯和阿布哈兹宣布独立，就是影响较大的余震。鉴于克里米亚归俄是苏联解体的延续，可视之为苏联版图地缘政治的变动，最多是欧洲地缘政治的变动，谈不上某些媒体所渲染的"冷战"结束后，世界地缘政治的大变动或者正在打乱国际秩序。这次乌克兰危机的影响，暂时大于长远，政治大于经济，地区大于全球。

乌克兰危机的国际影响，概括而言，有以下几个方面：

首先，独联体一些国家的疑虑必将增多，普京构建的欧亚联盟会遇到新的难题。美国外交学会网站文章说，普京采取的领土收复主义会在俄罗斯族人不占多数的俄联邦地区点燃分裂主义火焰。此话虽然有点危言耸听，但亦有可能成分。

其次，俄罗斯与美国关系又一次受重创，两国关系的修复，将会是一个较长的过程。此外，俄罗斯与欧盟的关系紧张一段之后，会在不同层面上逐步调整。其中与东欧更多的是安全因素引起的政治关系，与西欧主要是发展因素引起的经济关系。

最后，俄罗斯与中国的关系将会更加紧密。这已被普京 2014 年 6 月访华中俄双边关系取得的成果所证实。这也是俄罗斯一贯的"双头鹰"战略使然。

有人说，俄罗斯绝对不会允许一个亲西方的乌克兰出现，甚至会不惜以分裂乌克兰为代价。乌方也曾多次指责俄罗斯试图在吞并克里米亚之后再划走乌克兰一块领土。这一说法多少有些偏颇，乌克兰是一个主权国家，乌克兰的外交政策是内部事务，俄罗斯本无权干涉。而指责俄罗斯要划走乌克兰领土的说法，则缺乏根据。

俄罗斯外交部 2014 年 4 月 7 日的声明具有代表性："俄方不止一次地指出，不在乌克兰进行切实的宪法改革，在宪法改革框架内通过联邦化保证乌所有地区的利益、保持其不结盟地位和巩固俄语的特殊作用，就很难指望乌克兰实现长期稳定。"乌克兰新总统波罗申科已明确表示可以放权，但不同意搞联邦制；对于加入北约，态度较为慎重。

乌克兰东部地区几个州工业发达，地位重要。在乌克兰当局得到西方支持大力"反恐"的背景下，顿涅茨克州和卢甘斯克州于2014年5月11日举行了关于独立问题的公投，宣告成立"顿涅茨克人民共和国"和"卢甘斯克人民共和国"。俄罗斯表示尊重乌克兰东部两州的公投结果，多层含义，既显示尊重本国人民意愿、维护国际法的姿态，又为日后应对可能发生的突变埋下伏笔。地缘因素和历史因素决定了乌克兰不可能完全倒向欧盟或俄罗斯任何一方，独立自主、"骑墙"中立才是乌克兰的最佳选择。这已成为包括美国高层智囊如前国务卿基辛格、前国家安全助理布热津斯基等在内的共识。

与欧盟建立联系国的经济关系与加入北约的军事关系毕竟不同。对于前者，俄罗斯设法抵制，尽量削弱；对于后者，俄罗斯坚决反对，绝不容忍。那么，乌克兰危机虽然不至于陷俄罗斯于"新冷战"，但从俄美关系来看，改善的可能性存在，但是，可能彼此很难有诚意。俄美之间的关系可用4个字来概括——难得互信。俄美关系曲折复杂，时时剑拔弩张，但基本上是有惊无险，"斗则两伤、和则两利"。俄美关系走向决裂的可能性不大，从长远来看，还得逐步有所调整、有所缓解、有所改善。两国的决裂不符合彼此的根本利益，也是两国领导人均不愿意看到的。俄美有着共同的利益诉求，例如，双方在伊朗问题上、在叙利亚问题上、在全球反恐问题上以及在削减战略武器和防止核扩散等问题上都需要彼此合作。乌克兰危机发生后，俄美太空合作并没有被取消，美国军方自1995年以来使用"宇宙神－5"2型运载火箭的发动机为俄罗斯制造，也不可能放弃。普京依然被邀请去法国出席了2014年6月6日的盟军"二战"诺曼底登陆七十周年纪念活动，并与奥巴马见面交谈。

"冷战"结束以来美俄关系一波三折，声称"新型战略关系"有之，剑拔弩张亦有之，从来没有过"风调雨顺"，最终还是要坐到谈判桌上来。骤然变暖的权宜性、不时降温的必然性和冷暖之间的相对性，几乎成为俄美关系的发展轨迹。乌克兰危机发生之后，俄美领导人在角力的同时，也不乏谋求与对方改善关系的用意。普京于2014年1月17日在索契接受媒体采访时，讲了一大段谋求和美国改善关系的话。奥巴马何尝不想朝向有利于本国的方向改善美俄关系，但双方诚意几何？言和之后是否又起争端？则不得而知。

## 普京的"大国"困局

乌克兰危机、克里米亚并入俄罗斯，使得俄罗斯与西方国家的关系跌入低谷。同时，备受瞩目的索契冬奥会开幕式上，西方领导人缺席，美国、德国、英国等主要西方大国元首或政府首脑都拒绝出席，潘基文、习近平、安倍晋三3位领导人的出现虽撑了场面，却恐怕难以消除普京心里的遗憾和愤怒。

10年前，圣彼得堡建城三百周年庆典则是另外一番景象，包括胡锦涛、布什、希拉克在内的45国元首和政府首脑参加了庆典。那一次真可谓高朋满座，位居领导人中间位置的普京可谓志得意满。而这一次，场面更加热闹，活动规模更加盛大，但普京身边的宾朋们却少了很多。10年间，这变化可真大。细细想来，这恰恰证明了俄罗斯地位与发展趋势在发生着逆转。

10年前，普京确实拥有着希望，他重整了俄罗斯的河山，拥有着发展的契机。但今天，面对让几年的发展机遇空空流逝并且仍被普京的权力体系所束缚的俄罗斯，西方只会甩来一个冷脸。而俄罗斯失去的最大的发展机遇就是经济结构的转型。俄罗斯正逐渐成为依靠资源过活的国家，这几乎已是公论。航天产业的"十连败"、造不出新航母、黑海舰队一度没了潜艇、新武器屈指可数、20年来难见重大科技创新、选举时所用的监控摄像头从中国台湾进口、拖拉机从中国内地进口等事实，都说明俄罗斯正逐渐吃光苏联留下的工业老本而堕入能源输出国行列。

过去俄罗斯可以用卖油和天然气的钱去发展自己的工业、科技，但眼下高油价都无法维持其理想的经济增长速度，而俄罗斯制造业、科技产业也不见亮色。也就是说，俄罗斯哪怕现在潜心搞产业转型，所能投入的资源也不如当年那般巨大了。当然，不考虑经济受国际大宗商品市场影响过大这一因素，靠卖油卖天然气过活未尝不可。但如果是这样，俄罗斯就不再是一个大国。更何况中东资源富有国也都在谋求转型，这更凸显了俄罗斯产业路径上的落后。

造成俄罗斯这些经济、产业和制度困境的原因是复杂的，但与普京及其权力体系也有很大关系。一如冬奥会的贪腐丑闻，不管被贪掉的钱占比多少，这种现象都在俄罗斯各领域广泛存在。都在用"攫取"而非"贪污"去指代俄罗斯的贪腐问题，而这些恰是造成俄罗斯今日窘境的重要原因。

我们看到，俄罗斯的种种行为都是以大国甚至一流大国的标准对自己进行衡量后的结果。花大钱办奥运，外交上谋求恢复昔日的大国地位，相信可以将自己出口的拳头产品当作谋取地缘利益的手段。这些不仅仅是普京自己的选择，因为他可是俄罗斯人自己选出来的。

普京当下仍是支持率最高的政治人物。他花钱办奥运、以不当的方式插手乌克兰事务，又都是他摸清了民众心理底色之后的选择。从1996年第一次尝试办奥运会到今日的天价冬奥会，普京走过的是一条勒紧腰带撒钱的道路，但他清楚，民众喜欢这种领导人，就像他们崇拜彼得大帝、叶卡捷琳娜二世、斯大林一样。这些领袖无一例外地都被认为是帝国和大国荣光的巩固者。这3位全都出现在开幕式中，或许也不是一个巧合。当然，走上街头反对普京的民众不是这样的，但是他们人数太少了，普京清楚最广大的普通民众心里是如何想的。

这些最广大的民众当然反对腐败，当然不愿看到国家在具体领域的衰落，但是他们迷信沙皇一般的人物，迷信这个人与普通官僚不同，相信这个人是唯一可以支持和信赖的人。普京在努力成为这个人，他在一定程度上做到了，所以才有他在 2007 年一手托起"统一俄罗斯"党，又在一年后托起梅德韦杰夫的神奇表现。当然，今日民众的迷信肯定不同于沙俄时代，但逻辑路径是一致的。

2013 年，普京正式宣布了自己在新任期内的政治路线：保守主义。这是在经历了大示威之后的选择。不要用中国的思维去思考这个决定，因为俄罗斯有选举。普京这样做就是因为他相信那个"最广大民众"仍然占据大多数，他无须取悦走上街头的民众，后者仍处于少数群体。

当然，有一种观点认为普京主义治下的俄罗斯逐渐"南美化"。普京"南美化"表现在，权力与垄断经济结合，经济运作腐败和任人唯亲，在国家执法中亲疏有别，财政不透明和税务不公开，为国家权力机构代表提供犯罪豁免权。此外，俄罗斯官员数量已创历史新高，比苏联时期的官员数量总和还多 1.5 倍。

自苏联解体以来，尽管俄罗斯摆脱了高度集权的政治经济体制，组建起了自由市场、多党政治、三权分立、议会民主、自由选举等现代民主国家体制的雏形，但在"超级总统"权力结构下，距离真正的民主国家依然距离遥远。

普京走马上任俄罗斯总统后，开始大力建立强力部门，并且依托强力部门实现总统的权威，打击寡头，摆脱政府对寡头的依赖。普京本人的权力极大强化。尽管总统威权政治在一定程度上维护了俄罗斯国家统一和稳定，但是同时也对俄罗斯的经济发展和政治进步带来了巨大的负面影响。对于俄罗斯社会而言，在十几年"超级总统"治下，俄罗斯民间社会的活力日益衰弱。自普京总统上台后，借助打击寡头的机会，成功管控了国内大多数大众传媒机构，新闻和言论自由这一社会最基本的权益也受到了权力侵犯。

如何通过政治改革，终结"超级总统"制，让民主、法制取而代之，让权力由法律赋予，完成现代化的转型，是普京摆脱"困局"、引领国家步入现代国家之列的重要课题。

无论普京出于自身利益考虑，还是真正基于国家利益考虑，俄罗斯下一个阶段必须从威权政治中走出。因为俄罗斯社会转型已经20多年了，未来的经济发展必须通过减少政府对经济的干预，增强民间社会活力，来发展私有经济，让俄罗斯国民经济从对国有能源产业的依附中走出。

2014年伴随着因乌克兰危机引发的西方国家的经济制裁，加上国际油价下跌，卢布也迅速暴跌，对俄罗斯经济造成了巨大的冲击，民众生活受到严重影响。如果经济发展仍然被政治体制严重束缚，经济持续衰退，那么最终普京"超级总统"的权力根基也将被摧毁。

# 批评之声不绝于耳

普京自执掌俄罗斯政权以来，批评之声就不绝于耳。

据路透社的一则消息，普京被曝利用乌克兰富豪，掌控邻国资源。这个富豪名叫德米特里·福塔什。这个乌克兰人从俄罗斯购买天然气，然后在自己的祖国乌克兰售出，在不到10年的时间里，他就从卑微变得富有，并且一举成名。根据路透社的调查，福塔什的成功是建立在与俄罗斯总统普京的朋友达成的大量"甜心交易"上的，而俄罗斯纳税人却因此付出了很高的代价。

这篇调查报告提到了俄罗斯政府记录，首次公开了福塔什和国家控股的俄罗斯天然气工业公司最近达成的协议条款。根据详细记录这些交易的俄罗斯海关文件，过去4年里俄罗斯天然气工业公司以远低于市场价格的价格出售了超过200亿立方米的天然气给福塔什，这个数字是俄罗斯政府公开承认的4倍多。经过计算，路透社指出，福塔什支付的价格如此之低以至于他掌舵的公司牟利超过30亿美元。

其他文件显示，同期，和普京关系密切的银行家们批了高达110亿美元的贷款给福塔什。这些贷款曾帮助福塔什在乌克兰化工和化肥业占据主导地位，进一步扩大了他的影响力。福塔什曾支持亲俄政客维克特·亚努科维奇当上乌克兰总统。

福塔什的故事不仅仅是一个人如何谋取财富的故事，而且展现了普京如何利用俄罗斯国家资产为政治盟友牟利，以及如何将这种模式传到乌克兰以期达到控制邻国的目的。在福塔什的帮助下，亚努科维奇获得了权力，统治乌克兰长达四年。这样的关系对普京而言有着巨大的地缘政治价值。

乌克兰前议会反腐委员会主席维克特·丘马克称："福塔什一直是中间人，他是在乌克兰代表俄罗斯利益的政治人物。"而普京发言人德米特里·谢尔盖耶维奇·佩斯科夫对"福塔什代表俄罗斯利益"这一观点予以反驳。他认为："福塔什是一位独立商人，他追求自己的利益，我不相信他能代表其他人的利益。"

路透社在调查"被克里姆林宫厚待的精英们如何在普京时代从政府捞钱"过程中发现，在苏联解体后的许多年里，国有资产都陆续被那些与政府关系良好的富豪们廉价收购。

普京的盟友资本主义系统让俄罗斯普通民众付出了沉痛代价。根据路透社收集的欧洲天然气价格数据，与福塔什达成的廉价交易让俄罗斯天然气工业公司营收少了约20亿美元。四位产业分析师称，俄罗斯天然气工业公司本来可以以更高的价格将天然气出售给欧洲其他客户。

与此同时，俄罗斯和乌克兰的人民只能看着非民选的独裁者肆意运用政治影响力。福塔什将自己称为"乌克兰领头企业家和慈善家之一"。2014年3月12日，在美国当局的要求下，澳大利亚逮捕了福塔什。美国指控他曾在印度的一笔交易中涉嫌行贿。福塔什予以否认，目前保释出狱。

福塔什通过一家他担任董事的塞浦路斯公司和一家由 Group D. F. 创办的瑞士公司进口廉价俄罗斯天然气。福塔什和 Group D. F. 都拒绝回答和这两家公司以及他们的天然气交易有关的问题。

克里姆林宫发言人佩斯科夫称，普京曾和福塔什见过面，但他们并不熟。他还指出，俄罗斯以极低的价格向乌克兰供应天然气是因为亚努科维奇曾这么要求，并且俄罗斯想要帮助乌克兰的石化产业。佩斯科夫还表示，这些交易是通过福塔什安排的，因为乌克兰政府要求用这种方式。

从普京首次任总统以来，他就着手控制俄罗斯最有价值的资源——天然气。2000 年上台后，普京就换掉了俄罗斯天然气工业公司的高管，让自己信任的盟友掌舵，并确保俄罗斯政府持有该公司一半以上的股权。欧洲约 1/3 的天然气是由俄罗斯天然气工业公司供应的，这家公司为俄罗斯创造了巨额营收，也使得普京拥有了强有力的经济杠杆。

有人批评说，普京主义就是建立在虚构的和偷换国家概念基础之上的所谓国家机构。普京统治俄罗斯 14 年，形成了一整套国家意识形态和操作手段，并借此奠定了其政治地位。普京主义国家意识形态和操作手段的基础，一是官僚和寡头体系，二是政治的集权主义，如在外交上奉行具有一定侵略性和兼并性的对外政策、在经济上打造可以控制国家强力机构的垄断国家资本、在国家形象宣传上推广沙文主义和传统主义。

俄罗斯著名政治家安比罗夫、美国金融巨鳄索罗斯及美国经济学家萨默斯都将普京主义概括为俄罗斯强盗资本主义。还有专家将普京主义概括为"家庭资本主义"、"寡头资本主义"，甚至"朋友圈资本主义"。1991 年，普京担任圣彼得堡市副市长，主要负责对外经济贸易。他与几位亲密战友便"近水楼台"地经营起房地产。这些人现在都已成为俄罗斯官僚资本体系中的大户人家，如俄罗斯铁路股份公司总裁亚库宁、俄罗斯银行董事局主席科瓦尔丘克和前教育部长福尔先科等。普京主义治下的官僚主义，主宰着整个俄罗斯经济。它强势地建立起强盗资本主义，渗入国家经济躯体的每个"毛孔"，制定俄经济改革与发展的游戏规则，引导国家经济走向。

普京个人所体现出来的国家意识形态，得到了政府机构和新闻传媒的支持与传播，正使俄罗斯走向保守主义。这种意识形态的核心表现，是沙文主义、教权主义和排他主义在俄罗斯政治文化生活中的盛行。这些观点无论正确与否，对普京个人的形象而言，都有一定程度的损害。

# 经济结构面临调整

2014 年俄罗斯 GDP 增长 0.6%，2015 年则出现了 3.7% 的负增长。2015 年俄罗斯通货膨胀率达到 12.9%，为 2009 年以来最高。2015 年前 11 个月，实际工资同比下降了 9.2%，这是 1999 年以来的首次下降。油价剧烈波动，迫使政府放弃了三年期预算计划转而编制一年期计划。能源价格下降和西方制裁，是造成俄罗斯经济下滑的主要外部原因。

从 2014 年起，在乌克兰危机、西方制裁、国际市场石油价格急剧下跌的背景下，俄罗斯名义 GDP 从峰值时的 2.3 万亿美元减少至 1.2 万亿美元，人均 GDP 从此前的 14000 美元缩水至 8000 美元。俄罗斯延续多年的资源出口依赖型经济发展模式难以为继，需要创新发展模式，提升经济增长质量。从这个意义上看，俄罗斯要在 21 世纪继续保持全球性大国地位，需要解决一系列重大发展问题。

全球冲突下俄罗斯国家地位面临的挑战，本质上不是政治挑战，而是经济挑战。西方为什么总能制裁俄罗斯，原因就在于俄罗斯经济存在缺陷、弱点，能够被别人掐住脖子，这就是结构性问题造成的。如果走不出能源依赖的怪圈，就难以摆脱增长衰减的困局，长期上则无法避免受制于人的状态。俄罗斯的国家创新发展战略提了多年，但落实有限，必须加快推动这一战略的实施，实现经济结构的根本调整。只有这样，俄罗斯才真正有望摆脱二流国家的地位，实现稳定而持续的增长，并迎来盼望已久的复兴。

俄罗斯的工业结构长期以能源、原材料为主导，从 2014 年数据看，能源、原材料开采及加工产值占整个工业的一半以上。按年均价格计，乌拉尔石油 2014 年同比下降 9.5%（年均 97.6 美元/桶），天然气价格下降 6.5%（376.7 美元/千立方米），这样大幅度的降价都没有影响石油、天然气出口在俄罗斯全部出口商品总额中占 70.2% 的比重，而且这还没计算金属、原木等其他原材料出口，可以说俄罗斯的能源依赖较苏联时期有过之而无不及。代表一定科技含量和国家工业发展水平的机械制造产品出口仅占出口总额的5.4%，高新技术产品微乎其微。科学技术落后成为俄罗斯国家创新发展的严重阻碍。

俄罗斯经济发展目前面临的主要难题是结构调整、人口减少、地区发展不平衡以及外部环境和地缘政治风险。俄罗斯在经济结构方面的问题是显而易见的，主要是资源型（能源和原材料）产品生产和出口的比重较高，高新技术产品、高附加值产品在出口中的比重相对较低。近年来俄罗斯石油和天然气占总出口的75%，甚至高于苏联时期（1980年为67%）。产业结构中，能源尤其是油气工业一枝独秀，财政收入对油气出口过度依赖。俄罗斯国有企业在经济生活中占据主导地位，中小企业的比重和产出大大落后于发达国家。经济结构改革就是要培育新的增长点、发展高附加值高新技术产业和第三产业。但是，经济结构调整也是一个十分艰难的过程，短期内难以见效。

中国社科院俄罗斯东欧中亚研究所研究员郑羽就认为：俄罗斯经济走低甚至出现衰退的主要原因在于内部，在于2003年以来出现和逐步加强的政府垄断、新寡头垄断和关系经济，这三者共同制约了市场竞争机制对民间投资、技术进步、经济结构优化有推进作用。政府对油气资源部门的垄断加剧了"资源诅咒"病，使政府对优化经济结构的投入雷声大雨点小；新寡头垄断遏制了新民间企业的产生和由此出现的技术进步；而索契奥运会场馆建设暴露出的关系经济不仅表现出了高消耗和低效率，也摧毁了市场公平，更会使民间资本裹足不前。

俄罗斯政府近年来采取积极措施，采取新的技术手段不断改善营商环境，但在这方面的改进尚未带来总体投资环境的改善，腐败依然是一个十分严重的问题。俄罗斯经济发展是在内部政治稳定，同时存在许多外部、主要是来自西方的政治压力的情况下展开的。经济结构调整是一个过程，其效果的显现也需要一段时间。

作为一个全球性大国，从长远历史的角度，俄罗斯依然需要实现跨越式发展。这实际上意味着需要实现两个超越：既要超越西方现代化的历史经验，也要超越俄罗斯几次"追赶型"现代化的历史经验。恰恰在这个意义上，俄罗斯的发展存在较多变数和较大的不确定性。

当然，与1998年危机相比，与独联体其他国家的经济相比，俄罗斯经济的回旋余地仍然很大，俄罗斯仍有3600多亿外汇储备，国家财政状况远好于许多欧洲国家。西方的制裁并没有严重影响人民的生活，俄罗斯的日常消费品价格便宜，市场也很丰富。俄罗斯正加紧进行2018年世界杯的场馆和道路建设，工地并未停工。从2015年10月起工业开始增长，俄罗斯的农业状况也较好。正如普京在国情咨文中所说："十年前我们几乎一半的食品从国外进口……现在俄罗斯已成为出口商。2014年我国农产品出口量几乎达200亿美元，这要比武器出口多1/4，或者，是天然气出口收入的1/3。"此外，俄罗斯与"金砖国家"、欧亚联盟国家的经济合作都在发展，缓解了西方制裁的影响。

此外，俄罗斯不仅需要相对较快的经济增长速度，也需要较为合理的经济增长质量。在乌克兰危机、克里米亚入俄、西方制裁、叙利亚危机等背景下，普京的支持率居高不下。事实上，普京2012年第三次担任俄罗斯总统，从理论上和法律上看，完全可以在2018年大选中连选连任，继续担任国家元首到2024年。从目前情况看，巨大的外部政治压力也在相当程度上有利于普京的连选连任。此外，绝大多数俄罗斯上层精英和普通民众都希望维持政治体制的现状，这意味着俄罗斯中期的政治稳定可预期。

俄罗斯列瓦达中心最新民调显示，民众认为普京执政期间最大的成绩首先是国家经济发展，其次是居民生活水平提高。这意味着，从国内政治稳定、国家长治久安的角度来观瞻，经济发展是俄罗斯政府所面临的首要任务。在政治稳定的前提下，俄罗斯国内社会经济发展的绩效便成为下一个阶段影响稳定和政局走向的关键因素。

# 在地缘政治中徘徊的俄罗斯

地缘政治是一个在国际关系领域被广泛使用的概念，它的基本内涵是：研究政治力量的空间分布以及地理环境对政治力量的影响。作为一门现代学科，地缘政治学的历史并不长，只有一个多世纪。但其思想萌芽在 2000 多年前就出现了。在欧洲，柏拉图的《理想国》一书提出了国家所需要的地理条件，而亚里士多德在《政治学》中对国家理想的地理环境做了概述；在中国，春秋战国时期的"合纵连横"战略，三国时期《隆中对》中描述的诸葛亮复兴汉室的战略都体现了政治力量的空间变化这一思想。

作为一个地跨欧亚、领土面积最广、接壤国家最多、军事实力雄厚、国际影响力较强的国家，俄罗斯正在运用手中的能源筹码来影响欧亚的地缘政治格局，但周边的国家并不安心受其摆布。一度被贬低的地缘政治随着苏联的解体逐渐恢复过来，但在亚洲与欧洲的天平上，俄罗斯左右摇摆，似乎并不清楚应该站在哪边……它是有意为之？还是在地缘政治中逐渐迷失？

被誉为"俄罗斯的良心"的诺贝尔文学奖获得者亚历山大·索尔尼仁琴在大型史诗小说《1914 年 8 月》开篇写道："那高耸入云的高加索山脉白雪皑皑……一个个锯齿形的山坳全都清晰可见。与人类所创造的种种渺小事物相比，这条山脉简直是人类不能想象的庞然大物。数千年来在这个世界上生存过的所有人，即使尽可能地张开手臂，把他们曾创造的一切全部堆积起来，也造不出这样一座鬼斧神工的山脉。"

在美丽的自然界中，能被誉为"充满爱和唯美率性"，"拥有喜乐闲情"，"自然景观丰富"，"兼具百般风情，旷世绝美"的区域或景点，寥寥可数，而高加索地区这片神奇地带却当之无愧。高加索不仅是风光旖旎、精彩浪漫的世外桃源，它还有清新洁净的山区空气，暖暖的海洋，使人们可沐浴在耀眼的阳光中。自古以来，高加索的巍巍山峰，比瑞士的阿尔卑斯山还高；它苍郁的山林，清新的幽谷深壑，比起阿尔卑斯山，更略胜一筹。尤其当春天降临、百花齐放时，总会吸引各地不远千里而来的游人雅士，一赏这人间难得的净土及空前的美景。

置身高加索，处处都是历史古迹，最早的文明遗迹可以远溯至三百万年前。而格鲁吉亚、亚美尼亚及阿塞拜疆 3 国，立国虽仅短短几个世纪，但却创建了无数宏伟壮观的建筑、壁画和饰物，其风味之古朴原始，细腻之扣人心弦，直教人看得目瞪口呆，叹为观止。而高加索更是古文化的发源地，仅关于当地地名的由来，就有数不清的故事和传奇，至今仍为人们津津乐道、口耳相传。高加索除了历史文化、独特的传统与建筑遗迹，其特有的动植物也是无可取代的宝藏。当地人民友善好客，地中海文化与东方文化的结合，更形成了高加索独一无二的魅力。

高加索地区位于欧亚大陆连接处，属于麦金德所称的"欧亚大陆的心脏地带"。该地区人口总数不足 3000 万，有 50 多个独立的民族，若按语言社区来分，小的民族只有几百人，大的上百万人。由于地势复杂，许多民族近在咫尺却完全语言不通，据说古罗马人在此地经商要雇佣 80 多名翻译，所以历史上高加索曾有"语言之山"之称。同时，这一地区又有伊斯兰教、东正教、亚美尼亚格列高利教和犹太教等多种宗教势力错综复杂地交织在一起。由于高加索在人文地理上的这种特殊情况，该地区一直是其周边国家和民族争夺的焦点，且常是一些大国势力范围控制的交叉及末端地带，战略地位非常重要。

在历史上，亚述帝国、波斯帝国、马其顿王亚历山大、罗马帝国、阿拉伯帝国、蒙古帝国、奥斯曼帝国都曾染指高加索，并且把它纳入帝国版图，但都遭到了猛烈的抵抗，反抗和镇压成了高加索政治的鲜明特色，高加索一直以其居民的叛逆性和该地区的不可征服而举世闻名。在历代俄罗斯文学精英的眼里，高加索是"不屈从暴力和强权的自由之地"，而在战略家的眼里，高加索是"各种力量云集，各种利益交错，各种冲突交织"的"碰撞之地"。连索尔仁尼琴这样激烈的民族主义者，也对它充满恐惧和敬畏。

俄罗斯是世界上十分独特的陆权大国，经度跨越东经 26 度至西经 170

度，几乎占地球的一半。主要出海口在北方，一年中数月被北极冰层封锁。海权论鼻祖马汉曾经暗示过，俄罗斯作为陆权国家，常年处于不安全的境地。在获得海洋屏障之前，它永不满足，要么继续扩张，要么坐视别人征服。俄罗斯土地平坦宽阔，几乎没有自然边界可以为其提供保护，因此它对陆地上的敌人充满恐惧，这也是麦金德学说的一个主要议题。因此，俄罗斯想方设法把边界推到中东欧中间，以阻止 19 世纪法国和 20 世纪德国的进犯。为了限制英国在印度的势力，并寻求在印度洋的温水出海口，俄罗斯多次出兵阿富汗，它还把边界强推到远东。此外，俄罗斯对高加索山脉的作用极为重视，将其作为屏障，以防御大中东的政治和宗教争端。

俄罗斯面临的另一个地理事实是严寒。俄罗斯的大片陆地都位于北纬 50 度以北，大部分人口居住在比加拿大更寒冷的气候带上。俄罗斯的气候和地貌确实严酷到极点，这也是掌握俄罗斯人性格和历史特点的钥匙。俄罗斯史学家菲利普·朗沃思认为，俄罗斯的极度高寒，似乎正是这个民族"能够承受苦难，普遍具备集体主义意识，甚至愿意为共同利益牺牲个人"的原因。

俄罗斯的北部，则处于北极圈和北冰洋之间的冻土带，常年覆盖着冰雪，除了苔藓和地衣外寸草不生。当夏季冰雪融化时，大量蚊虫又会泛滥成灾。

麦金德说过，俄罗斯人本来是蜷缩在森林里的民族，从远古、中世纪到近代早期一直受到亚洲草原游牧民族的侵扰。因此，造就了俄罗斯人不得不寻求对外扩张与征服的道路。特别是蒙古人，包括中世纪莫斯科公国附近的金帐汗国和中亚的蓝帐汗国对俄罗斯人的长期统治和压迫，直接导致俄罗斯错过了文艺复兴时期，但同时也赋予他们共性、动力和极强的目的性，这些至关重要的品质最终反过来帮助他们挣脱了蒙古人统治的枷锁，在近几个世纪里夺取大片领土。因此，历史学家 G. 帕特里克·马奇就认为，蒙古人的统治造就了俄罗斯人"对暴政的极大容忍"，使他们在遭受困苦的同时，患上了"侵略妄想恐惧症"。

不安全感是俄罗斯典型的民族情感之一。美国国会图书馆馆员詹姆斯·H. 比林顿认为，"既想在历史中寻根，又希望利用历史为自身辩护，这种需求部分源于来自东部平原的不安全感。"他在关于俄罗斯文化的巨著《标与斧》中写的"地理，而不是历史"，一直主导着俄罗斯人的思想：严酷的季节转换，远方的几条河流，降雨多少和土壤肥瘠，决定了普通农民的生活方式。游牧民族征服者来了又去，对他们来说，不过是一成不变的冷酷海面上某种物体的无意识游荡而已。

但地理不能解释一切，也不能解决所有问题。它仅仅是看待政治及历史的一个视角和背景。即使地理是一种能够形成团结的力量，就像美国、英国或印度、以色列那样，共同的价值观和精神元素（如犹太复国主义的理想），才是这些国家普遍认同的基础。如果仅仅以地缘政治为出发点，那么俄罗斯就很难再获新生，甚至很难与基辅罗斯、中世纪莫斯科大公国、罗曼诺夫王朝以及苏联相提并论。卡内基莫斯科中心主任迪米特里·特里宁认为，在21世纪"吸引力胜过强制力"，因此"软实力应该成为俄罗斯外交政策的核心"。换句话说，一个真正脱胎换骨的俄罗斯将更有利于向整个欧亚大陆边缘投射其影响力。俄语是从波罗的海到中亚国家的通用语言，俄罗斯文化"从普希金到流行音乐"，仍然需求旺盛。在用知识振兴俄罗斯的过程中，俄语电视台应"成为俄语世界的'半岛电视台'"。按照这种思维方式，价值认同将是可以让俄罗斯再次实现其心中"地理命运"的主要道路。

当下，乌克兰危机使俄罗斯的地缘政治环境面临重大的安全隐患。乌克兰作为支点国，南部毗邻黑海，西部接前东欧卫星国，它的脱俄入欧之举将使俄罗斯在很大程度上与欧洲绝缘。

布热津斯基认为，没有了乌克兰，俄罗斯虽仍然是一个帝国，但只能是一个"以亚洲型为主"的帝国，并将进一步卷入与高加索和中亚国家的冲突。一旦乌克兰重归俄罗斯，俄罗斯面向西方的人口结构就会再增加4600万人，并同时对欧洲形成挑战和融合之势。根据布热津斯基的观点，俄罗斯下一步所觊觎的波兰将成为"地缘政治的新支点"，决定中欧、东欧和欧盟本身的命运。

俄罗斯和欧洲之间的斗争，尤其是和德国、法国之间的斗争，自拿破仑战争以来一直持续。苏联虽已解体，欧洲人仍然需要以乌克兰为主要通路进口俄罗斯的天然气。冷战的胜利在相关国内引起了巨大变化，但它无法改变地理事实。澳大利亚情报分析师保罗·迪布（Paul Dibb）认为，一个复兴的俄罗斯可能宁愿"考虑中断复兴，也要创造战略空间"。

当前，美国推出亚太"再平衡"战略，中美在亚太地区互动，俄罗斯面临着抉择。亚太局势适度紧张，对俄罗斯来说似乎更有利。随着南海形势升级的趋势日益明显，有俄罗斯专家认为，一旦将来冲突和对抗加剧，导致海上航路受阻，俄罗斯和中亚可以提供替代海上交通线路，把中东和非洲的资源运往亚太地区。亚太地区军备竞赛对俄罗斯军工企业来说是好机会。近年来，俄罗斯与亚太特别是东盟国家的武器贸易势头强劲，其中越南已经成为俄罗斯军火最重要的客户。

俄罗斯是个传统的欧洲国家，其发展关注的重心一直在欧洲，在目前的危机面前，俄罗斯的战略重心开始发生变化，开始转向东方。从对外战略看，俄罗斯更加重视亚太地区国家，特别是中国。2014 年 5 月普京访华，宣布"俄中合作进入到全面战略协作伙伴关系的新阶段"。中国、俄罗斯商定组建俄中投资委员会，启动两国加强在俄罗斯远东地区的合作机制。2014 年，中国、俄罗斯在能源、交通等各个领域的合作都有了长足的进展，中国、俄罗斯加强了在双边及上海合作组织框架内的安全合作，中国、俄罗斯两军在联演联训、军技、反恐等方面将深化合作。2015 年是世界反法西斯战争和抗日战争胜利 70 周年，中国、俄罗斯分别举行庆祝和纪念活动，致力于维护"二战"胜利成果和战后国际秩序。

俄罗斯外交虽因乌克兰危机在西方受阻，但在西方国家之外仍取得了不小的进展。从 2015 年 1 月 1 日起，欧亚经济联盟全面启动，除俄白哈三国外，亚美尼亚和吉尔吉斯也将参加进来，世界上还有许多国家表示愿意与欧亚经济联盟建立自由贸易区。俄罗斯放弃了"南流"天然气管道的建设，天然气管道将通往土耳其，令欧盟始料未及。2014 年 6 月，普京对南美进行了一次大范围的访问，同多个南美国家领导人就扩大合作举行了会谈。12 月 11 日，普京访问了传统伙伴——印度，与印度总理莫迪签署了《关于在未来十年加强俄印伙伴关系的规划》，俄罗斯、印度将在印度建立军备生产基地。

总之，尽管有外部的压力和制裁，普京仍然按照自己既定的政策治国，并没有改变强硬外交的意图。俄罗斯通过调整国内外政策的重心，努力化解危机，摆脱困境，实现国家经济的健康发展。俄罗斯能否在与西方对抗的情况下实现崛起，值得进一步关注。

# 延展阅读

领导者形象往往代表着国家形象，对国家形象的研究同样也影响着对领导者形象的研究。政治形象的塑造有一定的规则可循：确定大众需求、将领导者的实际品格和大众期待的候选人所具有的品格进行对比，甄选出那些大众期待的候选人的品质，分析出该形象的组成部分，将这些选出的特点通过各种手段加以传播。

当普京利用媒介塑造个人形象的同时，公众通常会产生"个人的自发反应"和"集合的自发反应"，这是普京及其形象策划团队计划之外的，但也是意料之中的。这些行为可能是有利于普京的，但也有可能是与传播者的意图所抵触的，甚至是相反的。在传播过程中，存在一定的"形象偏差"。

在普京的形象建构过程中，虽然取得了巨大成功，但成功背后难免会有瑕疵。在形象建构过程中普京采取了一系列的强制措施，通过手中的权力打压媒体，让西方国家觉得这个高喊着民主上台的俄罗斯总统不再那么可信。

西方国家认为，普京在其形象建构过程中对民主的践踏是十分严重的，古辛斯基和别列佐夫斯基案的产生、经过和结果，让真正的民主追求者嗅到了极权的味道，干预司法的火种埋在了民众心中。

西方媒体也因此对普京展开了声嘶力竭的讨伐，但是这个声音始终未能传进俄罗斯民众心里。普京的铁腕政策与强势宣传让民众沉浸在大国梦中，大部分人没能理性地认识俄罗斯现状。

普京利用手中的舆论工具，将自己塑造成"完美先生"，驾驶飞机、方程式赛车、核动力潜水艇，弹钢琴，喂海豚，打老虎，可谓上天入地无所不能。理性的媒体和民众开始怀疑这些事情的真实性，以至于对普京整个宣传手段的可靠性产生疑问。面对高层次的受众，传播者的信息以及传播手段需要仔细斟酌，如果接收者有丝毫异样的察觉，不仅不会收到良好的传播效果，反而会引起受众的反感。

2012年9月15日，普京在接受记者采访时坦承用麻醉枪打虎，以及在黑海潜水"发现"古希腊陶罐等事情是刻意安排的。普京说："我和老虎一起出现，是的，我知道老虎是事先被抓住的，但最主要的是为了引起人们的关注。潜水时发现的古希腊陶罐，很多人都说陶罐是事先放在那里的，当然是事先放的！"

另一个引起俄罗斯国内媒体和民众热议的话题是普京的婚姻。柳德米拉作为第一夫人，普京慰问军队，她冒雪随行；普京出访欧洲，她相伴左右；她甚至还受邀单独出访去波兰、阿塞拜疆，为普京加分不少。但伴随着普京权力日盛，柳德米拉露面的频率不断递减，最终，两人离婚。

面对挑剔的民众和媒体，无论出于何种目的，不实的宣传必然会引起公众的反感。还有，普京个人所体现出来的国家意识形态，包含着俄罗斯传统的领土扩张主义思想。

通过政治手段和国家机器的操作，普京日渐偶像化，被树立成了民族领袖。有社会调查显示，2006年3月之前，俄罗斯民众认同普京偶像化的比例不到10%；到2007年10月，这一比例增长到了23%，2010年增长到了27%。2007年10月，俄罗斯《大众报》的社会抽样调查表明，49%的俄罗斯民众认为俄罗斯没有产生普京偶像化，22%的人认为普京偶像化严重，27%的人觉得普京暂时还没有被偶像化，但有将其偶像化的倾向。2009年，《大众报》再次进行民调。结果显示，27%的民众认为，普京已经被严重偶像化，28%的人认为，普京偶像化越来越严重。普京将克里米亚纳入俄罗斯版图之后，其支持率竟高达80%以上。

普京善于使用手段，强化自己的意识形态。其一，在政治上，他模仿西方民主，推广所谓的一人一票选举议会和总统，然后再运用各种手段推翻选举结果，将"暗箱操作"的选举结果强加给国民。普京还继承了现任总统指定下届继承人的传统。其二，形式上搞党派林立，实则多党服从一党。其三，表面上允许反对派存在，实则不给反对派进入选举机构和新闻媒体的机会。其四，国家强力机构政治化，立法和司法不独立。在经济上，普京主义是官僚和泛资本主义的混合体，普京推行国家垄断主义，石油天然气、铁路等领域内的国有大型企业由其亲信掌控，同时挤压中小企业的发展空间，并强迫中小企业依赖国家官僚体制而存在。这一切批评的声音，或许并不一定完全符合事实，但都在损害普京苦心经营所构建起来的形象体系。以上观点是否正确？则仁者见仁，智者见智。

孔子在《论语·子路》中说："其身正，不令而行；其身不正，虽令不从。"意思是说，当领导者自身端正，做出表率时，不用下命令，被领导者也就会跟着行动起来；相反，如果领导者自身不端正，而要求被领导者端正，那么，纵然三令五申，被领导者也不会服从。国家元首或领导人个人品牌形象的塑造，虽然有各种方法，但是，最根本的还是要以身作则，树立真正的权威、榜样，这才是大道。老子《道德经》中说："我无为，而民自化；我好静，而民自正；我无事，而民自富；我无欲，而民自朴。"大意是说，君主用无为而治方针治国，不主动挑起战事，国家没有灾异，百姓就自然会富裕起来。这才是为政的至高境界！

# 参考文献

［1］冯特君、宋新宁：《国际政治概论》，中国人民大学出版社 1992 年版。

［2］金应忠、倪世雄：《国际关系理论比较研究》，中国社会科学出版社 1992 年版。

［3］王玮：《美国对亚太政策的演变》，山东人民出版社 1995 年版。

［4］王逸舟：《当代国际政治析论》，上海人民出版社 1995 年版。

［5］王缉思：《文明与国际政治》，上海人民出版社 1995 年版。

［6］阎学通：《中国国家利益分析》，天津人民出版社 1996 年版。

［7］何德功：《倾听中国——新冷战与未来谋略》，广东人民出版社 1997 年版。

［8］冯绍雷：《制度变迁与对外关系——1992 年以来的俄罗斯》，上海人民出版社 1997 年版。

［9］王郦久、刘桂玲：《跨世纪的俄罗斯》，时事出版社 1997 年版。

［10］薛君度、陆南泉：《新俄罗斯——政治经济外交》，中国社会科学出版社 1997 年版。

［11］刘靖华：《霸权的兴衰》，中国经济出版社 1997 年版。

［12］王逸舟：《西方国际政治学——历史与理论》，上海人民出版社 1998 年版。

［13］叶自成：《地缘政治与中国外交》，北京出版社 1998 年版。

［14］李宝俊：《当代中国外交概论》，中国人民大学出版社 1999 年版。

［15］洪兵：《国家利益论》，军事科学出版社 1999 年版。

［16］薛君度、邢广程：《中国与中亚》，社会科学文献出版社 1999

年版。

[17] 阎学通：《中国与亚太安全——冷战后亚太国家的安全战略走向》，时事出版社 1999 年版。

[18] 陈峰君：《冷战后亚太国际关系》，新华出版社 1999 年版。

[19] 程毅：《跨世纪的世界格局和中国》，华中师范大学出版社 1999 年版。

[20] 李方仲：《俄罗斯解体的悲剧会不会重演》，新华出版社 2000 年版。

[21] 顾志红：《非常邻国——乌克兰和俄罗斯》，国防大学出版社 2000 年版。

[22] 朱阳明：《亚太安全战略论》，军事科学出版社 2000 年版。

[23] 张蕴岭：《伙伴还是对手——调整中的中美日俄关系》，社会科学文献出版社 2001 年版。

[24] 孙叔林：《当代亚太政治》，世界知识出版社 2002 年版。

[25] 高连福：《东北亚国家对外战略》，社会科学文献出版社 2002 年版。

[26] 商玉洁：《俄罗斯文化国情教程》，中国人民大学出版社 2002 年版。

[27] 李英南：《俄罗斯历史之路——千年回眸》，外语教学与研究出版社 2002 年版。

[28] 张寅孜：《从各国公关战略中探寻中国国家公关之路》，《改革与开放》2010 年 8 月刊。

[29] 郑文阳：《普京传：他为俄罗斯而生》，新世界出版社 2012 年版。

[30] 房金巍：《普京媒介形象建构的研究》，西南政法大学硕士学位论文，2013 年。

[31] 刘政：《强势营销》，中国财富出版社 2013 年版。

[32] 汪宁：《给我 20 年》，上海外语教育出版社 2014 年版。

[33] 刘啸虎：《普京的铁拳》，华中科技大学出版社 2014 年版。

[34] 关雪凌，张猛：《普京政治经济学》，中国人民大学出版社 2015

年版。

〔35〕〔美〕兹比格纽·布热津斯基：《竞赛方案：进行美苏争夺的地缘战略框架》，中国对外翻译出版公司 1988 年版。

〔36〕〔美〕兹·布热津斯基：《运筹帷幄——指导美苏争夺的地缘战略构想》，译林出版社 1989 年版。

〔37〕〔美〕塞缪尔·亨廷顿：《变化社会中的政治秩序》，三联书店1989 年版。

〔38〕〔美〕汉斯·J. 摩根索：《国家间政治——寻求权力与和平的斗争》，中国人民公安大学出版社 1990 年版。

〔39〕〔美〕罗伯特·基欧汉、约瑟夫·奈：《权力与相互依赖——转变中的世界政治》，中国人民公安大学出版社 1992 年版。

〔40〕〔苏〕米哈伊尔·尼古拉耶维奇·波克罗夫斯基：《俄国历史概要》，商务印书馆 1994 年版。

〔41〕〔美〕兹·布热津斯基：《大失控与大混乱》，中国社会科学出版社1994 年版。

〔42〕〔美〕理查德得·莱亚得、约翰·帕克：《俄罗斯重振雄风》，中央编译出版社 1997 年版。

〔43〕〔美〕亨利·基辛格：《大外交》，海南出版社 1998 年版。

〔44〕〔美〕塞缪尔·亨廷顿：《文明的冲突与世界秩序的重建》，新华出版社 1998 年版。

〔45〕〔俄〕鲍里斯·叶利钦：《午夜日记》，译林出版社 2001 年版。

〔46〕〔美〕保罗·肯尼迪：《大国的兴衰》，国际文化出版公司 2006 年版。

〔47〕〔美〕罗伯特·D. 卡普兰：《即将到来的地缘战争》，广东人民出版社 2013 年版。

〔48〕〔美〕尼古拉·梁赞诺夫斯基、马克·斯坦伯克：《俄罗斯史》（第八版），上海人民出版社 2013 年版。

〔49〕〔英〕安格斯·罗克斯伯勒：《强权与铁腕》，中信出版社 2014年版。

# 后记一

弱之胜强，柔之胜刚，天下莫不知，莫能行。

——老子

2014 年北京 APEC 期间，俄罗斯总统普京向中国国家主席习近平赠送了一台俄罗斯产的智能手机 Yota Phone2，随着两国领导人把玩手机的照片流出，这部 Yota Phone2 立刻就火了起来，"手机外交"成为大家热议的话题。据说该手机屏保还被专门设成了俄罗斯、中国、APEC 的标志图片。更有网上传出照片，普京在 APEC 焰火晚会上，起身为身旁的中国第一夫人彭丽媛披上外套，让人感受到了这个男人的温柔。普京的一举一动，成为公众关注的焦点与话题。这个男人在个人形象塑造方面可谓炉火纯青。

普京作为俄罗斯的政坛巨擘，从 20 世纪末接过总统接力棒的那一天开始，就不断吸引着世人的眼球。这位五短身材、微显秃顶的俄罗斯男人，经过不断的努力，把俄罗斯从积债累累、沉疴深重、病入膏肓的困境中慢慢拖离出来，在国际舞台上塑造了一个全新的国家形象。俄罗斯是如何重新站立起来的？普京通过哪些途径使俄罗斯重返世界大国之列？普京能否摆脱俄罗斯传统文化糟粕的束缚，引领俄罗斯走上现代化的发展道路？

普京的强硬是俄罗斯文化的独特产物。俄罗斯历史上一直是一个用武力不断进行扩张的民族，信奉武力是俄罗斯文化的特质。1000 多年来，俄罗斯相信的只有"两个盟友"——陆军和海军，现在也没有改变。但中国文化的核心是和谐，更多强调"先礼后兵"，或者说是"不战而屈人之兵"，能不用武力解决就尽量不用武力解决。

目前国际秩序正处于一个混乱的状态，权力政治的状态会不会重现？这恰恰是我们要保持警惕的。中国不惧怕战争，但也必须做好两手准备。

俄罗斯近10年来对中、东欧国家的外交战略可以说是取得了一定的成功，在发展和巩固与老欧洲关系的基础上，努力寻找与"新欧洲"关系的突破点，从文化软实力的源头拉近关系，致力新的发展，使俄罗斯的周边环境出现了自"冷战"结束以来最好的时期，为恢复大国地位创造了较好的国际环境。

目前，俄罗斯又面临着深刻的历史考验。俄乌危机是当下全球的热点议题。从2014年3月爆发至今，乌克兰东部地区局势越来越复杂，美欧等国也对俄罗斯施加了一轮又一轮的制裁。同时，国际原油价格不断下跌，在全球经济可能出现新的"泡沫"效应的背景下，俄罗斯如何应对各种情形，包括能源价格的"灾难性下跌"？这都是摆在普京面前的难题。

不管是研究国际政治还是国家间关系，研究人至关重要，特别是一个国家的领导人。一个国家的领导人代表一个时代，同时也代表了这个国家的对外形象。该国领导人的思想和观念则很可能会改变这个国家的命运，而本书要解读的普京，正是这样一个改变了俄罗斯国家命运的人。

许多媒体及书籍经常引用的一句话是"给我20年，还你一个奇迹的俄罗斯"，这句话虽然给力，但原话却不是普京说的。据国内研究俄罗斯及普京的专家汪宁教授考证，这句话的主人应该是19世纪末期俄罗斯著名改革家司托雷平，他当时与普京一样，担任着沙皇俄国政府总理的职务。他的原话是"给我们20年内外安定的时间，我将改变俄国，并使它变样"。

普京就职俄罗斯总统之后，确实创造了一个又一个"奇迹"。那么这些"奇迹"能否继续维持下去？普京与其他领导人不同，他是俄罗斯继往开来的新型国家领导人，同时普京的强硬是俄罗斯独特的产物。普京强硬、果断、干练的执政风格和个人气质，不仅符合俄罗斯在历经长期的动荡、倒退后，急需强硬人物挽救危局的客观需要，也符合俄罗斯民族传统中期盼"强人治国"的历史文化传统与社会心理。我们不能完全以西方的标准来衡量普京，就像不能完全以西方的制度模式套用到中国头上一样。普京治理下的俄罗斯，有典型的强人治国的特点。当然，强人治国不是长久之计，这也许能让国家稳定，但是强人不可能永远存在，如果没有好的制度保障，那么一个国家一旦失去强人就又会陷入混乱的局面。而现在能够承担起制度建设重任的除了普京，其他人可能在资历、威望等方面还不具备充分的条件。

普京之所以在俄罗斯国内大受欢迎，一方面是他此前所取得的政绩；另一方面，普京是一个爱国的人，他执政的出发点是以国家利益为中心。"冷战"结束后，美国不把俄罗斯放在眼里，北约也不停东扩，这对于普京来说，是绝对不能接受的事情。普京在处理国际问题上，是非常现实的，他是一个国家利益至上的现实主义者。

我们知道，历史上的俄罗斯曾经不断蚕食鲸吞中国领土，许多人对俄罗斯及普京本人并不抱有好感。中俄民间存在部分针对对方挥之不去的不信任感，是很正常的。但是，我们要看到，普京执政以来，基本上是中俄关系较好的战略机遇期。当然，中国和俄罗斯不需要建立联盟。大国结盟会造成选边站的局面，无益于睦邻友好的国际环境的构建。还有，我们也不能以地缘之"得""失"和远交近攻来看待中俄关系，这是一种刻舟求剑的僵化思维。美国的军事投射能力早就超越了过去简单的地缘政治，目前欧亚大陆许多远离美国边界的国家已经变成了美国势力的延伸，美军完全可投射到和中俄相邻的地区，进而任意挪动美国势力范围的"边界"。这时候，再简单地谈远交近攻已经没有什么意义。今天的国家安全观念已经被改变，规则也已被修改。此外，历史上遗留的问题，领土的争议，相信随着国家间力量的此消彼长和各种时机的到来，还会发生变化。由于乌克兰危机继续发酵，西方国家对俄罗斯的制裁或愈演愈烈，这必将加快俄罗斯的衰退，对普京也是一个巨大的挑战。

目前，中俄关系在世界局势下也发生着变化。在乌克兰危机发生后，俄罗斯大张旗鼓地转向东方，寻求战略支持和新的进出口市场。这使俄罗斯在外交上显得较为被动，有临时抱佛脚之嫌，往往远水不解近渴。之前俄罗斯过于依赖欧洲天然气市场的隐患，想必俄罗斯应该早有认识；对于转向东方，俄罗斯也已有决策。但是，普京在政治上的左右权衡和过于精明的策略妨碍了大战略布局的及时完成。假如，在乌克兰危机发生时，中俄正在筹建的两条天然气管道已经开通，中俄在经济上的相互开放达到更深的程度，俄罗斯在经济上拥有广阔的战略腹地，俄罗斯的战略主动性和机动余地都会大得多。

2016 年 6 月 25 日，普京对中国进行了国事访问。在中俄新联合声明中，强调两国不是结盟，不针对第三国。有人诟病"中俄结盟以抗衡西方"，"中俄达成权宜婚姻"，如此种种论调，皆因未跳出大国博弈的思维窠臼，忽视了中俄两国共同崛起的战略需求以及在全球性挑战面前的共同责任。在大国关系趋于复杂之时，中俄关系的最大价值仍在双边层面。当前，中俄都处于强国复兴关键性阶段，两国关系的平稳发展是实现各自国家发展战略的重要外部保障。根据强国复兴的战略需求，中俄两国视对方振兴为自身机遇，努力挖掘内生性动力，以期实现共同发展。

# 后记二

国家需要构建软实力，大国需要营销。

大国的定义可谓众说纷纭，然大体上可以归为两大类：

一类指一般大国。譬如《管子》一书提出："地大国富，人众兵强，此霸王之本也。"当代中国学者也认为："大国一般土地辽阔，人口众多，资源丰富，与小国相比，具有生存能力强、战争潜力雄厚、回旋余地大等有利条件，有利于支持长期战争。"日本学者山本宣吉说："大国从其意义上来说，是只考虑本国目的（比如经济发展、就业、物价稳定等），为了实现这些目的，而采用某些财政、金融政策的国家。"他强调的是大国具有制定和执行独立经济政策的能力。"'大国'即为了实现自己的目标，不接受来自他国的影响（政策效应），相反，本身的行动、政策反而给予他国以极大影响。"而小国在军事上和经济上则只能成为大国的附庸。

另一类则指强权大国、统治大国，或者说领导型大国。德国历史学家兰克在 1833 年发表的《列强论》一文中，提出"大国"的定义是：一个大国"必须能够与其他所有联合起来的大国相抗衡"。根据英国学者怀特的定义，"统治大国"是"拥有超过全部竞争对手力量之和的国家，无论遇到对手怎样组合发起进攻，都能从容不迫地策划战争的国家"。当今美国的军事预算，超过排在其后 20 个国家的总和，当然满足怀特所谓"统治大国"的标准。乔治·莫德尔斯基则认为，世界大国是世界的主导经济国，是世界经济和世界政治的最重要连接点。世界大国主导经济不仅规模（GNP）大或富裕程度（人均 GNP）高，而且意味着在技术创新的条件下主导性产业部分生产旺盛，并能积极参加世界经济，有足够支持其履行作用的巨额财力。在制定国际贸易、投资、金融等方面的规则上起决定作用。莫德尔斯基所讲的世界大国与怀特所讲的"统治大国"具有同样的含义，也可以称为世界领导大国。

大国不仅仅是政治、经济、军事等"硬实力"的强大，同时也是科教文卫等文化软实力的强大。在壮大政治、经济、军事实力的同时，如何应对以美国为主的西方文化的诱惑和频频发起的强大文化攻势，是俄罗斯不得不面对的现实问题。在经历了苏联解体后头10年的困惑、迷失和被动应付之后，俄罗斯开始注重软实力的构建，积极制定自己的文化战略。

美国前助理国防部长约瑟夫·奈在《注定领导：美国力量变化了的特性》一书中这样界定软权力：一个国家在国际事务中通过吸引而非强制就能达到自己的目的的能力，即"罗致行为能力"。一般来讲，软权力发挥作用依靠的是说服别人跟进、效仿或者使其同意遵守由拥有巨大软力量的国家主导的国际规则、国际制度和国际体系。新加坡是国家营销较为成功的国家，其前总理、"新加坡之父"李光耀指出：在当今时代，软功夫即文化影响力，在国际事务中变得与硬功夫同等重要。软功夫只有在其他国家羡慕并想赶超那个国家文明的某些方面时才能获得。而在其他国家这样做之前，该国的文明必须首先被视为优越，它还必须是开放的、乐于接纳而慷慨大方，使人们容易接触其中的知识和文化。

约瑟夫·奈的软实力理论在全球得到广泛回应，不乏对其可测量性、可操作性、生效条件、适用范围的质疑，并存在误读和滥用。软实力理论对国家实力中文化等因素的强调，对俄罗斯等文化资源深厚的国家具有借鉴意义。但是需要认识到，约瑟夫·奈的软实力理论着眼于美国在战略收缩背景下如何维系全球领导权，俄罗斯则面临不同的语境与诉求，需接入符合自身历史传统、社会现实和未来发展的本土思考框架，规避可能面对的"话语陷阱"，形成独立可行的理论话语和实践路径，尤其是要契合俄罗斯文化建设的实际目标。

经过普京第一个任期的惨淡经营，俄罗斯的经济发展旧貌换新颜，拥有了改善与中东欧国家关系的有利条件。世界能源市场的变化，更使俄罗斯占尽天时地利，为俄罗斯实施文化战略铺垫了较为坚实的物质基础。尤为重要的是，俄罗斯还意识到文化作为软实力的重要性，并把它与促进物质水平的提高和国家形象的提升紧密联系起来，明确提出了"文化要成为国家经济发展的重量级的因素。在解决相关问题的时候，国家应当明确重要的物质和金融资源，积极扶持本国文化部门的竞争力，夺取文化产品的销售市场"的战略目标，要求"文化交流要以促进建立和支持国家之间、社会组织之间和人民之间稳定和长期的关系为使命。这样的交流应当不仅在文化领域，而且还包括经济在内的其他领域为促进国家之间的互动做出贡献"。

语言是文化的重要组成部分。普京采取各种举措，来恢复俄语和俄罗斯文化在独联体以及苏联地区势力范围的影响力便是一项举措。俄语是全球第四大通用语言，全世界共有1.7亿人将俄语作为母语，3.5亿人通晓俄文。除此之外，全世界还有1.8亿人正在学习俄语。2006年底，时任总统的普京签发了一个总统令，将2007年定为"世界俄语年"，把提高俄语的地位提高到国家战略的高度。2011年5月，第十四届世界俄语大会在上海隆重举行，包括中国学者在内的43个国家的1000多名代表参加了会议，堪称盛会，也是俄罗斯文化全球战略的一次成功展示。就在"俄语年"在全世界许多国家展开之际，普京又签署了一项成立"俄语世界"基金会总统令，以支持境外尤其是苏联国家的俄语学习和研究。此外，俄罗斯政府还将推广俄语的影响面拓展到互联网，并建立了俄英双语网站。梅德韦杰夫更是提出："我们会在发展俄语的同时推动我国的国家利益，并在与其他国家的相互协作中提高经济和文化实力。"

宗教作为一种传统精神和文化现象，引领人类走过漫漫长路，在传统社会中维系社会，为人们提供价值体系，影响约束人们的思想和行为，宗教发挥着政治、法律等无法替代的作用。历史上无论是以基督教为主要信仰的西方国家，还是信奉伊斯兰教的中东国度，或者信奉佛教的东方世界，都以宗教作为其社会的主要意识形态和共同的价值体系。普京充分认识到宗教在俄罗斯所具有的重要作用，通过拓展俄罗斯东正教会的影响力，达到在国内增强民族凝聚力、在国外争取宗教文化主导权的目的。2006 年 7 月 3~5 日,就在八国峰会正式举行的前几天,第一届世界宗教领袖峰会如期在莫斯科举行,全世界共有 49 个国家和地区的宗教代表出席了大会,中国宗教代表团也出席了大会。通过主办这次世界宗教峰会,俄罗斯东正教会的主导作用得到一次尽情的发挥。后来这种形式的世界宗教领袖峰会每年都举行一次,涉及的议题范围也越来越广,逐渐发展成为一个非正式的宗教大联盟。作为首创国的俄罗斯,自然而然地扮演了主导国家的角色。更为重要的是,通过设置各种全球性的话题,俄罗斯获得不少话语权。

此外,普京通过各种非政府组织(基金会)举办(斯拉夫文化)定期论坛,联合俄罗斯文化中心学校等机构,宣传俄罗斯思想,塑造俄罗斯新的国家形象。斯拉夫文化是共同的纽带,充分发挥俄罗斯文化软实力的作用,成为俄罗斯成功改善与中东欧国家关系的重要战略手段之一。

2010 年 2 月在白俄罗斯首都举行的"斯拉夫文化论坛"上,讨论了"俄罗斯人民和俄罗斯语言在团结斯拉夫人民方面的历史作用应当通过法规的形式固定下来"等问题,号召"所有的斯拉夫国家恢复传统节日,发扬在俄罗斯、白俄罗斯和乌克兰基本一致的斯拉夫传统时尚"。就在当年 5 月,俄罗斯外长拉夫罗夫在莫斯科还参加了一个由保加利亚驻俄罗斯大使馆组织的,由白俄罗斯、乌克兰、波兰、斯洛伐克等 13 个中东欧国家驻莫斯科大使馆在职领导人共同参加的外交史团工作会。

由此可见,俄罗斯不遗余力地建立"斯拉夫文化论坛"、开展各种"文明对话",是要在文化合作的基础上把欧洲的斯拉夫文化国家联合起来,以达到加强国家间和文化间联系的目的,彰显俄罗斯文化的主导作用。

由于具有共同的斯拉夫文化基础以及俄罗斯官方不遗余力的推广,近年来俄罗斯的文化战略也取得了一定的成果,俄罗斯文化成为拉近俄罗斯与中东欧国家关系的重要纽带。

十几年来,通过文化软实力的提升,通过文化张力,俄罗斯减少了与其他国家的对抗,虽然中东欧国家与俄罗斯关系的改善还需要一个过程,但随着普京的努力，俄罗斯的地缘政治环境发生了有利于俄罗斯的变化。俄罗斯已经开始逐渐走出俄罗斯（也即苏联）文化被否定的困境。

普京上任以后，在文化营销上体现出了思想更开放、战略更灵活、政策更务实等鲜明的特点，尤其是充分利用能源和经济优势拉近关系，掌握主动，使地缘经济出现了以俄罗斯为中心的格局，文化影响力正在逐步恢复。俄罗斯实施的一套日趋完整的文化战略，改变了国家的形象。在重新为俄罗斯国家定位的同时，在对外关系，尤其是在对原中东欧社会主义国家关系方面，以能源、经贸为武器，辅以强大的文化攻势，拉近了与中东欧国家之间的关系，改善了地缘政治、文化环境，为俄罗斯民族的重新崛起创造了较为有利的条件。

此外，俄罗斯还充分发挥自身传统文化的巨大影响力，除了把东正教作为俄罗斯的国教外，还在国内加强宗教文化普及教育，把东正教文化作为俄罗斯的国家思想基础，吸收教会积极参与社会生活和国家意识形态的重建。通过理顺东正教与拜占庭、古罗马之间文化传承关系的脉络，普京拉近了俄罗斯文化与西方文明之间的关系。在国际上，利用东正教会恢复和扩展俄罗斯文化的影响力，起到对外连接东正教文化国家，争夺主导世界宗教话语权，并逐步起到与西方基督教文化抗衡的作用。2011 年 1 月 18 日，俄罗斯第一所由东正教会创办的教会高校——俄罗斯东正教大学在莫斯科成立，莫斯科和全俄罗斯新任大牧首基里尔亲自进行注册登记，这标志着俄罗斯东正教正式进入高等教育系统，东正教会的地位和作用进一步提升。

我们看到，东正教正日渐成为俄罗斯发挥国家软实力的重要工具。一场新的文化博弈正在展开，以俄罗斯文化为首的斯拉夫文明和以欧洲其他国家（包括美国在内）为主的基督教文明，虽然同源，但竞争已然难免。两者能否和谐相处，值得关注。文化的重建是一个长期的过程。俄罗斯想要实现自己以东正教文化为核心内容的文化战略，恢复俄罗斯在斯拉夫文化区域曾经有过的影响力，面对的挑战仍然严峻。

最后，也是十分重要的举措——普京特别注重个人形象营销，以个人形象"代言"俄罗斯形象，成功增加了俄罗斯的软实力。我们看到，普京不断地向世人展现健康、强壮、容光焕发、阳刚之气十足的个人形象，同时也被视为俄罗斯重振大国、强国形象的一个符号。"硬汉"普京无疑成为俄罗斯的"形象代言人"。

有分析家指出，普京强硬、果断、干练的执政风格和个人气质，不仅符合俄罗斯在历经长期动荡后，急需强硬人物挽救危局的客观需要，也符合俄罗斯民族传统中期盼"强人治国"的历史文化传统与社会心理。

赫鲁晓夫的孙女尼基塔说："在大众眼里，普京跟斯大林很像，都才华出众，从外语、政治到体育，无所不能。当然，斯大林为了打造一个伟大领袖的形象，有时候会被刻意拔高，普京不一样，人们似乎真的相信他的亲民是发自内心的，他的个人才华也是真实的。"

普京的工作获得俄罗斯绝大部分民众支持。2014年，据俄罗斯列瓦达调查中心发表的民调结果显示，88%的俄罗斯人对普京的工作表示满意，11%的人对其工作不赞同，1%的俄罗斯居民对此问题没有给出答案。对于总理梅德韦杰夫的工作情况评价，2%的人没有给出答案，68%的人给出了积极评价，还有30%的人承认不赞同总理的工作。此外，调查建议受访者说出五六名最为信任的政治或社会活动家，结果俄罗斯人最信任弗拉基米尔·普京（60%）、谢尔盖·绍伊古（26%），随后是德米特里·梅德韦杰夫和谢尔盖·拉夫罗夫，他们的支持率分别为20%和19%。12%的受访者说，没有可以信任的人，还有14%的人承认对政治和政治活动家根本不感兴趣。该调查于2014年9月24～27日举行，1600名年龄在18岁以上的俄罗斯公民参与了调查，统计误差不超过3.4%。

一个国家的软实力有三个主要来源：有感染力的文化、坚守的政治价值及具有道德权威的外交政策。挑战在于将这些来源与经济和军事实力等硬实力资产相结合，让它们互相强化。21世纪国家软实力的增强，国家形象的提升，不仅仅靠GDP，靠强大的经济实力，更重要的是系统的方式方法，在面对各种外界冲击时所表现出来的社会文化系统的长期稳定性，自我调整和自我改造的能力，以及知识创新、制度创新的强度与频率。如何恢复和扩大本国的软权力，是俄罗斯，也是中国要成为强国有待解决的一个课题。

俄罗斯民族和中华民族一样，是极富创造精神的，这个民族产生了众多世界级的科学家、文学家和艺术家。这个民族接连遭遇苦难，却极具爆发力和坚韧性，具有在逆境、绝境中桀骜不驯的抗压精神。俄罗斯和中国要真正提升国家形象和软实力，还需要一代甚至几代人的艰苦努力、开放心态、独立思想和精神自由，只有这样才能真正进入现代文明世界行列。